강철멘탈 되는 법

이드페이퍼 지음

무너지지 않는 멘탈 만들기

데이원

* 일러두기

1. 각주는 편집자주입니다.
2. 도서는 『』, 영화와 드라마는 「」로 표기하였습니다.

목차

여는말

눈부신 현대 의학의 발전을 보며 인간의 정신도 같은 해결책을 찾을 수 있다는 생각을 했습니다. 인간의 정신도 면역력과 마찬가지로 서로 다른 유전적 형질을 물려받지만, 어떻게 사느냐에 따라, 어떤 행동을 하고 어떤 선택을 하느냐에 따라 강화되거나 퇴화된다는 사실을 이야기하고자 합니다. 정신 건강이 지금 당장은 마음대로 되지 않지만, 면역력과 마찬가지로 학습하고 발전시키는 기능이 있다는 사실, 그래서 아무리 괴롭고 힘든 상황과 대상을 마주해도 무너지지 않고 의연하게 대처할 능력을 갖출 수 있다는 사실을 이야기하고자 합니다. 당신이 평소 면역력을 기르기 위해 노력하듯 정신을 강화하기 위한 일상의 노력을 기울이면, 세월과 함께, 무너지지 않는 단단한 정신을 갖게 된다는 사실을 이야기하고자 합니다.

이 책은 당신의 정신에, 인생에, 생존에 도움이 되기 위해 쓴 책입니다. "진리가 너희를 자유케 하리라." 진리는 우리를 자유케 할 것이 아니라 생존케 해야 합니다.

1장

사적으로 받아들이지 않는다

우리는 정신 건강의 중요성을 말한다. 멘탈이 강해야 살아남는다며 멘탈 강자, 강철멘탈을 부러워한다. 부러워하기만 한다. 뭘 어떻게 해야 강철멘탈이 되는지 아무도 모르고 알려고 하지도 않는다. 타고났으니 그렇겠지, 나도 그렇게 타고났으면 좋을 텐데. 그러고 끝이다. 가장 어이 없는 건 뭐가 강철멘탈인지 구분도 못한다는 점이다. 어떤 말과 행동이 정신 건강한 것이고, 어떤 것이 그렇지 않은 것인지조차 모른다. 그러면서 입으로만 떠든다: 나도 강철멘탈이 되고 싶다고.

아, 쓸데없이 상처받지 않는 거? 무덤덤한 거? 신경 쓰지 않는 거? 둔해지는 거?

아니다. 손해 볼 짓을 하지 않는 것이다.

우리는 그동안 정신 건강과 강철멘탈에 관해 너무 많은 헛소리를 들어 왔다. "상처받지 말라"고 하면 대체 누가 그걸 '이행'할 수 있다는 것인가? 무덤덤하게 "신경 쓰지 말라"고 조언하면 그게 어느 누구에게 가능하단 말인가? 상처받는데 어떻게 상처를 안 받아요? 신경 쓰이는데 어떻게 신경을 안 써요? 우리가 지금껏 들어 온 정신 건강 관련 조언들이 대부분 이렇다. 불가능한 걸 하라고 한다. 할 수 없는 걸 하라고 한다.

당신의 정신은 당신 대뇌의 명령을 좀처럼 따르지 않는다. 당신이 느끼고 떠올리고 분노하고 슬퍼하고 호감을 품고 관심 갖고 혐오하고 두려워하는 것은 모두, 대뇌의 지배에서 한참 벗어난, 오장육부의 독단적인 반응이다. 당신이 아무리 '괜찮다', '신경 쓰지 않는다' 백번을 되뇌어도 당신의 오장육부는 또다시 제멋대로 날뛰기 마련이다. 당신의 정신 활동은 당신의 논리와 의지와 의도와 상관없이 따로 논다. 저 사람 더 이상 좋아하지 말아야지, 머리로 그러기로 하면 그렇게 되는가? 저 사람 미워하지 말아야지, 머리로 미워하지 말아야 할 이유 백만 가지를 떠올리면 미움이 사라지는가? 오늘은 면접장에서 떨지 말아야지, 다짐에 연습을 반복하면 떨림이 사라지는가? 이제는 두려워하지 말아야지, 아프지 말아야지, 스트레스 받지 말아야지, 이제는 괜찮다고 천만 가지 위로를 하면 두려움과 고통과 스트레스가 사라지는가? 아니다. 그래서 정신 치료가 어렵다. 심리 상담도 대부분 실패로 돌아간다. (정신 치료와 심리 상담의 역사가 50년이 넘었지만 아직도 유일하게 검증된 문제 해결책은 약물치료뿐이다.)

이대로 가다간 인류는 모든 정신 문제를 약물에 의존할 수밖에 없다. 인간의 정신계는 동물보다 식물에 더 가깝다고 여기면서 이야기를 시작해 보자. 식물은 자극에 대응해 신체 조직을 키운다. 물을 향해 뿌리를 뻗는다. 햇빛을 향해 가지를 뻗는다. 추우면 잎을 떨구고 따뜻하면 잎을 틔우고 꽃을 피운다. 그렇게 주어진 환경에 따라 식물은 자란다. 당신의 정신계도 그렇다. 식물과 다른 점은, 식물은 주어진 환경에 따라 자라는데, 인간의 정신계는 당신이 세상에 대응하는 방식에 따라 자란다는 점이다. 말하자면 당신의 정신계에 '주어진 환경'이란 실제로 주어진 환경이 아니라 '당신의 행동 패턴'이다.

강철멘탈 되는 법은 이 한마디로 요약된다. '당신의 선택이 당신의 정신을 만든다.' 선택 하나하나가 정신계 모양을 만든다. 햇빛 가득한 평원에서 자란 로즈마리가 곧고 단단한 줄기를 뻗듯이, 당신의 정신계도 그런 모양으로 자랄 수 있다. 당신은 굳이 햇빛 가득한 평원으로 이주할 필요가 없다. 당신의 정신계를 위한 '주어진 환경'을 당신 스스로 잘 만들면 된다. 정신계가 더 곧고 단단한 줄기와 뿌리를 뻗을 수 있도록 스스로 정신 환경을 그렇게 만들면 되는 것이다. 앞으로 계속 설명하겠지만, 식물 키우는 법과 다르지 않다. 당신의 신경 세포에 햇빛을 주고 물을 주는 것이다. 지금껏 음지에서 비실비실 자랐던 멘탈이 탱크처럼 바위처럼 강철처럼 강인해지도록 '키우는 것'이다.

신경 쓰지 마라, 상처받지 마라, 같은 불가능한 인스턴트 조언에 집착했기에 당신이 매번 좌절하고 병들었던 것이다. "지금 당장 어찌해야 한다"는 강박관념부터 집어 치운다. 당신은 지금부터 농부의 마음이 된다. 지금은 겨울이고 봄에 틔울 씨를 그저 뿌린다고 생각한다. 앞으로 일 년 동안 농사를 짓는다고 생각한다. 지금 당장은 아무것도 되려고 하지 않는다. 아무 생각도 하지 않는다. 당신은 당신의 정신계가 조금씩 건강한 가지를 뻗고 뿌리를 내리도록 환경을 만드는 것이다. 다시 말한다. 당신의 정신은 결코 절대로 당신의 의도도, 의지도, 논리도, 계획도 따르지 않는다. 당신은 당신 정신의 가지 하나 뿌리 하나 건강하게 뻗는 데만 신경 써야 한다.

속상할 땐 화라도 내면 속은 시원하지 않을까? 이 부분 중요하다. 그런 선택이 당신을 유리멘탈로 만든다는 사실을 이야기하기 위해 지금까지 별것 없는 이야기를 여기까지 끌고 온 것이다.

내게 득이 없는 상황에, 내게 득이 되지 않는 선택을 하면, 그런 선택을 할 때마다 당신의 신경은 그쪽으로 가지를 뻗는다. 무의미한 관중의 야유에 당신이 한 번 더 화를 내고 한 번 더 어필을 할수록 당신의 신경은 그쪽으로 발달한다. 부정적인 외부 자극에 한층 더 예민해진다는 뜻이다. 이번엔 원숭이에 신경이 곤두섰지만, 다음엔 바나나에 신경이 곤두선다는 의미다. 당신이 매번 그렇게 당신에게 눈곱만큼도 득 될 것이 없는 사소한 것에 이빨을 드러내고 물어뜯을수록 다음엔 더 사소하고 하찮은 것에 멘탈이 나간다는 뜻이다. 관중의 야유에, 피켓에, 헤어스타일에, 티셔츠 문구에, 언론 보도에, 그리고 마침내 사람들의 사소한 쑥덕거림이나 눈빛에도 스트레스와 고통을 받게 된다. 당신이 당신의 정신 신경계를 그렇게 키운 결과다. 사람들의 야유가 당신을 그렇게 만든 것도 아니고, 혐오 문화가 당신을 그렇게 만든 것도 아니다. 당신 스스로가 당신을 그렇게 만든 것이다.

평소에 부정적인 외부 자극에 버럭버럭 게거품을 문다면, 중요한 때에 눈앞의 축구공에 집중할 수 있을까.

강철멘탈 소유자들을 떠올려보자. 그는 나이를 먹을수록 멘탈이 묵직해져 간다. 그도 처음엔 쓸데없는 일에 욱해서 매번 손해 볼 짓만 골라 했을지도 모른다. 하지만 그는 철 든 어른이 되었다. 손해 볼 짓을 하지 않았기 때문이다. 아무리 기분 나쁜 일도 사적으로 받아들이지 않았기 때문이다. 그는 매번 그런 선택을 하려고 노력했을 것이다. 불행을 멀리하고 행복을 가까이하는 선택. 내게 도움되지 않는 행동은 자제하는 선택. 나를 불행하게 하는 건 의도적으로 무시하고 외면하는 선택. 그런 선택이 그의 정신 신경계를 양지 바른 쪽으로 가지 뻗게 만들었다. 불행에 둔감하고 행복에 예민히게 만들었다.

우리는 강철멘탈 소유자들로부터 배워야 한다. 이들의 행동 선택 패턴을 발견하고 답습해야 한다. 손해 보는 쪽으론 아예 눈깔도 돌리지 않는, 오직 자신에게 이득이 되는 쪽만 바라보고 움직이는 패턴을 따라 해야 한다. 세계적으로 성공한 스포츠 선수들은 모두 예외 없이 강철멘탈이었다. 모두 각자 살아온 인생은 달랐지만, 지금 사는 방식도 각자 다르지만, 이들의 정신계는 마치 복사한 것처럼 똑같다. 손해를 거부하고 불행을 멀리하는, 이득에 집중하고 행복을 추구하는, 햇살 쪽으로만 가지를 뻗은, 그늘 쪽으로는 아무 가지와 잎도 틔우지 않은 아름드리나무처럼, 모두 그렇게 생겼다.

평소 우리는 '보여지는 법'을 배웠다. 자기 계발, 대인관계 비법 등은 모두 나를 '포장하는 법'이다. 실제로 그럴듯한 사람이 되는 건 어려우니, 당장 그럴듯한 사람처럼 보이기 위한 '쉽고 빠른 인스턴트 생존 팁'. 즉, '행복한 사람이 되는 법'이 아니라 '행복해 보이는 법'이었다. 행복해 보이면 당신의 환경이 바뀌고, 당신의 사람이 바뀌고, 궁극적으로 당신도 바뀔 수 있다는 이야기였다.

실제로 그렇게 된 사람도 있다. 하지만 그렇게 되지 못한 사람도 있다. 그리고 실제 그렇게 된 것 같아도 늘 항상 마음 한 구석이 좀처럼 완전히 행복할 수 없는 경우도 많았다. 당신이 진정으로 원하는 것이 지속 가능한, 완전한 마음의 평화라면, 당신은 지금부터 이 이야기를 들어 보자. 지금껏 마음의 평화를 위한 피상적 이야기만 들어왔다면, 이제는 근본적인 이야기에 귀를 기울여 보자.

우리는 근본으로 돌아간다. 그동안 세상을 위한 '그렇게 보여주기 위한 생존법'을 터득했다면, 이제는 '나 자신을 위한 생존법'으로 돌아간다. 지금껏 배운 것이 요리법이었다면, 이제는 농사 짓는 법을 배운다. 남이 갖다 준 재료로 지지고 볶는 법이 아닌, 내가 나를 위한 식재료를 길러 먹는 자급자족 자력갱생의 생존법을 배운다. 그래서, 당신은 앞으로

1) 자고 일어나면 다 잊고 원래대로 돌아오는,
2) 좌절도, 낙담도, 트라우마도 없는,
3) 무슨 일이 있어도, 누구와 있어도, 아무도 없이 혼자 있어도, 바위처럼 소처럼 탱크처럼 묵묵히 전진할 수 있는 사람이 되는 법을 배운다.

사적으로 받아들이지 않는다

산책 중이던 귀부인이 자기를 향해 짖는 치와와를 보고 도끼 들고 쫓아갈 필요가 있을까.

당신에 대한 세상의 호기심에 일일이, 직접 대응해야 직성이 풀리는 버릇을 버리자. 당신에게 마뜩지 않은 코멘트를 한 사람에게, 당신과 일면식도 없고, 사회적 인지도도 전혀 없는

이들, 친히 항의하고 변명하는 일도 삼가자. 당신을 향한 세상의 관심에 당신이 직접 미주알고주알 답해야 한다는 성실성, 당신에 관한 세상의 불만은 당신이 직접 풀어 줘야 한다는 강박관념. 어디선가 누군가에게 내 이름이 언급되면 무조건 개입해서 흙탕물 뒤집어쓰며 끝장을 봐야 한다는 의무감에 의한 행동도 관두자.

강철멘탈과 유리멘탈을 구분하는 게 중요하다고 했다. 정신이 건강한 사람과 그렇지 못한 사람을 구분하는 능력이 있느냐 없느냐, 거기 정신 건강의 지표가 있다고 했다. 사적으로 받아들이느냐 마느냐, 이게 강철멘탈과 유리멘탈을 구분하는 중요한 기준이다. 손해 볼 행동을 하느냐 안 하느냐를 결정짓는 가장 중요한 원인점trigger point이다.

강철멘탈일수록, 사적으로 받아들이지 않는다. 진짜로 자기 코앞에 훅 들어온 것이 아니면 신경 쓰지 않는다. 주변에서 아무리 북 치고 장구 치고 꽹과리 쳐도 나한테 득 될 일이 아니면 시선조차 돌리지 않는다. 손해 볼 짓 하지 않는다는 것. 말은 쉽다. 누구나 자기 손해 볼 짓은 하지 않는다고, 자기는 언제나 자기 좋은 선택만 한다고 자부한다. 하지만 대부분의 사람들은 자기 손해 볼 짓을 한다. 그러면서 자기가 손해 볼 짓을 했다는 사실을 인지하지 못한다. 인지하더라도 왜 그랬는지 원인을 알지 못한다. 손해 보는 짓을 하는 데에는 많은 이유가 있을 것이다. 하지만 거의 대부분의 이유는 사적으로 받아들이기 때문이다. 내가 신경 쓰지 않아도 될 일을 신경 쓰기 때문이다. 신경 쓰지 말아야지 아무리 다짐하고 마인드 콘트롤 하고 자가 훈련을 해도 도로 신경 쓰게 되는 이유는 사적으로 받아들이기 때문이다.

기본 원리는 이렇다: 내가 약하기 때문에 방어 기제가 발동되는 것이다. 내가 나 자신을 믿을 수 없기 때문에 외부 자극에 쉽게 '선동'되는 것이다. 설치류가 조그만 자극에도 화들짝 놀라 눈깔 희번덕거리며 우왕좌왕 하는 것과 같다. 곰이나 사자 같은 최상위 포식자가 웬만한 자극엔 눈도 깜빡 하지 않는 것과 같다. 사적으로 받아들이는 버릇은 여기서 출발한다. 내가 약할수록 사적으로 받아들이는 경우의 수가 늘어난다. 더 많이 사적으로 받아들일수록 나는 그만큼 더 약해진다. 반대로, 내가 강할수록 사적으로 받아들이는 경우의 수가 줄어든다. 사적으로 받아들이는 횟수가 줄수록 나는 더 강해진다. 중요한 건 곰이나 사자도 '손해 보는 환경'에 놓이면 아주 쉽게, 단기간에 외부 자극에 예민해진다는 사실이다. 반대로 설치류 역시 '손해 보지 않는 환경'에 놓이면, 단기간은 아닐지라도, 비교적 쉽게 외부 자극에 둔감해진다. 앞서 한 얘기를 다시 하는 중이다. 동물의 신경계는 타고나는 게 아니라 식물처럼 끊임없이 자란다는 것이다. 어떤 환경을 제공하느냐에

따라 그 환경대로 자란다는 것이다.

그 환경을 당신이 만들어야 한다는 얘기다. 그런 환경을 찾아갈 수도 있다. 하지만 그건 쉬운 일이 아니다. 그리고 환경을 찾아간다고 해도 당신의 '버릇'이 바뀌지 않는 한 당신의 정신계가 달라질 일은 없다. 생각해 보자. 저급한 환경에 살아서 그토록 예민해졌는가? 다른 환경에서 살았다면 나쁜 행동 패턴이 사라졌을까? 다시 생각해 보자. 혹시 처음부터 본인들 선택 때문은 아니었을까? 처음부터 모든 걸 사적으로 받아들이기로 하고 처음부터 매사 내가 손해 본다는 강박관념에 빠졌던 건 아닐까? 그 결과 손해 볼 것이 아무것도 없는 풍족하고 우호적인 환경에서도 피해의식이 시도 때도 없이 폭발했던 건 아닐까?

'사적으로 받아들이기'의 최종진화형은 피해망상이다. 정신병 환자가 가장 먼저 겪는 초기 증상도 피해망상이고, 인생을 망치고 병원에 입원하거나 감옥에 수감되는 마지막 단계도 역시 피해망상이다. 처음엔 모르는 사람이 자길 보고 비웃는다는 착각에서 시작한다. 누군가 뒤에서 자기를 욕하고 음해한다는 의심으로 발전한다. 착각은 습관적인 의심으로 바뀌고, 습관적인 의심은 집착으로 바뀐다. 집착은 집착을 부르고 광적인 믿음으로 발전한다. 사적인 망상이 병적인 현실이 되기까진 오랜 시간이 걸리지 않는다. 불과 1~2년 만에 음모는 진실이 되고, 가상 현실은 실시간 현장이 된다. 그리고 마침내, 칼을 들고 밖으로 나간다.

이들도 처음엔 정상적인 삶을 살았다. 정상적인 학창 시절을 보내고 정상적인 직장 생활을 했다. 정신병원이나 감옥에 수감된 피해망상 환자들이 이렇게 되리라곤 누구도 예상하지 못했다. 사소한 버릇에서 시작되었다. 그 버릇을 부모에게서 물려받았건, 친구에게서 배웠건, 열악한 환경에 의해 길러졌건, 결국 그 버릇을 키운 건 본인이었다. 사적으로 받아들이는 버릇을 중단하지 못하는 바람에 인생이 망한 셈이다. 사적으로 받아들이는 버릇을 반복함으로써 신경이 사소한 자극을 과대 해석하는 쪽으로 발달했을 것이다. 그렇게 발달된 신경계가 자신을, 돌이킬 수 없는, 망상에 집착하는 괴물로 만들었던 것이다.

반복 강조한다. 가정 환경의 문제도 아니고, 부모 유전자의 문제도 아니다. 당신의 선택 문제다. 못 들은 척하면 관중의 야유는 자신의 문제가 아닌 관중의 문제가 된다. 내가 아닌 다른 사람들이, 사회가, 언론이 대신 문제를 물어뜯게 된다. 내가 스스로 "저건 내 일이 아니다"라고 선을 긋고 대응하지 않는 순간, 그 문제는 남의 일이 돼 버린다. 내가 스스로 "저건 나의 일"이라고 발 벗고 나서 대응을 하는 순간, 그 문제는 남의 일이 아닌 내 일이 돼 버린다.

아무리 기분 나쁜 말을 들었어도, '지랄하고 자빠졌네' 생각하고 대응하지 말자. 대응하고 싶은 욕구를 꾹꾹 눌러 참고 다른 일을 하자. 아니면 (정 그렇게 억울하고 화가 났다면) 다른 비공개 혹은 익명의 온라인 공간에 "미친놈이 지랄하고 자빠졌다" 혼자 욕을 쓰고 말자. 대응하는 순간 나와 전혀 상관없었던 일은 사적인 일이 돼 버린다. 사적인 일이 되는 순간, 나는 상대의 눈치를 보고 그의 두 번째 세 번째 반응까지 신경 써야 한다. 나를 향한 또 다른 수많은 악플과 코멘트와 평가가 사적인 문제로 돌변한다. 전에는 전혀 신경 쓰이지 않았던 아무 의미 없는 사소한 것들마저 전부 사적으로 느껴지게 된다. 피해망상의 시작이다. 아무것도 아닌 걸 사적으로 받아들이기로 하는 순간 당신의 정신 신경계는 걷잡을 수 없는 자멸의 길을 걷는다. 악플러에게 대응하던 패턴이 가족, 친구, 선의의 이방인에게까지 나타나게 된다.

가장 심각한 문제는 자기 이름이 언급되지 않은, 그러니까 자신과 정말로 눈곱만큼의 관련도 없는 일까지 사적으로 받아들인다는 점이다. 사회, 경제, 정치 등 시사 전반에 관심이 많은 것은 문제가 아니다. 물론 사회인이 가져야 할 기본 소양이다. 하지만 관심이 관심으로 그치지 않는다는 것이 '사적으로 받아들이기'의 가장 큰 문제다. 사적으로 받아들이는 사람들은 참견하고 간섭하고 분노한다. 훈계도 한다. 그리고 마침내 하지 말아야 할 범죄적 행동까지 하게 된다.

정치적 입장은 문제가 아니다. 사람은 누구나 정치적 입장이 있다. 이게 광신으로 발전하는 게 문제다. 사적으로 받아들이니까, 저게 남 일이 아닌 내 일이라고 생각하니까 쓸데없이 목숨을 건다. 쓸데없이 흥분하고 분노하며 집착한다. 왜냐하면 자기 일이니까. 집착은 집착을 부르고 광적인 믿음으로 발전한다. 사실은 자기 일 아닌데, 자기와 눈곱만큼도 관련 없는 일인데, 자신의 인생에 간접적으로도 관련 없는 일인데, 이걸 자기 일이라고 미친듯이 믿고 집착하는 것이다.

사적으로 받아들이고 말고의 기준을 세우자. 내가 손해 보지 않으면 그건 사적인 게 아니다. 나와 상관없는 놈들의 나와 상관없는 일이다. 내가 손해 볼 일이 없는 것 같으면 그냥 딱 관심 끊고 무시한다. 쓸데없는 감정이입 하지 않고 쓸데없는 동정심 끌어올리지 말고 그냥 "저건 내가 상관할 일이 아니다"라고 뒤돌아선다.

어떻게 정치가 나와 관련 없는 일인가? 나와 내 가족의 삶이 걸린 일인데? 우리 모두의 미래가 걸린 일인데? 다시 말한다. 정치적 입장이나 신념이 문제가 아니다. 그걸 사적으로 여기는 것이 문제다. 마치 내 일인 것처럼 참견하고 간섭하고 분노하는 게 문제다. 관심과 집착은 나와 관련 없는 일을 사적으로 받아들이는 '유해한 습관'이다. 당신은 당신과 직접 관런이 없는 '주어진 환경'에 감정이입을 하는 것이다. 나와 상관없는 일을 내 일이라고 억지 주장 하는 것이다. 혹자는 공명심이 문제라고 한다. 사회 정의, 공익, 올바른 사회 같은 허울 좋은 명분에 대한 집착이 정치에 과몰입하게 만들고 정치 광신도를 낳는다고 말한다. 다시 말하지만, 정치적 신념은 문제가 아니다. 공명심은 누구나 가질 수 있고, 누구나 드러내고 주장할 수 있다. 문제는 이걸 사적인 일로 여기는 것이다. 감정이입을 하는 것이다.

정신 건강에 문제가 있는 사람들의 예외 없는 공통점이다. 쓸데없는 감정이입을 하는 것. 감정이입의 빈도가 높을수록 그 사람은 지금 현재 불행하며, 앞으로 불행해질 가능성이 높다. 쓸데없는 감정이입을 하기 때문에 사적인 감정이 생긴다. 네 편, 내 편에 집착하게 된다. 자신과 아무 관련 없는 정치인에, 연예인에, 사회 이슈에 미친 개처럼 사생결단 물어뜯는다. 미친 개가 물어뜯는 이유는 자신의 생존 때문이지만, 인간이 물어뜯는 이유는 불행하기 때문이다. 유리멘탈인 까닭에, 뭐든 사적으로 받아들이며 감정이입 하다 마침내 멘탈이 부서지고 박살 나 버린 것이다.

처음엔 누구나 집착할 수 있다. 화가 나고 간섭하고 집착할 수 있다. 하지만 정신이 건강한 사람은 금방 발을 빼게 된다. 정신 신경계가 그렇게 길러졌기 때문이다. 정말로 정신이 건강한 사람들은 과도하게 몰입하기 전에, 병적 집착이 나타나기 전에 귀신같이 발을 뺀다. 멘탈 강자들은 과몰입과 집착에 쉽게 피로감을 느낀다. 피곤하다, 이건 더 이상 나와 상관없는 일이다, 이렇게 판단 내리고 금방 하던 행위를 중단한다. 남의 일에 사적 관심을 갖는 것에 거부감을 느낀다. 자기 모멸감을 느낀다. 하지만 멘탈 병자들은 그 반대다. 몰입하고 집착할수록 그게 더 심해진다. 아주 쉽게 으스러지는 쿠키 멘탈 주제에 그런 것에는 미치도록 끈질기고 강인한 지구력을 보인다. 고통받으면서도 그만두지 못한다. 불행의 탐닉이다. 자학이다. 자기 파괴 행위다. 과몰입과 집착에서 벗어나야 한다고 아무리 자기 세뇌를 해도 결국 매번 다시 그렇게 된다. 왜. 뭐든 사적으로 받아들이는 습관이 들었기 때문이다. 나와 상관없는 남의 일을 자기 일로 여기는 강박적 습관에 빠져 있기 때문이다.

지금부터 정신 신경계를 새로운 모양으로 길러야 한다. 썩은 가지는 자르고 건강한 가지를 뻗도록 해야 한다. 매번 '내게 이로운 선택'을 해야 한다. 강철멘탈 소유자들의 선택을 따라 해야 한다. 그래서 니의 정신게가 더 이상 불행을 탐닉하지 않도록 해야 한다. 스스로에게 해로운 행동을 스스로 중단하게 해야 한다. 나에게 유리한 행동만 무의식적으로 골라 하도록 해야 한다. 나의 정신계가 중요한 순간마다 내 목숨을 살리고 수명을 연장하는 고성능 안전 장치 역할을 하게 해야 한다.

가족과 선을 긋는다

'사적으로 받아들이지 않는 훈련법'에서 가장 중요한 역할을 하는 건 가족이다. 앞으로 계속 설명되지만, 정신 개조 및 멘탈 강화에 가장 좋은 훈련 상대는 가족이다. 많은 사람들이 자신의 병든 멘탈의 원인을 가족으로 돌린다. 항상 강조하지만 정말로 가족을 잘못 만나 멘탈이 망가진 경우는 그렇게 많지 않다. 대부분은 극히 평범한 (별로 흠잡을 일 없는) 가정에서 자랐음에도 나중에 자기 멘탈의 문제를 가족 탓으로 돌린다. 그러니까 멘탈 병자들에게 가족은 대부분의 경우, 병의 원인이 아니라, 핑곗거리다. 당신이 가족을 당신의 병든 멘탈의 핑계로 삼는 한 당신의 멘탈은 절대로 좋아지지 않는다. 병든 멘탈을 치유하고, 좋은 쪽으로 강화하려면, 가족 탓을 하지 말고, 가족을 이용해야 한다.

남자는 대부분 사춘기가 오면 가족과 남남이 된다. 남자는 사춘기 때 대부분 가족과 정신적으로 분리 독립을 한다. 하지만 여자는 그렇지 않다. 사춘기가 지나도 계속 가족과 끈끈한 유대 관계를 이어가는 경우가 많다. 여기서 문제가 발생한다. 가족의 일을 나의 일로 여기는 버릇이 남는 것이다. '뭐든지 사적으로 받아들이는 버릇'이 가족 울타리 밖에서도 이어지는 것이다. 아니, 가족 일이 내 일이지 어째서 남의 일이냐? 너 호래자식이냐? 지금 무슨 말을 하는 것인지 잘 이해되지 않는다면 효자 남편을 떠올린다. 아내 몰래 부모에게 돈 갖다 바치고 여동생 해외 여행 보내주는 효자 남편이 있다고 생각해 본다. 자기 부모의 일이 곧 자기 일이라며 아내와 가정을 호구 취급하는 남편이 정상적인 인간이라고 하진 않을 것이다. 이 남자는 아내에게 그렇게 주장할 것이다: 아니, 가족 일이 내 일이지 남의 일이냐? 너 호래자식이냐?

당신의 경우는 어떤가. 효자 남편과 다르다고 생각하는가? 가족의 부탁이 곧 자동으로 나의 의무 사항이 되지 않는가? 가족이 뭐 해달라고 징징대면 입으로는 툴툴 대면서 창자까지 다 떼다 주지 않는가? 아무리 이젠 더 이상 안 된다고 다짐을 해도 죽을 때까지 가족의 '횡포'에 묶여 살지 않는가?

당신이 모든 걸 사적으로 받아들이며 불행에 탐닉하는 악습을 고치려면 가족과 거리를 유지하는 법부터 익혀야 한다. 가족이라는 명분이 주라적 의무 사항이 되는 사고 방식부터 버려야 한다. 선을 긋는다. 사회적 체면 혹은 면피용 근거를 위해 여기까지만 해준다고 정해야 한다. 그리고 그 이상은 아무것도 해주지도 말고, 관심도 갖지 말아야 한다. 당신은 가족과 인연을 끊을 필요도, 관계를 멀리할 필요도, 냉랭하거나 적대적일 필요도 없다. 당신은 그저 가족이라는 명분으로 선넘는 짓을 하지 않는 것뿐이다. 당신은 예전같이 가족과 즐겁게 다정하게 행복하게 지내면 된다. 단지 선을 넘지 않을 뿐이다. 상대가 선을 넘지 않게 막을 뿐이다.

'사회적 거리 두기'보다 더 중요한 건 '사적인 거리 두기'다. 아무리 가족이라도 개인의 사적 권익을 침해할 권리는 없다. 가족끼리 사적 권익을 침해하고 짓밟으면 그 버릇이 남 앞에서도 반복된다. 남의 사적 영역을 침범하는 사람들, 자신의 사적 영역을 방어하지 못하는 사람들, 쓸데없는 걸 다 사적으로 받아들이며 눈 뒤집고 게거품 무는 사람들 배경을 보면 애초에 가족끼리 그랬던 경우가 태반이다. 화목했던 경우도 있지만, 서로의 사적 영역을 짓밟고 다니다 원수보다 못한 사이로 전락한 경우도 있다. 과거에 어떻게 지냈든, 지금 어떻게 지내든 상관없다. 지금부터 그렇게 하면 된다. 지금부터 가족끼리 사적 영역과 서로의 권익을 침범하지 않으면 된다. '각자의 일은 각자의 소관'이라는 선진국형 가족 개념을 가지면 된다.

부모가 뭘 샀든, 무슨 종교를 믿든, 누구에게 사기를 당했든, 아 그러셨어요? 하고 관심 끊으란 얘기다. 형제가 무슨 공부를 하든, 무슨 학교를 가든, 무슨 직장에 다니든, 아 그렇구나? 하고 말라는 거다. 각자의 일은 각자의 소관이라는 거다.

아무리 가족이라도 절대로 그게 내 일이 될 수는 없다는 거다. 나도 가족도 다 큰 성인들이고, 다른 사람의 간섭을 받지 않을 권리가 있다는 거다. 당신에겐 가족의 사적 영역을 간섭할 권리가 없으며, 그와 마찬가지로 가족들이 자기 일을 당신에게 사적으로 떠넘길 권리도 없다. 가족과 나는 가족일 뿐이지 서로의 인생을 공유한 샴 쌍둥이가 아니다.

관련해 좋은 사례가 있다. 메이저리그 주전 선수로 큰 명성을 날렸던 야구 선수 추신수다. 그는 2016년 아버지가 사기죄로 감옥에 수감됐다는 소식을 들었다. 아버지가 사기죄로 조사를 받는다는 얘기는 이미 수년 전부터 들었다. 하지만 추신수는 한 번도 아버지를 돕지 않았다. 아버지가 5억 원을 갚지 못해 감옥에 수감됐을 때도 추신수는 아버지에게 땡전 한푼 빌려주지 않았고, 감옥에 면회 가지도 않았다. 그는 아직도 자기 아버지 일에 대해 일언반구 언급하지 않는다. 왜. 아버지 일은 아버지 일이니까. 내 일 아니니까. (추신수 선수의 아버지, 8억 사기부터 다이아몬드 밀수까지, 스타투데이 2015.01.17) 추신수가 모질어서 그런가? 아니면 아버지와 평소 원수 지고 살았기 때문일까? 추신수는 모진 사람도 아니고, 아버지와 원수 지고 살지도 않았다. (추신수, 2024시즌 뒤 은퇴…최저연봉·주장·기부와 팬서비스, 연합뉴스 2023.12.14) 그는 아버지와 평범한 관계였다. 다만 서로의 영역을 침범하지 않은 것뿐이었다. 가족의 일을 사적으로 받아들이지 않은 것뿐이었다. 손해 볼 짓을 하지 않은 것뿐이었다. 아버지가 죄를 지었으니 아버지가 처벌받아야 할 일이라고 선을 그었던 것이다. 그가 아버지 범죄를 사적으로 받아들이고 빚을 대신 갚아주면 그는 아버지의 범죄에 동참하는 셈이었다. 그의 아버지는 10여 년 전부터 사기에 연루돼 왔고 추신수는 이를 알고 있었을 것이다. 그래서 그랬던 것이다. 나는 손해 볼 짓을 하지 않겠다, 아버지 일 때문에 나와 내 가정까지 희생시키지 않겠다.

내 일과 남의 일을 선 긋는 습관, '아무것도 사적으로 받아들이지 않는 습관'은 가족과의 관계에서 시작되어야 한다. 당신이 부모 형제의 일을 '각자 알아서 할 일'이라고 정하고 간섭하지 않으면 당신의 정신계는 건강해진다. 남의 일에 참견하지도 않고 사적으로 받아들이지도 않는 정신 건강한 선진국형 모더니즘 인간이 된다. 내 가족에게도 그러하니, 다른 사람과의 관계에선 더더욱 그렇게 된다. 이건 내 일, 저건 당신의 일, 이렇게 선 긋는 버릇을 가족에게 먼저 들이면 어디서도 서로의 영역을 침범할 일이 없다. 남의 일을 내 일처럼 여기고 오지랖 떨다 손해 보고 고통받을 일이 줄어든다.

말로만 "안 도와줄 것이니 알아서 하시라"고 하는 건 아무 의미 없다. 실제 행동을 그렇게 해야 한다. 선택을 해야 한다고 했다. 당신의 선택이란 당신이 그렇게 하겠다고 입으로만 나불대는 걸 말하는 게 아니다. 선택은 말이 아니라 행동을 하는 것이다. 입으로는 "알았어, 힘내" 그러고는 실제론 도와주지 않는 것이다. 그래야 당신의 정신계가 사적 간섭 오지랖으로부터 멀어지는 쪽으로 자란다. 당신이 손해 볼 행동을 자동으로 제어하는 기능을 갖추게 된다.

우리는 추신수가 어떻게 지옥의 마이너리그에서 10년 넘게 악전고투하다 살아 올라왔는지 비결을 알아야 한다. 그가 어떻게 그 지독한 인종 차별과 언어 장벽을 다 이기고 메이저리그 최고의 1번 타자가 됐는지 생각해 봐야 한다. 행동을 그렇게 했기 때문이다. 사적으로 받아들이지 않는 습관대로 행동했기 때문이다. 그는 커리어의 정점에 오르면서 아무것도 희생하지 않았다. 그의 가정은 전과 다름없이 여전히 화목하고 감옥에 갔다 온 아버지와도 관계를 유지하고 있다.

가족끼리 '가족 같은 관계'를 유지해야 한다며 서로의 사적 영역을 침범하고 강요했던 다른 이들과 비교해 보자. 그 가족들은 지금 어떻게 살고 있는가? 추신수보다 잘살고 있는가? 혹시 따로 살고 있진 않은가? 명절 때 보는 사이가 아니라 법정에 재판 열릴 때만 보는 사이는 아닌가? 법원에 하루만 있어 보면 무슨 말인지 알 수 있다. 민사재판에서 치열한 다툼을 벌이는 사람들 상당수는 가족 관계다. 가족 관계를 명분으로 서로의 사적 권익을 자유롭게 침해했던 이들이다.

친구와 선을 긋는다

가족 관계는 쿨한데 친구 관계에선 집착과 결핍으로 미쳐 날뛰는 사람들이 있다. 가족들끼리는 남남인데 친구를 사귀면 모든 걸 사적으로 받아들이는 사람들이 있다. 이 사람들 특징이 친구에게 가족의 의무를 부여하는 것이다. 어디서 뭘 하든 꼭 알려줘야 하고, 어디서 뭘 하든 꼭 자기를 먼저 불러야 하고, 연락이 뜸해지지 않도록 주기적으로 연락을 해야 하고, 기념일은 목숨 걸고 지켜야 하고. 이게 굳이 정신적 문제라는 사실을 설명할 필요는 없다. 문제는 정신에 병이 없는 사람도 이런 행동 패턴을 보인다는 점이다. 서양에선 이런 증상이 잘 발견되지 않으며, 이런 짓을 하면 정신병이라고 손가락질 받는다. 하지만 한국에선 사회생활 멀쩡히 잘하는, 고학력 고소득자들도 이러는 경우가 흔할 정도로 만연한 행태라는 게 문제다.

어디를 가나 '가족 같은 관계'가 문제다. 가족의 개념을 너무 쉽게 적용하는 게 문제다. 가족 사이에서도 실패한 '가족 같은 관계'를 타인에게 강요하는 게 문제다. 한국의 가족주의 온정주의가 얼마나 많은 이들을 불행하게 만들었는지 아무도 알려주지 않는 게 문제다. 가족주의와 온정주의의 진짜 문제는 당신 주변의 모든 인간 관계를 사적으로 받아들이게 만든다는 데 있다. '가족 같은 관계'랍시고 타인에게 몰상식한 기대를 거는 것이다. 상식적으로 하지 말아야 할 자선을 베푸는 것도 문제다. 상대에게 "친구라면 이래야 해"라고 기대를 거는 것도 문제지만, "친구라면 이 정도는 해줘야지" 하고 자선을 행하는 게 더 문제다.

계속 말하지만, 남의 일을 나의 일로 여기는 게 모든 문제의 시작이다. 남의 일은 남이 처리하게 둬야 하는데, 가족주의와 온정주의에 찌든 한국인들은 그걸 못한다. 가족 사이에 그러지 못하는 건 어쩔 수 없는 인지상정일 수 있다. 친구가 빚에 쪼들리면 친구가 해결하게 둬야 한다. 친구가 돈 빌릴 곳이 없으면 자기 가족을 찾아갈 일이다. 친구가 찾아와 제발 도와달라 읍소한다고 친구의 일이 당신의 일이 되지 않는다. 친구의 일에 감정이입 하는 순간 당신의 정신계는 손해 보는 쪽으로 자란다. 남의 일을 사적으로 받아들이는 버릇이 한층 강화된다. 당신이 친구의 일을 나의 일로 여기고 자선을 베푸는 순간 당신은 친구에게 '가족 같은' 기대를 걸게 되고, 둘의 관계는 절대 예전으로 돌아갈 수 없게 된다.

가족 사이에 선 긋기가 어려우면 친구 사이에 선 긋는 연습부터 해야 한다. 당신은 좋은 남편감의 행동 패턴을 답습해야 한다. 좋은 남편감은 아무리 여자에게 푹 빠져도 절대 자기 인생에 불이익을 감수하며 여자에게 잘해 주지 않는다. 좋은 남편감은 절대로 상대의 사적 영역을 침범하거나 간섭하지 않는다. 마찬가지로 자신의 사적 영역을 여자에게 양보하지도 않는다. 왜냐하면 정신이 건강하기 때문이다. 건강한 인생을 살기 때문이다. 이런 남자가 결혼해서 유능한 남자, 가정을 책임질 수 있는 남자가 되기 때문이다. 지속 가능한 관계, 날이 갈수록 풍요로운 관계를 만들기 때문이다.

당신이 친구 관계에 사적인 거리를 두지 못하고, 당신의 인생을 양보하거나, 불이익을 감수하거나, 손해 보는 행동을 한다면 관계는 지속 가능할 수 없다. 관계는 파탄 나고 정신은 병든다. 사적으로 받아들이는 습관에 빠지기 때문이다. 앞으로 어디서 누굴 만나도 손해 보는 행동을 반복하기 때문이다. 어디서 누굴 만나도 병적인 기대와 집착을 그만두지 못하기 때문이다.

지금부터 악습을 중단해야 한다. 친구를 아무리 사랑해도 서로의 사적인 거리를 유지한다. 친구 때문에 내 인생을 양보하거나 손해를 봐야 한다면 그 즉시 관계를 중단한다. "여기까지는 친구니까 허용해 줄 수 있다"고 선을 긋고, 선을 넘으면 곤란하다고 거부 의사를 밝혀야 한다. 이건 당신의 권익을 보호하기 위함이 아니다. 관계를 지속 가능하게 만들기 위함이다. '피를 나눈 의형제, 가족 같은 친구 사이' 어쩌고 나불대던 친구들은 지금 어디 있는지 생각해 보자. 이들 중에 아직도 친구인 경우는 별로 없다. 원수지간으로 헤어져 절대로 만나지 않는 경우가 대부분이다. 서로 마음껏 자유롭게 선을 넘은 결과다. 친구 관계에 가족주의를 적용한 결과다.

가족주의 온정주의의 폐해를 말하자는 게 아니다. 친구 관계를 사적으로 받아들이면 당신 멘탈이 나간다는 얘기다. 친구 관계에서 뒤통수 맞고 배신감 느끼게 된다는 얘기가 아니라 당신의 정신 신경계가 자꾸 사적인 기대를 바라는 쪽으로 자란다는 얘기다. 이번 친구 관계에서만 나쁜 결과를 가져오는 게 아니라 당신 인생 전반에 불행을 가져온다는 것이다. 대인 관계 기술의 문제가 아니라 정신 건강의 문제인 것이다. 당신이 친구 관계에 사적인 선을 지킬수록 당신과 친구의 관계는 건강하게 유지된다. 그리고 그와 동시에 당신의 멘탈은 강화된다. 당신이 친구 관계에 사적인 기대를 접고 불필요한 자선 행위를 자제할수록 당신과 친구의 관계는 단단해지고 그와 동시에 당신의 멘탈도 단단해진다.

사회 관계에 선을 긋는다

가족과 친구 사이 선 긋기에 성공하면 학교 학원 직장 기타 사회생활에서 만나는 사람들 관계는 쉬워질 것이다. 타인에게 사적인 기대를 금하고 쓸데없는 친절을 베풀지 않는 건 기본이다. '사적으로 받아들이지 않는 습관'의 첫걸음은 쓸데없는 친절을 베풀지 않는 데서 시작한다. 가족에게, 친구에게, 그리고 사회적 관계에 쓸데없는 친절을 베푸는 행위부터 금지해야 서로의 사적인 영역이 지켜진다. 상대도 나의 사적 영역을 존중하고, 나도 상대와 사적 거리를 유지할 수 있다. 당신이 사람에게 불필요한 친절을 베푸는 순간, 사적인 거리는 무너진다. 그때부터 당신과 상대는 (아주 조금일지라도) 사적인 기대를 품게 된다. 사적으로 받아들이는 습관이 시작되는 것이다. 인간 관계도 망치고, 당신의 멘탈 건강도 망치는 것이다.

지금 설명 중인 멘탈 강화법을 한마디로 요약하면 '하고 싶은 짓을 자제하는 것'이다. 동정심과 연민과 자선의 욕구를 이 악물고 참는 것이다. 저주받은 가족주의 온정주의를 과감하게 잘라내는 것이다. 그래서 가족 간에, 친구 간에, 그리고 타인 간의 사적 영역을 사수하는 것이다. 타인은 내가 될 수 없고, 타인의 일도 절대로 내 일이 될 수 없다는 사실을 이해하는 것이다. 불필요한 친절과 자선은 사적으로 받아들이는, 손해 보는 버릇을 키우는 가장 위험한 행동이라는 사실을 기억해야 한다.

불필요한 친절을 베풀지 않는 것, 사람들과 사적 거리를 유지하는 게 중요한 까닭은 무엇보다 나에 관한 부정적 평판에 대처하는 데 도움이 되기 때문이다. 사람들이 부정적 평판에 멘탈이 나가는 주요 이유는 사적인 관계를 너무 많이 맺기 때문이다. 평소 자신의 사적 영역을 사수하지 못하고, 남의 사적 영역에까지 들어가 놀았던 탓에 사회적 평판에 예민해질 수밖에 없다. 사회적 평판에 기대를 쌓게 되고, 그 기대감이 좌절되는 순간, 멘탈이 나가는 것이다. 꽃밭 가득 평화로웠던 인간 관계가 하루아침에 피비린내 나는 살육전으로 뒤바뀌는 것이다.

그러면서 사람들은 대부분 엉뚱한 탓을 한다. "내가 평소 그렇게 잘해 줬는데! 뒤에서 날 음해한 악마 같은 년들 때문이지!" 당신을 음해한 이들이 얼마나 악마 같은 년들인지 그건 우리가 알 바 아니다. 현실은 당신은 다른 무리에 가서도 비슷한 일을 겪고 멘탈이 나갈 것이란 사실이다. 문제의 원인은 '악마 같은 년들'에게 있는 게 아니다. 문제의 원인은 사람들 사이의 사적 거리를 유지하시 못하는 당신에게 있다. 뭐든 사적으로 받아들여야 직성이 풀리는 동정심과 연민과 자선의 욕구, 저주받은 가족주의 온정주의 때문이다. 당신이 또다시 그런 일을 당하고 싶지 않으면, 또다시 인간 관계에서 멘탈 나가는 일을 겪고 싶지 않으면 사적으로 받아들이는 모든 싹을 잘라 버려야 한다. 불필요한 친절을 베풀지 않는 것이다. 아무리 마음에 드는, 아무리 친하고 싶은 사람이라도, 일단은 사적인 거리를 유지하는 것이다. 어떤 사적인 기내도 품지 못하게 하는 것이다. 서로 사적인 기대가 없으면 배신감 느낄 일도 없다. 부정적 평판이 발생해도 "지X하고 자빠졌네" 하고 쉽게 무시 가능하다.

당신이 유리멘탈의 소유자라면 전혀 모르는 사람의 전혀 이유 없는 악플에도 상처받고 멘탈이 무너질 수 있다. 사람들과 사적 거리를 유지하지 못하기 때문이다. 온라인상의 낯선 타인들과 인간적인 정을 쌓고 싶어하고, 먼저 친한 척을 한다. 사적인 기대를 쌓는 것이다. 얼굴도 모르는 타인과의 관계를 사적인 마음으로 시작하는 것이다. 그러면 무너진다. 나는 친절하고 싶어서 한 행동인데, 그게 부정적 평판을 부르니 멘탈이 나가는 것이다. "손해 볼 짓 하지 말라"를 이쯤에서 다시 떠올려 본다. 손해 볼 짓을 하지 않아야 멘탈이 강화된다는 말을 다시 기억한다. 사적으로 받아들일 모든 싹을 잘라버리라는 말, 이제는 이해할 수 있을 것이다.

당신이 사람들과 관계에서 사적으로 받아들여야 할 건 내게 직접 손해가 발생하는 경우뿐이다. (좀 과하게) 간단히 말하면, 내가 손해 볼 일이 아니면 사적인 게 아니고, 내가 손해 볼 일이면 사적인 것이다. 중요한 건, 내가 직접 손해 볼 일 아니면, 내가 무시해 버리면 그만일 일은, 그냥 무시하라는 것이다. 상대가 내게 악의를 갖고 내게 직접 상처를 주기 위해 하는 행동에 사적으로 대응하고, 그렇지 않은 경우는 "어디 개가 짖고 자빠졌냐" 하고 싹 무시하는 것이다. "무시하면 될 일은 무시해 버린다—쓸데없이 짖거나 물어뜯지 않는다." 이 원칙대로 행동하는 것이다. 정 억울하면 내가 직접 피해를 입을 때까지 기다리면 될 일이다. 그때 어떻게 할지 상상하는 것으로 풀면 될 일이다.

내가 먼저 나서서 사적인 일로 만들면 당신이 손해 보는 것이다. 사적인 일이 아니었는데 사적인 일로 만든 것이다. 사적인 관계가 아니었는데 쓸데없는 친절을 베풀어서 사적인 관계로 만드는 어리석은 행동과 다를 게 없다. "우리 그런 사이 아니잖아요." 이 대사를 기억해야 한다. 저 사람과 나 사이에 '불필요한 인연'이 생기는 것에 두려움과 거부감을 느껴야 한다. 저 사람과 인연이 생기는 것이 두렵기에, 나의 멘탈을 지키기 위해서, 대응하지 않는 것이다. 손해 볼 짓 하지 말라는 말은 내 멘탈 보호가 우선이라는 말과 같다. 내 멘탈 보호가 우선이라는 원칙을 지켜야 한다. 사적 관계를 맺을 가능성을 경계해야 한다. 섣불리 '불필요한 인연'을 맺을 모든 경거망동을 삼가야 한다. 그래야 당신의 정신 신경계가 보호되고 건강해진다.

TV와 인터넷에 선을 긋는다

TV와 인터넷에서 벌어지는 일에 과도하게 감정이입 하는 사람들이 있다. 매사 모든 걸 사적으로 받아들이는 유리멘탈 소유자들이다. 현실적으로, TV와 인터넷에서 일어나는 일이 당신 인생에 영향을 줄 일은 없다. 이걸 알면서도 사람들은 가상공간에서 일어나는 일을 사적으로 받아들이고 과몰입한다. 현대인의 멘탈이 병드는 가장 주요한 원인 중 하나는 가상현실 과몰입이다. TV 인터넷 속의 가상현실을, 진짜로 받아들이는 게 문제가 아니라, 사적으로 받아들이는 게 문제다. 내 일이 아닌 남의 일인데 이걸 내 일이라고 억지 주장을 하는 게 문제다.

"아니, 내 블로그, 인스타, 트위터에 달린 답글이라고! 이건 내 사적 공간이라고!" 엄밀히 말해서 당신의 가상공간은 당신의 사적 공간이 아니다. 당신이 이걸 가까운 지인에게만 제한적으로 오픈한 게 아니라면 이는 완전한 공용 공간이다. 단지 거기 당신의 사생활이 묻어 있을 뿐이다. 특히, 당신이 SNS에 당신의 신분을 명백히 밝히지 않았다면 당신의 SNS는 법적으로도 당신의 사적 공간으로 인정되지 않는다. 아무리 악독한 놈이 아무리 악독한 악플을 달아도 당신은 그놈을 처벌할 수가 없다. 왜냐하면 그곳은 법적으로 당신의 사적 영역이 아니기 때문이다.

당신은 현실을 직시해야 한다. 온라인에서 벌어지는 일은 온라인에서 벌어지는 일일 뿐이다. 그게 사적인 일이 되려면 당신이 원래 이름만 대면 누구나 아는 유명인이거나, SNS상에 "나 이런 사람이야"라고 알 수 있도록 개인 신상을 오픈하고 있어야 한다. 그렇지 않으면 온라인상 당신의 존재는 사적일 수 없다. 법이 그렇다. 현실이 그렇다. 온라인과 오프라인은 다른 세상이다. 온라인은 실제론 존재하지 않는 세상이며 온라인상의 당신은 실제론 존재하지 않는 존재다. 당신이 온라인에 과몰입하지 않으려면, 온라인에서 멘탈이 부서지는 일을 방지하려면 온라인 존재에 대한 허상부터 버려야 한다. 아무도 당신이 누군지 모른다. 법으로도 당신의 사적 가치를 보호해 주지 못한다. 그러니 깨끗이 포기해야 한다. 온라인상의 나는 내가 아닌 다른 존재, 존재하지 않는 존재라는 사실을 받아들여야 한다. 실제론 아무것도 사적일 수 없다는 사실을 이해해야 한다.

SNS는 그럴 수 있다. 이건 내 거라고, 내 사적인 일이라고, 현실과 다름없는 착각을 불러일으킬 수 있다. 하지만 TV 속 일은 그런 착각조차 용인하기 어렵다. TV에서 보는 사건 사고 정치 뉴스는 완전한 '강 건너 불구경'이다. 그런데 이걸 내 일처럼 받아들이는 사람들이 있다. "나는 저런 일 당하지 않도록 조심해야겠다" 그런 생각을 하는 게 우선이다. 그런데 그런 생각은 안 한다. 대신 뉴스 속 피해자에게 감정이입을 한다. "저기 범인 새끼 어떻게 삶아 죽이지" 부들부들 떠는 게 우선이다.

여기서 강철멘탈과 유리멘탈의 차이가 결정된다. 강철멘탈은 감정이입을 하지 않는다. 내 일과 남의 일을 칼같이 구분한다. TV에서 보여지는 사건 사고에, 흥미를 느낄 순 있어도, 사적으로 받아들이지는 않는다. 정신계가 그렇게 길러졌기 때문이라고 했다. 남의 일을 사적으로 받아들이지 않도록, 손해 볼 일을 하지 않도록, 쓸데없는 스트레스를 받지 않도록 설계됐기 때문이다. 반면 유리멘탈은 감정이입을 한다. 내 일과 남의 일을 구분하는 일이 없다. 남의 일도 내 일이고 내 일도 내 일이다. 세상만사 모든 일이 다 내 일이라 이것저것 관심 갖고 참견하고 해결하느라 (혹은 그런 척하느라) 정신이 없다. 내 일은 제쳐 두고 남의 일에 참견하느라 세월과 에너지를 탕진한다. 제일 한심한 건 TV 인터넷 속 강 건너 불 구경에도 세월과 에너지를 탕진한다는 점이다. 아니, 당신이랑 상관없는 일이잖아? 이렇게 조언해도 소용이 없다. 자신과 상관없는 일일수록 더 열을 올린다. 나랑 상관없는 일이니까 더 미친 듯이 집착한다. 왜. 그렇게 버릇이 들었으니까. 그 사람의 정신 신경계가 세상만사 모든 일을 사적으로 받아들이도록, 세상만사 무슨 일에도 스트레스 받도록, 어떤 상황에서도 언제나 변함없이 불행을 탐닉하도록 설계됐기 때문이다.

아무리 멘탈 관리를 해도 TV 인터넷 때문에 멘탈이 죽는다. TV 인터넷을 하면서 자꾸 나와 관련 없는 일을 사적으로 받아들이는 악순환을 겪는다. 뭐든 사적으로 받아들이는 버릇이 도지고 현실 세상에서도 똑같은 피해의식 회로를 돌리는 것이다. 남의 일을 남의 일로 받아들이지 못하는 것이다. 악으로 깡으로 지금보다 불행해지는 방향으로 나아가는 것이다.

악순환에서 벗어나야 한다. 당신의 정신계가 불행을 쫓는 행동 패턴에서 벗어나도록 당신의 행동을 교정해야 한다. SNS를 하다 열받으면 차단하거나 탈퇴하거나 삭제한다. 당신이 TV를 보다 스트레스 받으면 TV를 끄고 다른 일을 한다. 당신이 뉴스를 보다 분노가 치솟으면 뉴스를 보지 않는다. 당신이 조금이라도 스트레스를 받거나 과몰입을 할 것 같으면 그 즉시 모든 행동을 중단한다. 이걸 습관화해야 한다. 사적으로 받아들이지 않는 정신계를 만드는 가장 쉬운 방법이다. 열 받는 게 있으면 꺼 버리는 것. 손가락질 한번이면 될 일이다. 이 쉬운 걸 안 한다. 자신의 멘탈을 보호하고 건강하게 만드는 최선의 방법인데 안 한다. 끝까지 집착하고 물어뜯으며 자신의 멘탈을 짓밟는다.

지금까지 설명한 사적으로 받아들이지 않기 강의의 핵심은 "열 받으면 불을 끈다"는 것이다. 하던 일을 중단하는 것이다. 안 하던 행동을 하는 게 아니라 하던 일을 그만두는 것이다. 그게 멘탈을 보호하는 동시에 강화하는 법이다.

덧붙임 1

사적으로 받아들이지 않기의 핵심은 '각자의 일은 각자가 알아서 할 일'이라는 사실을 되새기는 것이다. 아무리 남의 일이 내 일 같아 보여도, 아무리 내가 참견해야 할 것 같아 보여도, 아무리 내가 보기에 불쾌해 보여도, 직접 손해가 발생하기 전에는 내 일이 아니다. 이 진리를 이제는 받아들여야 한다. 남의 일에, 강 건너 불 난 집에 개입하고 싶은 욕구가 치솟을 때마다 주문을 외워야 한다: "나는 당사자가 아니다. 당사자의 일은 당사자가 알아서 해야 한다. 나는 간섭할 권리가 없다."

가족과 친구 관계부터 시작하라고 했다. 거기서부터 시작해야 다른 것들도 사적으로 받아들이지 않을 수 있다. 당신이 좋아하는 정치인이 낙선했는가? 당신이 싫어하는 어떤 이가 범죄를 저지르고 아무 처벌도 받지 않았는가? 그래서 참을 수 없는가? 당신이 직접 손걷고 발벗고 나서야겠는가? 이럴 때마다 생각해 보자. 이게 내 일인가? 이게 정말 내 사적인 일인가? 내가 직접 손해를 본 일인가? 일의 당사자는 따로 있는데 왜 내가 스트레스 받고 멘탈이 부서져야 하는가? 왜 당사자가 나서지 않고 내가 나서서 손해를 자초하고 있는가? 부당한 게 있다면 이게 진짜 부당한 일이 아닌가? 당사자가 아닌 엉뚱한 놈이 사서 손해 보는 상황이 제일 부당한 것 아닌가?

한국의 가족주의 온정주의 오지랖 문화에 길들여진 당신은 좀처럼 '각자의 일은 각자 알아서 할 일'이라는 단순 진리를 체득하기 어렵다. 이 단순 진리를 체득하지 못하면 당신의 멘탈은 건강해질 일이 없다. 지금부터 하나씩 차근차근 실천하기로 한다. 가족 친구 사이에 선 긋기가 어렵다면 강 건너 불 난 집과 선 긋기부터 한다. 당신이 좋아하는 정치인이 낙선했든, 당신이 싫어하는 어떤 놈이 범죄를 저질렀든 당사자가 해결할 일이다. 당사자의 일이지 당신의 일이 아니다. 당신은 지금 당장 강 건너 불 구경을 중단하고 당신 할 일이나 신경 써야 한다. 강 건너 남의 일을 사적인 일로 만들어 손해 보는 짓부터 중단해야 한다.

덧붙임 2

뭐든 사적으로 받아들여 손해 보는 습관은 근본적으로 내가 너무 특별하다는 생각 때문이기도 하다. 내가 너무 소중하기에 아무것도 아닌 일을 사적으로 받아들이는 것이다. 어떻게 이렇게 아름답고 특별한 내게 불만을 가질 수 있지? 어째서 이렇게 완벽한 나와 다른 생각을 할 수 있지? 어찌 감히 내게? 당신이 당신에 관한 세상 모든 평판에 신경 곤두세우는 까닭은 그게 부당하거나 불합리하기 때문이 아니다. 당신이 너무 특별하기 때문이다. 세상 살먼 누구니 기분 나쁜 일을 겪는다. 당신 코앞에서 당신 직접 들으라고 기분 나쁜 일을 한 게 아니면 당신은 그걸 사적으로 받아들일 이유가 없다. 왜냐하면 그건 당신의 문제가 아니라 그놈의 문제이기 때문이다. 당신은 잘못한 게 없고 그놈이 잘못한 것이기 때문이다.

다시 말한다. 그런 일은 누구나 다 겪기 때문이다. 당신은 절대로 특별한 존재가 아니기 때문이다. 당신이 당신을 특별한 존재로 여기는 순간 당신은 세상 모든 일을 사적으로 받아들이는 멘탈 병자가 된다. 손해 볼 일만 쫓아 다니는, 스스로 부당한 일을 자초하는 삼류 인생이 된다. 당신은 차범근의 멘탈을 닮아야 한다. 차범근이 과거 관중석의 인종차별 모욕을 들으며, 상대편 선수가 얼굴에 침 뱉는 일까지 당하면서 20년 넘게 공을 찰 수 있었던 까닭은 자신이 특별하단 생각을 해 보지 않았기 때문이다.

'나는 특별하지 않아, 나는 단지 공을 더 잘 차고 싶을 뿐이야.' 차범근은 불우한 나라에서 태어나 (행정 착오로) 군대를 두 번이나 가야 했지만 불만을 갖지 않았다. 그는 단지 축구 선수로 생존하고 싶었을 뿐이었다. 그래서 눈앞에 오르막이 보이면 수백 번 이 악물고 오르내렸다. 경기에 질 때마다 실책을 할 때마다 밤새 피눈물 흘리며 계단을 오르내렸다. 그는 자신의 평판에, 다른 사람의 간섭에, 타인의 비즈니스에 관심이 없었다. 자기 눈앞의 축구공에만 관심이 있었다. 자기 눈앞의 축구공에만 인생을 다한 결과가 한반도 최초의 세계적 스포츠 레전드, 차범근이었다. 당신의 축구공은 어디에 있는가? 인생에 느꼈던 환희와 동경은 어디에 있는가?

2장

단순하게 산다

사례 1-1

류현진은 오른손잡이다. 어릴 때 아버지가 야구 글러브를 왼손잡이용으로 잘못 사 오는 바람에 류현진은 왼손으로 공을 던져야 했다. "아버지, 공을 왼손으로 던져야 해서 불편해요" 이렇게 말해야 했지만 류현진은 아무 말 없이 그냥 왼손으로 공을 던졌다. 그는 '야구란 원래 왼손으로 공 던지는 운동'이라고 생각했다고 했다. 그날로 그는 왼손잡이 투수가 됐다. 왼손잡이 투수는 드물었다. 대다수가 오른손잡이니까. 아버지는 야구 글러브 팔이한테 눈 뜨고 코 베인 셈이었다. 왼손잡이용 글러브는 항상 재고가 남으니까. 하지만 아버지의 실수를 "원래 그런가 보다" 하고 받아들인 류현진은 야구 선수로서의 가치가 2배 높아졌다. 세계에서도 몇 안 되는 좌투우타 야구 선수로 성장한 류현진은 어딜 가도 영입 대상 1순위였다.

사례 1-2

한화 이글스의 에이스로 7년을 뛴 류현진은 '소년 가장'

이라는 별명을 얻었다. 그는 2006년 데뷔하자마자 다승, 탈삼진, 방어율 1위를 기록하며 한국 프로야구 역사상 처음으로 신인왕과 MVP를 석권했다. (그가 기록한 18승은 신인 투수 역대 최다승으로 아직까지 깨지지 않은 전무후무한 기록이다.) 류현진은 최고의 투수였지만 한화 이글스는 그렇지 않았다. 패배주의와 아마추어 근성으로 찌든, 아무리 해도 포스트 시즌에 진출하지 못하는 만년 하위팀이었다. 류현진이 아무리 잘 막아도 타자들은 점수를 내지 못했고, 그가 아무리 열심히 던져도 야수들은 코미디 같은 실책으로 점수를 헌납했다. 그러자 류현진은 생각을 바꿨다. 내가 삼진을 잡으면 된다고. "맞춰 잡을 생각하지 말고 삼진으로 잡으면 점수를 안 줄 수 있다"고. 원래 탈삼진 왕이었던 류현진은 탈삼진 수를 더 늘렸다. 팀의 실책이 늘수록 류현진의 탈삼진 수는 증가했다. (볼넷 수는 줄었음.) 그의 미친 듯한 탈삼진 쇼는 그의 한화 이글스 마지막 해였던 2012년 정점을 찍었다. 한화 이글스의 실책이 가장 많았던 이 해, 류현진은 그의 야구 인생 처음으로 10승을 기록하지 못했다. 그가 점수를 1점으로 막으면 한화 타자들은 0점으로 경기를 마쳤다. 그가 점수를 0점으로 막으면 한화 타자들도 0점으로 경기를 마쳤다. 그의 방어율은 리그 최저였지만 승수는 달랑 9승이었다. 그는 시즌 마지막 경기에서 승리하면 10승을 채울 수 있을 거라 생각했다. 그리고 이날 그의 야구 인생 최고의 공을 던졌다. 9회까지 112개의 공을 던지며 완투했지만, 7회 강정호에게 통한의 홈런을 맞으며 1점을 내주었다. 동점으로 경기가 연장전에 들어가자 그는 자진해서 10회에 다시 마운드에 올랐다. 무사 1,3루의 위기 상황에서 그는 시속 152km의 강속구로 타자들을 찍어 누르며 경기를 마쳤다. 이날 129개의 공을 던지며 1실점 무사사구 12탈삼진을 기록했지만 그의 10승은 물 건너갔다. 하지만 류현진의 신들린 역투에 상대편 선수도, 기자도, 관객도 감동받았다. 이들은 류현진에게 이입했다. 경기장을 떠나는 류현진의 뒷모습을 보며, 경기가 끝나고 한참이 지나도록 경기장을 떠나지 못했다. 류현진에게서 홈런을 친 강정호는 경기장을 찾은 류현진의 부모에게 왠지 모르겠지만 미안한 마음에 죄송하다고 인사했다. 그리고 이날 경기를 본 메이저리그 스카우터들은 류현진을 메이저리그에 데려가기로 마음먹었다.

사례 1-3

2013년 메이저리그에 진출한 류현진은 1회 징크스가 있었다. 1회에만 유독 안타를 많이 맞고 점수를 준다는 징크스였다. 하지만 류현진 본인은 이를 징크스로 생각하지 않았다. 그럴 만한 이유가 있었기 때문이었다. 메이저리그에서 던져 보니 한국에서 던질 때와 스트라이크 존이 다르더란 거다. 미국은 스트라이크 존이 교과서대로 정해진 게 아니라 어떤 주심이 나오느냐에 따라 차이가 심하게 났다. 아무리 열심히 스트라이크를 던져도 볼넷으로 타자가 걸어나가는 일이 속출했다. 그래서 류현진은 1회는 버리기로 했다. 이번 주심은 어디서부터 어디까지가 스트라이크인지 확인해 보기 위해 스트라이크 존 경계선에만 공을 찔러 넣었던 것이다. 그게 1회 징크스의 원인이었다. 스트라이크 존을 확인하기 위해 여기저기 시험 삼아 던지다 많이 맞았던 것이었다. 그렇게 1회를 무사히 넘긴 류현진은 무적이었다. 1회를 제외한 류현진의 평균 자책점은 언제나 리그 1~2위였다. 평일 경기든, 주말 경기든, 월드시리즈 경기든, 1회를 잘 넘긴 류현진은 독야청청 소나무였다. 아무도 건드릴 수 없었다.

사례 1-4

2015년 류현진은 어깨 수술을 받는다. 어깨 수술은 투수에게 사실상 사망 선고였다. 어깨 수술을 받고 성공적으로 복귀한 투수는 20명 중 1명이 될까 말까였다. 게다가 류현진은 이미 고등학교 때 팔꿈치 수술을 받은 경력도 있었다. 수술 전 그의 기량은 확연히 내리막길이었고, 어깨 수술이 성공적으로 끝나도 1년 이상 재활하며 쉬어야 했다. (그 와중에 류현진은 2번째 팔꿈치 수술까지 받았다.) 당시 국내 팬들은 이제 끝났다고 생각했다. 빨리 한국 들어와서 라면 광고나 찍으라고 빈정대기도 했다. 하지만 그는 부활했다. 충격적이게도 수술 전보다 더 잘 던졌다. 2년이나 쉬었지만, 2017년부터 설렁설렁 컨디션을 끌어올리더니 2018년 제2의 전성기를 맞았다. 2019년엔 한국인 최초로 메이저리그 방어율 왕이 되며 1회부터 9회까지 정말로 아무도 건드릴 수 없는 투수가 돼버렸다. 미국의 의사들은 "이런 일은 사실상 불가능한 일"이라고 말했다: "류현진은 어깨 관절와순, 팔꿈치 괴사 조직 문제를 동시에 치료해야 했다. 어깨 관절와순 수술은 그 자체만으로도 복귀하기 힘들다. 여기에 팔꿈치 문제까지 추가하면 다른 범주의 문제다… 신경계는 종종 어떤 행동 탓에 부상을 당했는지를 기억한다. 이후 그 행동을 하지 않게끔 하려 한다. 그래서 부상을 당힌 운동선수들은 신체적 문제 외에 정신적 문제도 극복해야 한다"(美 의학계 "두 차례 수술 딛고 복귀한 류현진, 놀랍다", 스포츠춘추 2018.09.08) 류현진은 그런 생각 해 본 적 없다고 했다. 아무도 그에게 복귀가 어려울 것이라고 말하지도 않았고 자신도 복귀 못 할 거라고 생각한 적이 없다고 했다. 그는 신경 쓰지 않았다. 수술 받으니까 괜찮던데요? 그러고 그냥 던졌다. 그는 어릴 때 아버지가 왼손잡이 글러브를 사 왔을 때 마음가짐 그대로였다. "그냥 던지면 되지 뭐."

사례 2

김연아는 어머니에 의해 만들어진 사람이다. '피겨 여왕 김연아'는 자신의 의지에 의한 결과가 아닌 어머니에 의한 기획 상품이었다. 그가 어머니의 배 속에 있을 때부터 기획되었다. 몇 살부터 훈련을 시키고 몇 살부터 대회에 내보내고 몇 살에 올림픽에 나가 몇 살에 금메달을 따면 되겠다고 인생이 사전 설계 되었다. 김연아는 태어나자마자 머리부터 발끝까지 어머니에 의해 단장되었고, 훈련 시간과 훈련 방식, 식습관, 학업, 인간 관계, 사생활 하나하나 모든 것이 어머니에 의해 통제되었다. 그의 인생은 어머니에 의해 만들어졌으며, 그에 관한 모든 언론 보도 역시 모두 어머니에 의해 통제되었다. 놀라운 건 모든 게 계획대로였다는 점이었다. 김연아의 인생은 한 치의 오차도 없이 어머니의 계획대로 이행되었고, 최종 목표인 올림픽 금메달까지 별다른 좌절 없이 도달했다. 한 인간의 인생을 건 일생일대의 계획이 완수되었지만, 그래서 이제는 '기획된 인생'에서 벗어나 자유의 인생을 살겠구나 싶었지만, 김연아는 '제2의 기획 인생'을 살아야 했다. 그는 4년 뒤에 죽어도 나가기 싫었던 소치 올림픽에도 나가야 했고, 더 죽도록 나가기 싫었던 세계선수권 대회도 나가야 했다. 이번엔 어머니의 계획이 아닌 시장 경제 계획에 의한 것이었다. '피겨 여왕 김연아'까지는 어머니의 기획 작품이었고, '국민 여동생 김연아'는 정부와 기업에 의한 기획 작품이었다. 이제는 나이 들어 더 이상 시합에 나가지 않아도 되었지만, 그럼에도 아직 기업 광고, 정부 행사, 지방 공연, 방송 스케줄에 불려 다니며 눈코 뜰 새 없이 바쁘게 살고 있다.

가장 놀라운 사실은, 그의 인생이 전부 계획대로 이행되었다는 점이 아니라, 그렇게 살았음에도 정신이 온전하다는 점이다. 어릴 때부터 극단적 스트레스 상황 속에서 강압적 꼭두각시 인생을 살아왔지만 김연아는 누구보다 정신적으로 건강하다. 그는 건곤일척 한판 인생을 건 시합에 나갈 때도, 모든 걸 다 이루고 난 지금도 여전히 건강하다. 그는 현역일 때 큰 무대에서 떨리지 않느냐는 질문에 이렇게 답했다. "흔히 말해 쿨한 편이다. 실수하거나 결과가 안 좋아도 쉽게 잊어버린다. 하나에 꽂혀 깊게 생각하지 않는다. 다른 소심한 선수들은 아무리 심리치료를 받아도 잘 안 되는 듯... 나는 시합을 앞두고도 너무 편해 보여 주변에서 안달이다." 가장 행복한 순간은 밴쿠버 동계올림픽 금메달을 땄을 때였냐는 질문에는 이렇게 답했다. "어떤 순간으로 치면 그런데, 하지만 순간은 지나가는 것이다, 다 지난 일이다. 나는 시합과 훈련의 스트레스에서 어느 정도 벗어난 지금이 가장 행복하다."

(피겨여왕 김연아 "난 늘 시합이 없길 바랐다.", 조선일보 2011. 11. 21.)

남자들은 정신 건강을 이야기할 때 흔히 군대 이야기를 한다. 군대에서 얼마나 잘 버티느냐. 이걸 정신 건강의 척도로 삼는다. 남자들은 정신이 건강하지 못한 이들에게 말한다. 넌 군대 가면 안 되겠다고. 반대로 정신이 건강한 이들에게 말한다. 넌 군대 가도 잘 살겠다고. 그러나 군대는 우리가 생각하는 것처럼 그렇게 극단적인 환경도 아니고, 군대라는 환경이 그렇게 사회와 동떨어진 것도 아니다. 당신은 굳이 군대에 가지 않아도 군대보다 더 열악하고 강압적인 환경에 처할 수도 있고, 차라리 군대가 낫겠다 싶을 정도로 멘탈이 짓밟히는 일을 겪기도 한다.

강철멘탈 되는 법 이야기는 생존에 관한 이야기다. 당신이 군대에 끌려 가도, 군대보다 더한 시궁창 같은 현실에 처해도, 죽지 않고 살게 하는 이야기다. 지금 본 2가지 사례는 군대와 상관없어 보이지만 사실은 상관 있다. 여기 사례에 나온 류현진과 김연아가 당신이 알고 있는 유명인 중 군대에 가장 잘 적응할 인물들이기 때문이다. 굳이 군대가 아니라도, 어떤 극단적 상황이 닥쳐도 아무 멘탈 타격없이 생존할 인간이기 때문이다. 군대 같은 상황을 예를 들자면 류현진과 김연아가 겪었던 상황과 다르지 않다. 오른손잡이한테 왼손잡이 글러브를 주고 야구를 시킨다거나, 팔꿈치 인대가 나갔는데 결승전 경기에 나와 10회까지 던지라거나, 어제 금메달을 따 왔는데, 내일 또 올림픽 나가 금메달을 따오라거나. 이런 게 군대 같은 상황들이다.

물론 우리는 군대 같은 상황에 처하지 않는 법을 먼저 배우고 싶은 법이다. 그런 상황을 이리저리 피해 다니며 멀리 사는 방법을 배우는 것이 우선인 것 같다. 문제는 그게 항상 가능하지 않다는 점이다. 그리고 항상 그렇게 살다가는 최소한의 밥벌이도 못하고 죽을 가능성이 생긴다는 점이다. 우리는 피하지 않고 맞서는 법을 배운다. 재수없게, 어쩔 수 없이, 군대 같은 상황에 처했을 때 생존하는 법을 배운다. 군대보다 더 험난한 상황에서 생존하고 멘탈 멀쩡히 돌아와 최후의 승자가 되는 법을 배운다.

강철멘탈의 가장 모범적이고 교과서적인 사례는 영화 「포레스트 검프Forrest Gump, 1994」다. 문제는 포레스트 검프가 허구의 인물이라는 사실이다. 아무리 포레스트 검프처럼 살아야 한다고 백날 붙잡고 설명해도 "에이, 그건 영화 얘기잖아"라고 생각해 버리면 아무 소용 없는 조언이다. 그래서 포레스트 검프에 가장 가까운 실존 인물을 먼저 소개했다. 군대에 가장 잘 적응할 것 같은, 포레스트 검프에 가장 가까운 인생을 살아온, 지금도 그렇게 살고 있는 한국에서 가장 유명한 사람 둘, 류현진과 김연아를 소개한 것이다. 이 둘의 사례를 다시 읽어 보자. 그리고 영화 속 장면들을 떠올려 본다.

- "달려! 포레스트! 달려!" 제니가 외치자 척추 장애인 포레스트는 곧장 내달린다. 보호대가 떨어져 나가고, 자전거보다, 자동차보다 빨리 달리게 된다.

- 월남전 징집으로 제니와 생이별을 한 포레스트는 금방 군대에 적응함. 모두가 군대에서 고통받는 중에 포레스트 혼자 최고의 병사로 거듭남. 왜냐하면 아무 생각이 없었으니까.

- 군대 친구(버바)와의 약속을 지키기 위해 새우잡이 사업을 시작. 아무 생각 없이 뛰어들어 심각한 적자를 봤지만 그저 해야 할 일이라는 생각에 계속하다 대박을 침.

- 제니에게 버림받은 뒤 달리기로 미국을 열댓 번 횡단한 포레스트는 유명인이 돼 TV 인터뷰를 한다. 왜 그렇게 달리냐는 질문에 "목적은 없다, 아무 생각 없이 달렸다"

라고 대답한다.

달리기는 영화 「포레스트 검프」의 가장 중요한 장면이다. 포레스트는 달리기로 구원받았고, 달리기로 생의 의미를 찾았다. 영화는 달리기를 통해 주제를 말한다. 생각을 죽이고 코앞의 현실에 집중하라고. 인생은 박스 속 초콜릿이 아니라 너의 선택에 따라 달라지는 것이라고. 인생의 구원은 무작위(랜덤)로 주어지는 것이 아니라 네가 직접 달려가 쟁취하는 것이라고.

생각을 죽인다, 머리를 비운다. 이렇게 염불 외운다고 당신이 포레스트 검프가 될 일은 없다. 당신이 류현진, 김연아 같은 강철멘탈이 될 가능성은 없다. 당신이 해야 할 일은 이들의 행동을 답습하는 것이다. 누구는 타고났고 누구는 그렇게 키워졌다. 중요한 건 어떻게 그렇게 됐느냐가 아니라, 어떤 부모 밑에서 자랐느냐가 아니라, 누구든 그렇게 하면 된다는 사실이다. 지금 저 사람들의 사고 방식과 행동 패턴을 따라 하면 누구나 지금부터 저들처럼 될 수 있다는 거다. 그러니 생각을 멈추기 위해 생각을 해야 하는 부조리한 짓은 그만둔다. 머리를 비우기 위해 머리를 채우는 멍청한 자학 행위는 그만둔다.

다시 말한다. 당신의 생각은 당신의 생각대로 움직이지 않는다. 당신의 생각은 지금껏 한 번도 중앙집중형 통제 시스

템에 귀속된 적이 없고 앞으로도 그렇지 않을 것이다. 당신의 생각은 통제 불가능한 존재다. 때려잡고 억누르고 목 졸라 죽이려 할수록 더욱더 미쳐 날뛰는 불사의 망나니 생명체다. 그래서 말했던 것이다. 생각은 절대로 생각으로 잡을 수 없다고. 생각을 통제하는 건 당신의 머리가 아닌 당신의 몸이라고. 당신의 몸뚱이로, 당신의 행동으로 당신의 신경 구조를 바꿔 놓아야 비로소 당신의 생각을 당신 뜻대로, 당신에게 유리하게 통제할 수 있다고.

당신의 정신은 당신의 뱃살과 같다. 당신의 뱃살은 당신의 생각대로 만들어지지 않는다. 당신의 뱃살은 당신의 행동에 의해 만들어진다. 당신이 아무리 뱃살이 지겨워 뱃살 빠지라고 염불을 외워도 당신의 뱃살은 절대로 빠지지 않는다. 당신이 아무리 뱃살이 지겨워 입 닫고 식음을 전폐해도 뱃살은 여전히 붙어 있다. 당신의 뱃살을 빼는, 당신의 뱃살을 죽여서 빨래판 근육을 만드는 유일한 방법은 몸뚱이를 움직이는 것이다. 당신의 정신도 그러하다고 피 토하는 심정으로 설명하는 중이다. 당신의 정신은 당신의 행동과 삶의 방식에 좌우된다. 이 말은 너무나 중요하기에 앞으로도 계속 반복할 것이다. 이걸 깨달아야, 이 사실을 믿어야, 그제서야 비로소 강철 멘탈 되는 길이 열리기 때문이다.

당신은 지금부터 몸뚱이를 움직인다. 당신의 행동 패턴을

바꾼다. 선택을 바꾸고 삶의 방식을 바꿔서 강철멘탈 신경계
가 자랄 환경을 만든다.

단순하게 산다

극심한 스트레스에 시달리면 누구나 하게 되는 생각이 있
다. 바보가 되고 싶다. 지금 그냥 바보가 돼서 아무것도 느끼
지 못하고 아무것도 상처받지 않고 아무것도 분노하지 않으
면 좋겠다. 아무리 밟아도 꿈틀하지 않는 지렁이가 되었으면
좋겠다. 눈귀코입 다 막고 헤헤헤 히히히 혼자 웃고 사는 바
보가 됐으면 좋겠다. 남자들은 군대에 들어가자마자 이런 생
각을 한다. 대부분의 남자들은 군대라는 강압적 환경에 적응
곤란을 겪는다. 이 기간 중 갖가지 심리적 생존 메커니즘이
발동되는데 그중 하나가 "바보가 되고 싶다"는 욕구다. 미치
지 않기 위한 몸부림이다. 스트레스 과부하로 정신이 나가는
걸 막기 위한 방어 기제의 발동이다. 생각이 없어지면 더 이
상 고통받지 않을 테니까.

군이 군대 가지 않아도 사회생활 하다 보면 누구나 경험하
게 된다. 학교에서 왕따를 당해도, 회사에서 찍혀도, 사람들
과 싸워도, 방구석에서 인터넷을 하다 악플에 시달려도, 한

번쯤 그런 생각을 하게 된다. 바보가 되고 싶다고. 개, 고양이, 붕어가 돼 인간사 번뇌로부터 해방되고 싶다고. 지렁이, 아메바, 장염 비브리오균이 돼 마음의 평화를 얻고 싶다고.

이쯤에서 생각나는 사람이 있다. 흥선대원군이다. 흥선대원군 이하응은 구한말 안동 김씨의 세도정치 밑에서 생존하기 위해 바보 건달로 살았다고 했다. 안동 김씨 일가의 견제를 피하기 위해, "나 권력에 아무 생각 없는 바보다" 소문내기 위해, 시정잡배들과 어울려 다니며 술 처먹고 도박하고 음식도 훔쳐 먹었단다. 사람들은 역사적 진위와 상관없이 흥선대원군의 사정을 이해한다. 살아 남으려면 그래야 한다는 거 누구나 공감한다. 미쳐 버리지 않으려면, 지금 당장 미쳐 버리지 않고 살아 남으려면 바보 똥개가 되는 것이 최선이라는 거 아주 잘 안다. 그래서 사람들은 자주 흥선대원군을 인용한다. "나도 흥선대원군이 그랬던 것처럼 바보 천치 행세를 해야겠다"고. 문제는 여기 있다. 정말로 그렇게 하는 사람은 없다는 거다. 그럴 만한 배짱이 없기 때문이 아니라 어떻게 하는 건지 모르기 때문이다. 바보 행세의 목적은 정신의 고통에서 해방되는 것이다. 그러면서 기존의 사회적 지위는 계속 유지하는 게 핵심이다. 스트레스에 휘둘리지 않으면서 해야 할 일은 멀쩡하게 하는 것이다. 이게 어려운 것이다.

스트레스 없는 세상에 사는 사람들은 바보가 되는 것, 단순해지는 것이 얼마나 간절한지 모른다. 하지만 대부분은 결국 알게 된다. 사회생활을 해야 하니까. 사회생활을 하면 언젠가 한 번은 멘탈이 박살 나게 돼 있으니까. 그래서 대부분은 기억하고 있다. 바보가 되는 것, 단순해지는 것이 얼마나 눈물겹도록 간절한 것인지. 처음부터 바보처럼 단순하게 살아온 인간들은 그게 얼마나 간절한지 모른다. 처음부터 강철멘탈의 운명을 타고났기에 그렇다. 처음부터 단순하게 생각하고 단순하게 움직이는 버릇대로 살았기에 번뇌가 없다. 스트레스에 삶이 휘둘리지 않기에, 마음의 평화에 대한 간절함도 없고, 강철멘탈에 대한 욕구도 없다. 그냥 살다 보면 그게 강철멘탈의 삶이고 마음의 평화다.

나는 타고나지 못했다고, 나는 태생이 유리멘탈이라 운명적 번뇌의 인생이라고 징징댈 시간에 관점을 바꾼다. 강인한 사람들의 삶의 방식을 따를 일이다. 나도 그들처럼 행동하면 될 일이다. 재랑 나랑 다르게 태어났는데 어떻게 따라 하느냐는 멍청한 패배자의 마음부터 버린다. 멘탈은 유전자가 만드는 게 아니라, 행동이, 선택이 만드는 것이라고 계속 강조한다. 당신이 어디선가 잘못 배운 멘탈 병자의 행동을 따라 하면 당신은 평생 멘탈 병자의 삶을 살다 정신병원 요양소에서 생을 마감할 것이고, 당신이 포레스트 검프의 행동을 따라 하면 당신은 최소한 지금보다는 더 건강한 더 행복한 삶을 살게 될 것이다.

그래서, 강철멘탈 되는 법 이번 편은 바보가 되는 법이다. 포레스트 검프처럼 사는 법이 아니라 포레스트 검프가 되는 법이다. 세상만사 번뇌에 휘둘리지 않는 법, 스트레스에 무적이 되는 법, 아무리 귀찮고 성가신 일이 생겨도, 아무리 멘탈 파괴적 극한 상황에 처해도, 소처럼 바위처럼 기계처럼 아무 일 없다는 듯 원래 하던 일에 몰두하는 법이다.

나무가 되는 법이다. 폭풍우가 불고 가뭄이 들고 홍수가 들어도, 병충해가 창궐하고 경제가 망하고 모두가 낙담에 빠져 거리에 나앉아 땅을 치며 울어도, 그 꼴 한가운데에서 조용히 잎을 틔우고 가지를 뻗는 법이다. 독야청청 세상을 관조하는 법이다.

굳세게 버티는 법이다. 당신의 세상에 어떤 대격변, 대참사, 대재앙이 닥쳐도, 세상이 당신을 불운의 구렁텅이에 몰아넣기 위해 당신을 욕하고 때리고 짓밟고 괴롭혀도, 먼지를 툴툴 털고 일어나 아무 일 없는 듯 내 할 일에 코 박고 집중하는 법이다. "덤벼라, 세상아. 나는 네가 무섭지 않으니" 이런 허세가 아니라 세상이 덤비든 말든 당신 할 일에 집중하는 법이다. 허세쟁이, 겁쟁이, 꼼수쟁이들이 세상 풍파에 휩쓸려 가는 동안, 당신은 세상 풍파 다 견디고 제자리에 굳건히 서는 법이다.

강철멘탈 인간들이 살아온 방식이다. 세상이 덤비든 말든 상관하지 않고 제 할 일을 했던 것이다. 바보가 되어, 나무가 되어, 소처럼, 바위처럼, 기계처럼, 세상이 똥물을 끼얹든 싸대기를 날리든 괘념치 않고 아둔패기, 미련 곰탱이처럼 자기 일에 몰두했던 것이다. 류현진의 팔이 되는 법, 김연아의 종아리가 되는 법이다. 더러운 자의식을 죽이고, 불안 결핍투성이 자아를 지우고, 단순 담백 순수한 목적지향적 존재가 되는 법이다.

약삭빠르고 눈치 잘 보는 사람이 아니라 우둔한 바보들이 성공하는 이유에 관한 이야기다. 꿈 없이, 계획 없이, 기대도 좌절도 실망도 없이, 우직하게 현재에 집중하며 사는 법이다. 당신의 인생이, 세상 그 어떤 변수와 역경을 겪더라도, 어떻게든, 원하는 방향으로 나아가는 법에 관한 이야기다.

벙어리가 된다

강철멘탈 되기의 중요한 첫걸음은 강철멘탈과 유리멘탈의 차이점을 발견하는 것이라 했다. 강철멘탈은 스트레스를 받으면 입을 닫는다. 유리멘탈은 스트레스를 받으면 말이 많아진다. 이 차이는 멘탈의 차이에 따라 귀신같이 일관되게 나타난다. 멘탈이 단단할수록, 평소 아무리 말이 많았더라도, 위기 상황, 불안한 상황이 되면 귀신같이 한결같이 입을 닫고 침묵한다. 반면 멘탈이 무를수록, 평소 아무리 과묵했더라도, 정신적 압박을 받는 상황이 되면 미친 듯이 말이 많아진다. 인간은 불안하면 말이 많아질 수밖에 없다. 거짓말을 하고 있을 때도 그렇지만 멘탈이 부실할 때도 그렇다. 당신이 거짓말을 하고 있더라도, 멘탈이 강건하면 위급 상황에서 말이 없어진다. 불안감을 통제할 수 있기 때문이다. 강철멘탈의 가장 중요한 특징은 "손해 볼 짓을 하지 않는다"는 것이었다. 어떤 계산된, 경험에 의한 행동이 아닌 본능에 의한 행동이라고 했다. 알고 하는 행동이 아니라 자연 본능에 의한 행동이다. 멘탈이 강하다는 것은 생존력이 뛰어나는 뜻이며, 언제든 어떤 상황에서든 자동적으로 자신에게 손해가 될 행동을 차단한다는 걸 의미한다고 했다.

핵심은 그렇다. 스트레스 상황에서 말이 많아지면, 당신에게 불리하게 작용한다. 반대로 말이 줄어들면, 당신에게 유리하다. 주변 상황만 그런 것이 아니라 당신의 멘탈에도 그러하다. 당신 코앞에 직접 치고 들어온 것 아니면, 직접 나서서 해명할 상황이 아니면, 그냥 입 닫고 있는 게 상책이다. 아무리 주변 상황이 불리하고 부당해도 그냥 입 닫고 있을수록 당신에게 더 유리하다. 멘탈 강자들이 자신에게 불리할수록 입 닫고 아무 말 안 하는 건 결코 이상한 습관이 아니다. 멘탈이 건강하기에 자동적으로 내게 유리한 선택을 하는 것이다.

소설 『호밀밭의 파수꾼』의 주인공 홀든은 수차례의 자살 충동을 이기고, 죽지 않고 살아가기로 했을 때, 마지막으로 결심한다. 벙어리 행세를 하기로. '묵언수행'은 모든 인간에게 내재된 자아 보호 기능이다. 사회 관계에서 스트레스가 극심해지면 스트레스 과부하를 막기 위해 자동적으로 입을 다물게 되는 것이다. 더 이상의 스트레스를 받아들일 수 없으니 귀를 닫고 입을 다물어 스트레스 수용 채널을 차단시키는 것이다. 이는, 언제나 그랬듯, 당신의 뇌가 아닌 당신 오장육부의 결난이다. 생각하고 고심해서 그러는 게 아니라 당신의 몸 뚱이가 자동적으로, 독단적으로, 그렇게 결정하는 것이다. 홀든의 문제는 다른 대부분의 사람들의 문제와 같다. 이 기능이 너무 늦게, 막다른 지점에 도달해서 발동됐다는 것이다. 누구나 가진 스트레스 방어 기능이지만 이게 평소 발동되지 않는다는 게 문제다. 그래서 받을 스트레스 다 받고, 더 이상 대처할 여력이 남아 있지 않을 때, 더 이상 정상적인 사회 활동이 불가능할 때쯤 이 기능이 발동되는 것이다.

묵언수행 기능은 평소에 발동되어야 한다. 평소 마음이 불안할 때, 스트레스에 시달릴 때, 자기 방어를 하고 싶을 때, 변명을 하고 싶을 때, 화풀이를 하고 싶을 때, 한풀이를 하고 싶을 때, 그래서 말이 많아질 것 같을 때, 그때 발동되어야 한다. 류현진의 아버지가 글러브를 잘못 사왔을 때, 왜 엉뚱한 글러브를 사오셨냐고 짜증 내는 대신 입 닫고 묵묵히 공 던졌던 류현진의 행동 패턴을 이해해야 한다. 어머니의 성화에 세상의 압박에 폭발해서 다 때려치우고 싶을 때마다 스케이트를 고쳐 신고 빙판 위를 내달렸던 김연아의 습관을 기억해야 한다. 2016년 미국 대선에서 트럼프에게 어처구니없이 패했던 힐러리 클린턴이, 지인들 불러 모아 술 먹고 분노의 한풀이를 하는 대신, 혼자 조용히 등산복 챙겨 입고 산에 올랐던 행동을 되새겨야 한다.

강철멘탈의 전형적인 패턴이다: "속상하면 주둥이를 닫고 몸뚱이를 움직인다." 주둥이는 그 어떤 문제도 해결하지 못한다. 문제를 해결하는 것은 당신의 몸뚱이다. 당신이 스트레스를 받을 때마다 주둥이를 놀리면 당신의 신경계는 더 쉽게 더 빨리 무너지는 구조로 자란다. 반대로 스트레스를 받을 때마다 주둥이를 닫고 몸뚱이를 움직이면, 그럴 때마다, 당신의 신경계는 당신의 멘탈을 보호하는 구조로 자란다. 평소 화날 때마다 입 닫는 습관을 들이면 당신의 멘탈은 단단해진다. 입 닫고 몸뚱이를 움직이는 (산책을 하거나, 달리기를 하거나, 등산을 하거나, 요가를 하거나, 격투기를 하거나, 훈련을 하거나, 삽질을 하거나, 집청소를 하거나, 빨래를 하거나) 그런 습관을 들이면 당신의 멘탈은 강철처럼 주조된다.

친구들을 불러 술로 풀 생각하지 말고 난 팔푼이가 됐으니 그딴 것 괘념치 않기로 한다. 사적으로 받아들이지 않는 법의 연장선이다. 내가 지금 당장 직접 대응해서 해결할 수 있는 문제가 아니면, 내가 지금 당장 주둥이를 털어서 득 볼 게 없는 상황이면, 그 즉시 입 닫는 버릇을 들이라는 거다. 아주 단순하게 말해서, '열받으면 입 닫는 습관'을 들이라는 것이다. 열받으면 주둥이로 꽥꽥대지 말고 몸뚱이로 털어내는 그런 반자동 기계가 되라는 거다. 최소한, 당신이 열받는 동안엔, 그 순간만큼은 인간 세상 세속적 언어 알아듣지 못하는 순진무구한 동물이 되라는 거다. 이 패턴이 반복될수록 당신은 류현진과 김연아와 포레스트 검프의 삶의 방식에 가까워진다. 그들의 강철멘탈에, 기적 같은 회복력에 가까워진다.

이진법으로 산다

우리가 보일 반응은 2가지뿐이다: 그렇다/아니다, 좋다/싫다, 한다/안 한다. '중간'이 없다. 언뜻 이해하기 힘들어 보이지만, 아메바만큼 단순하다. 모든 행동은 이진법으로 해석이 가능하다.

이게 안 되면 대부분의 관계에서 혼란을 겪는다. 복잡하기 때문이다. 변수를 계산하기 때문이다. 언제나 관계에 정신이 엉키고 불행에 빠진다.

이진법으로 살면 관계에 말려들지 않는다. 혼자 끙끙 앓다 병으로 발전하는 경우가 없다. 이 부분이 중요하다. 단순할수록 병에 걸리지 않는다. 병에 걸려도 쉽게 낫는다. 정신만의 문제가 아니다. 세상만사가 다 그렇다. 복잡할수록 변수가 많아지고 문제가 많아지고 대처가 어려워진다. 인간에게 오만 가지 잡다한 병이 쉴 새 없이 발생하는 까닭은 신체 구조가 복잡하기 때문이다. 고등 생물일수록 암 발생률이 높아진다. 신체 구조가 단순한 생물일수록 암 발생률은 낮아진다. 아메바가 암에 걸리는 경우는 없다. 병에 시달리는 경우도 없다. (다른 생명체에게 먹히는 경우만 있다.) 단순하기에 변수가 없고 병도 없고 고통도 없다. 오직 죽느냐 사느냐To be, or not to be, 2가지 문제만 남는다.

남자는 여자보다 단순하다. 그렇다/아니다, 좋다/싫다, 한다/안 한다 이진법에 따라 살기 때문에 정신병을 앓을 확률도 여자보다 2배 더 낮다. (여성이 남성보다 정신장애·정신질환 2배 많다, 마인드포스트 2018.08.06.) 사람들은 남자가 여자보다 자살도 더 많이 하고 중독도 더 많이 되고 그밖에 미친 짓도 더 많이 하니까 여자보다 정신이 부실하다고 여긴다. 하지만 여기선 관점이 바뀐다. 남자들은 비록 여자보다 죽을 짓을 더 많이 하긴

하지만, 죽을 짓 하는 것만 빼면, 고통받을 짓, 손해 볼 짓을 여자보다 훨씬 덜 한다. 달리 말하면, 남자가 여자보다 평생에 걸쳐 더 행복하게 살다 죽는다. 여자보다 더 빨리 죽을 수는 있어도, 최소한 살아 있는 동안엔, 여자보다 덜 고통받는다. 왜. 사는 게 이진법이라서.

계속 운동 선수들을 강철멘탈 사례로 드는 이유가 있다. 운동 선수들의 사고 방식과 행동 패턴이 이진법에 더 가깝기 때문이다. 단순할수록, 사고 패턴이 아메바에 가까울수록, 지속적인 훈련을 견디고 반복되는 경쟁에서 살아남을 가능성이 높기 때문이다. 실패와 좌절, 부상과 슬럼프에서 회복될 확률이 높기 때문이다.

이게 운동 선수들에 국한된 현상이라고 생각했던 것이 문제다. 어디서 뭘 하든 다 똑같다는 걸 지금껏 몰랐다는 것이 문제다. 생각이 많을수록 행동이 더디다. 몸뚱이는 움직이지 못하고 생각만 많아져 정신이 썩는 것이다. 반대로 하면 된다. 생각을 죽이고, 행동을 하고 싶으면, 일단 입부터 닫고, 아메바처럼, 이진법으로 움직이면 된다.

할 거면 지금 당장 하는 거다. "생각 좀 해 보고" 이러지 않는 거다. 생각해 봐야 할 것 같으면 영원히 하지 않는 거다. 이게 이진법의 삶이다. 중간이 없는 것이다. 변수도 없고 후회도 없는 것이다. 핵심은 그렇다.

1) 하기로 했으면 하는 거고,
2) 안 하기로 했으면 안 하는 거다.

너무 당연하다. 이렇게 안 하는 사람 누가 있어? 하지만 대부분 이렇게 안 한다.

1) 한다고 해 놓고 고민한다. 그러다 안 하는 게 좋을 것 같다고 비실대며 마음을 바꾼다. 뭐 한번 해 보지도 않고 계속 생각만 해 보다 아무것도 안 하고 만다. 그러곤 후회한다. 해 볼걸.
2) 안 한다고 해 놓고 고민한다. 그러다 하는 게 좋을 것 같다고 비실대며 마음을 바꾼다. 그러고는 또 후회한다. 하지 말걸.

정신병이 안 생길 수가 없다. 옆에서 보는 사람도 정신병 도질 지경인데 당사자는 더하다. 그러다 정신병에 걸리면 세상 탓을 한다. 세상이 나 대신 결정을 내려주지 않아서, 세상이 나를 돌봐주지 않아서 내가 이렇게 된 거라고 헛소리를 지껄인다.

이진법 삶의 가장 중요한 핵심 포인트는 '변수를 생각하지 않는 것'이다. '모르면 알려고 하지 않는 것'이다. 모르면 모르는 대로 몸뚱이를 움직이는 거다. 일단 좀 알아보고—이런 게 없는 거다. 알아보지 않는 거다. 당신 인생에 '알아보는 행위'는 존재하지 않는 것이다. 모르면 몸뚱이 내던져서 '체득하는 것'이다. 위험할 것 같으면, 하지 않는 게 나을 거 같으면, 몸뚱이를 완전히 빼서 아예 영원히 연을 끊는 것이다. 두 번 생각하지 않는 것이다. 두 번 생각하는 순간 망한 것이다.

사람은 장고 끝에 악수를 두게 돼 있다. 장고 끝에 악수를 두는 사람이 따로 있는 게 아니라, 장고하면 할수록, 누구나, 그 어떤 현명한 사람이라도, 악수 둘 확률만 높아지는 것이다. 생각을 오래할수록 문제 해결에 가까워지는 것이 아니라 멀어진다. 생각을 하지 않고 몸뚱이를 움직일수록 문제 해결에 가까워진다. 더 많이 알아봐 봤자 머릿속에 더 많은 변수만 발생한다. 몸뚱이를 움직이는 데 더 오래 주저한다. 더 많은 고민과 후회가 생긴다. 그래서 망한다. 정신이 병들고 인생이 불행해진다.

모르면 알려고 하지 않는 것. 모르면 모르는 대로 움직이는 것. (아니면 아예 영원히 관심 끊는 것.) 이게 이진법 삶의 핵심이다. '모 아니면 도'인 것이다. 이해되지 않고 마음에 들지 않아도 강철멘탈의 단순무식함을 본받아야 한다. 그래야 마음이 평온하고 인생이 풍요로워진다.

무모하게 살라는 얘기 아니다. 결과는 비슷해 보일지 몰라도 사실은 전혀 다르다. 이진법으로 사는 것과 무모하게 사는 건 다르다. 무모함은 성급함을 의미한다. '결과에 대한 성급한 기대'를 의미한다. 지금 당장 저 여자랑 섹스하고 싶어서 사랑 고백하고 청혼하는 걸 말한다. 지금 당장 취업하고 싶어서 삼성 본사 로비 바닥에 드러눕는 걸 말한다. 지금 당장 강남 아파트를 사고 싶어서 전재산을 비트코인에 때려 넣는 걸 말한다. '과정은 생략하고 결과만 얻고 싶은 도둑놈 심보'가 무모함이다. 이진법 삶은 그 반대다. '결과는 생략하고 과정만 존재하는 것'이 이진법의 삶이다.

여기 이진법의 삶의 방식에 두 번째 핵심 포인트가 있다. '결과를 기대하지 않는 것'이다. 당신이 결과를 기대하고 단순하게 살면 무모한 인간이 된다. 인생이 잘 풀리지도 않고 정신이 건강해지지도 않는다. 일 년도 안 돼 깡통 차고 거리에 나앉을 뿐이다. 이게 단순하게 사는 남자들이 망하는 까닭이다. 일확천금 횡재에 눈멀어 망한 걸 단순하게 살아서 망했다고 착각하는 것이다. 류현진을 생각해 보자. 그는 단순하게 살았다. 하기로 했으면 했고, 안 하기로 했으면 하지 않았다. 변수를 생각하지 않았고 망설이지 않았다. 그리고 무엇보다, 결과를 기대하지 않았다. 그가 고액 연봉을 기대하고 왼손으로 공을 던졌는가? 그가 메이저리그에 진출하기 위해 고교 야구 결승전에 4게임 연속으로 던지다 팔꿈치가 나갔는가? 그의 단순무식했던 이진법의 삶에 어떤 눈곱만큼의 계산이나 계획이 있었던가?

김연아를 생각해 보자. 그가 피겨 스케이팅을 시작한 것이 '국민 여동생'이 되기 위함이었던가? 연간 수입 50억 원이 넘는 CF 스타가 되기 위해 모진 훈련을 감내했던 것인가? 김연아가 머나먼 미래의 꿈을 품고 달렸다면 그는 도중에 부러져 다시 일어날 수 없었다. 김연아가 생존할 수 있었던 건 결과를 기대하지 않았기 때문이었다. 오직 '한다/안 한다' 두 가지 생각밖에 없었기에 무너지지 않고 버틸 수 있었던 것이다.

아메바가 된다는 게 무슨 의미인지 다시 생각해 보자. 지금껏 아메바가 된다는 게 비유라고 생각했는가? 그렇지 않다. 아메바가 되라는 건 정말로 아메바가 되라는 말이다. 먹이가 보이면 먹이를 향해 가고, 빛이 보이면 빛을 향해 가고, 전기 자극이 오면 전기 자극을 피해 가라는 말이다. 정말로 간다/안 간다, 한다/안 한다, 두 가지밖에 없는, 죽은 개구리 뒷다리 같은, 싸구려 전등 스위치 같은 인간이 되라는 얘기다. 고개를 들어 앞을 보지 말고, 고개를 돌려 주변을 바라보지 말고, 고개 처박고 발밑만 보라는 거다. 발밑에 장애물을 피하고 길을 고르고 북북히 나리를 뻗이 앞으로 나아가라는 거다.

인터넷에 공개된 김연아의 일기장을 읽어 보면 알겠지만, 김연아는 고개를 들어 앞을 볼 때마다, 주변을 돌아볼 때마다, 힘들고 서러워 눈물을 쏟았다. 훈련장에 모르는 사람들이

침입하고, 발목이 접질리고, 무릎에 알 수 없는 통증이 느껴져 훈련을 못 하고 시합도 못 나가는 상황들이 반복됐지만, 그때마다 김연아는 입 다물고 다짐했다: '앞으로의 일은 생각하지 않겠다' 그리고 고개 숙여 스케이트 끈을 졸라 맸다.

다시 말한다. 인간은 복잡할수록 탈이 난다. 스트레스에 취약해지고 멘탈이 쉽게 무너진다. 예민한 사람이 쉽게 맛이 가는 이유는 복잡하기 때문이다. 생각이 많아지고 스트레스에 취약해지기 때문에 뭐 하나 제대로 해 보지 못하고 도태된다. 세상만사 모든 존재가 다 그렇다. 기계도 복잡하게 만들어질수록 잦은 고장에 시달린다. 프로그래밍도 복잡할수록 버그 천지 소프트웨어가 만들어진다. 엔지니어링의 기량은 단순화에 달려 있다. 단순하게 작동하는 기계를 만드는 엔지니어가 장인 대접을 받는다. 그런 기계가 튼튼하기 때문이다. 고장 없이 오래 가기 때문이다.

단순할수록 쉽게 무너지지 않고 오래 버틴다. 도저히 버틸 수 없는 지옥 같은 환경에서 아무렇지 않게 생존하고 버틸 수 있다. 당신은 단순해져야 한다. 아메바가 돼야 한다. 한없이 단순하고 간결한 기계가 되어야 한다. 당신의 신경계를 단순화해야 한다. 어떻게 하면 되는지 방금 설명했다. 변수를 생각하지 않는 거다. 앞으로의 일을 생각하지 않는 거다. 고개 처박고 내 코앞에 해야 할 일만 묵묵히 하는 거다. 평소엔 고개를 높이 들고 앞 뒤 옆 주변 사람들과 수다 떨고 웃고 즐겨도 상관없다. 장밋빛 미래를 논해도 되고 과거의 기억을 희화화해도 된다. 하지만 스트레스가 닥치면 그 즉시 주둥이 다물고 이진법 모드로 돌입한다. 2가지밖에 모르는 기계가 된다. 인공지능 기계 아니다. 지능 따위 탑재되지 않은 트랜지스터 하나짜리 초간단 이진법 기계다. 아메바도 좋지만 아메바가 싫으면 기계로 한다. 예/아니오, 좋다/싫다, 한다/안 한다. 이거밖에 모르는, 변수를 계산하지 못하는, 미래를 예측하지 않는, 그런 기능 따위 탑재돼 있지 않은, 오직 전진/후진밖에 못하는 그런 기계가 된다.

모르고 사는 게 낫다

이진법 인생을 살기 위한 가장 중요한 전제는 변수를 생각하지 않는 것이라고 했다. 굳이 알려 하지 않는 것, 이게 변수를 계산하지 않는 법이라고 했다. 앞서 사적으로 받아들이지 않는 법에서 한 이야기와 겹친다. 정신이 건강한 사람일수록 굳이 알려고 하지 않는다고 했다. 강철멘탈 인간들의 중요한 공통점이다. 모르고 사는 게 낫다고 생각한다. 내가 굳이 알 필요가 없는 것이면 아예 담 쌓고 몰래 엿보려 하지도 않는다.

학창 시절 강철멘탈 전교 1등이 있었다. 그는 시험 성적표를 보지 않았다. 어차피 또 1등이니까? 1등일수록 이번 성적표에, 다음 성적표에 집착하게 된다. 한번 주어진 '기득권'은 절대 쉽게 포기되지 않는다. 한 번이라도 1등을 경험한 학생은 다음에도 같은 우월감을 유지하고 싶어한다. 권력에 대한 중독 같은 거다. 한 번 국회의원 해 본 인간이 다음에 또 전재산 털어 선거에 나가는 것과 같다. 하지만 이 강철멘탈 전교 1등은 성적표를 확인하지 않았다. 그는 늘 누가 이야기를 해 줘서 자기 성적을 알았지, 자기가 직접 확인해 보지 않았다. 그는 지난 번에 몇 점이었고 이번에 몇 점인지 관심 갖지 않았다. 그는 누가 자신과 전교 1등 자리를 두고 경쟁하는지 알지 못했고 알려고 하지도 않았다. 그의 머릿속에는 경쟁도 없었고 순위도 없었다. 그는 그냥 자기가 해야 할 공부를 할 뿐이었다. 공부를 해서 성적이 올랐다! 등수가 올랐다! 이런 건 그에게 무의미한 쾌락이었다. 그는 끝끝내 자신의 최종 모의고사 성적도 알지 못한 채 서울대 법대에 합격했고 사법고시를 거쳐 현재 판사로 재직 중이다.

성적을 알면, 순위를 알면, 변수를 생각하게 되기 때문이다. 다음에 어떻게 해야겠다 계획이 만들어지기 때문이다. 스트레스가 발생하기 때문이다. 쓸데없는 생각이 많아지고 기대감이 생기기 때문이다. 이걸 알기에 그러지 않기로 한 것이다. 성적표를 보지 않기로 한 선택으로 인해, '모르고 사는 게 낫다'는 사고 방식으로 인해, 그는 더 차분히 공부에 집중할 수 있었다. 이번에도 다음에도 앞으로도 영원히 변수에 흔들리지 않고 앞으로만 전진하는 단순한 기계의 삶을 살 수 있었다.

공부를 잘하는 건 강철멘탈과 아무 관계 없다. 전국 대부분의 전교 1등이 성적표에 목을 맨다. 방금 언급한 이 전교 1등이 특이한 경우였다. 공부만 잘한 게 아니라 멘탈도 튼튼했다. 타고났던 거다. 자신에게 손해될 행동을 원천 차단하는 능력이 있었다. 호기심, 경쟁의식, 우월감, 성취감, 기득권 의식 등의 유혹을 떨치기 힘들었을 것이다. 하지만 그는 아랑곳하지 않았다. 그런 거 없이, 그런 거 모르고 살기로 한 것이다. 왜? 나한테 도움되지 않으니까. 그런 삶의 방식으로 인해 그는 사회적으로 높은 위치에 올랐을 뿐 아니라, 앞으로 평생 강철멘탈의 행복한 인생을 살게 된 것이다.

김연아의 이야기로 돌아가자. 김연아는 타고난 강철멘탈이 아니었다. 그도 우리와 다르지 않았다. 상처받고 좌절하고 짜증 내는 평범한 소녀였다. 하지만 그는 자가 훈련으로 자기 멘탈을 강철처럼 연마했다. 어떻게? 모르고 사는 게 낫다는 생각으로. 그가 처음부터 이진법의 삶을 살았던 건 아니었다. 하도 스트레스를 받고 살다 보니 자기도 모르게 (살기 위해) 정신을 보호하는 법을 터득했던 거다. 가장 먼저 모르고 살기로 한 것이다. 김연아가 인터넷 악플을 보지 않는다는 건 이미 잘 알려진 사실이다. 처음엔 잘 모르고 봤다가 기분이 상한 뒤로 다시는 평생 보지 않았다. 그 뒤로 사람들이 자신에 대해 뭐라고 떠드는지 아예 평생 관심을 꺼 버렸다. 그는 자신에 대한 다른 사람들의 평가조차 관심 갖지 않았다. 시합에 나가 키스앤크라이*에서도 자기 점수가 몇 점일지 신경 쓰지 않으려고 했다. 다른 선수가 몇 점 나왔는지도 보지 않았고 자기가 몇 점 나왔는지도 최대한 신경 쓰지 않으려고 했다. 이 자세였다. 나 사는 데 도움되지 않는 건 안 본다는 자세. 그게 설사 내 성적표라고 해도 상관하지 않는다는 자세.

인생이 잘 풀리려면 어두우면 일어나 불을 켜야 하는 법이다. 하지만 강철멘탈 되는 법에선 그 반대다. 일어나서 불을 끄는 것이 우선이다. 모르고 사는 편이, 대부분의 경우, 당신의 삶에 몇 배 더 유리하다는 것이다. 당신 인생에 도움되지 않는 것들 미주알고주알 일일이 다 알아야겠다는 자세로 당신이 얻는 것은 세월이 갈수록 부서지기 쉬운 유리멘탈뿐이다. 유리한 결과든 불리한 결과든, 변수를 계산하게 만드는 정보는 당신에게 필연적으로 해를 끼치게 돼 있다. 더 많은 스트레스를 야기하게 돼 있다. 변수를 계산하게 하는 정보를

---

* Kiss and cry. 피겨스케이팅 대회에서 선수가 자기 점수를 기다리는 자리.

더 많이 받아들일수록 당신의 멘탈은 가루가 된다. 이번에 이랬으니 다음엔 어쩌지, 이번엔 저랬는데 다음엔 어쩌지, 이런 변수 계산에 발이 묶여 정신이 피폐해지고 옴짝달싹 못한 채 회복도 재기도 못 하는 지경에 빠지게 된다. 사람이 천박해진 다는 건 이런 걸 말한다. 자기에게 도움되지 않는 걸 굳이 악착같이 알고 싶어하는 태도인 것이다. 이게 왜 천박해 보이는 지 이해해야 한다. 멘탈 병자일수록 그런데 집착하기 때문이 다. 그렇게 살수록 멘탈 병자가 되기 때문이다.

나는 내 할 일을 할 뿐이다. 다른 건 굳이 알고 싶지 않다. 나는 사소한 결과에 연연하지 않는다. 이 자세로 사는 사람이 어째서 멋있게 보이는지, 어째서 심지가 굳다고 느껴지는지 이해해야 한다. 이렇게 살아야 멘탈이 강화되기 때문이다. 김 연아가 그랬듯, 아무리 물러 터졌던 정신도 강철처럼 연마되 기 때문이다.

미래에 관한 모든 기대를 지운다

김연아의 '만들어진 삶'에 대한 이야기가 혹시 김연아와 그 의 부모를 욕되게 하는 이야기라고 생각했다면 심각한 착각 이다. 강철멘탈 되는 법에서는 당신이 지금껏 배웠던 상식과 반대되는 이야기가 계속된다. 지금껏 당신은 스스로가 자발적 미래를 설계하고 그 미래에 매진해야 한다고 배웠다. 그러나 현실은 그렇지 않다. 김연아가 가장 두드러진 사례다. 사실을 말하자면, 김연아는 어머니가 미래를 대신 설계했기 때문에 성공한 인생이었다. 손흥민도 아버지가 대신 미래를 설계해서 성공한 인생이다.

계속 이진법 인생에 대한 이야기를 하는 중이다. 당신이 변수를 따지게 되는, 변수를 따질 수밖에 없게 만드는 가장 중대한 요인은 미래에 대한 불확실성이다. 미래가 정해져 있지 않기에, 미래가 불안하기에 당신은 쉴 새 없이 변수를 계산하게 된다. 생각이 많아지고 삶의 방식이 복잡해진다. 그 결과, 장고 끝에 악수를 두게 된다. 불안하고 불행하고 안 풀리는 인생을 살게 된다.

당신이 꿈을 가지면, 그 꿈이 원대할수록, 강렬할수록, 당신의 머릿속은 온갖 쓸데없는 계획과 변수로 가득 차게 된다. 그러지 말라고 얘기한 것이다. 당신이 그렇게 살면 불행해진다는 이야기를 한 것이다. 멘탈이 박살 난다는 얘기를 한 것이다.

당신은 김연아와 손흥민의 '남이 정해 준 미래'에 대해 생각해 봐야 한다. 이게 정말 비정상적인 것인지, 본인에게 불리한 것인지 현실적인 관점에서 생각해 봐야 한다. 이게 어째서 김연아와 손흥민에게 유리하게 작용했는지, 어째서 그렇게 (예상과 달리) 성공적인 결과를 낳았는지 생각해 봐야 한다.

'천 리 길도 한 걸음부터'라는 격언이 있다. 이건 격언이 아니라 사람 인생을 망치는 악담이다. '천 리 길도 한 걸음부터'라는 생각을 하는 순간 대부분의 사람들은 의욕을 잃는다. "그래, 한 걸음부터지!"라고 한 걸음을 내딛는 순간 두 번째 걸음은 딛지 않게 된다. 왜? 내 앞에 '천 리 길'이 놓여 있다는 압박감 때문이다. '천 리 길'은 '원대한 꿈'이다. 김연아가 보지 않으려 했던 '머나먼 미래'다. '천 리 길'에 대한 생각이 당신의 머릿속에 박혀 있는 한 당신은 위축될 수밖에 없다. 변수를 계산하고 미래를 걱정할 수밖에 없다. 누구나 그렇게 되게 된다. 미래에 대한 희망이 크고 밝은 사람일수록 변수와 계획에 휘둘릴 수밖에 없다. 그렇지 않은 사람이 비정상이다.

당신은 '천 리 길'은 없다고 생각해야 한다. 당신의 머릿속에서 '천 리 길'을 완전히 지워 버려야 한다. 김연아와 손흥민이 성공했던 까닭은 머릿속에 '천 리 길'이 존재하지 않았기 때문이다. 그들에게 '천 리 길'은 부모의 머릿속에 있었다. 그들의 부모가 성공했던 까닭은 자식에게 미래에 대한 부담을 지우지 않았기 때문이다. 미래에 대한 부담을 부모가 대신 졌던 것이다. 자식의 미래에 대한 책임과 부담은 모두 부모가 고스란히 끌어 안았던 것이다. 이들 부모는 철저하게 자식이 눈앞의 문제에만 집중하게 만들었던 것이다. 그래서 성공한 것이다.

지금껏 자식의 미래를 대신 설계했던 부모들이 실패했던 까닭은 자식에게 '천 리 길'을 강요했기 때문이었다. 자식에게 미래에 대한 기대와 희망을 강요했기 때문이었다. 그 미래가 자식을 위한 미래든 부모를 위한 미래든 그건 중요한 게 아니다. 중요한 건 아이가 미래에 대한 부담을 갖는 순간 머릿속이 복잡해진다는 거다. 흥미를 유발하는 대신 이런 사람이 되어야 한다고 강요하면 그르친다. 과정을 생략하고 결과에 집착하기 때문에 망한다고 했다. 결과에 집착하는 사람일수록 일확천금 운수대통 운빨횡재에 눈먼 양아치 인생을 살다 간다고 했다. 반대의 인생을 살아야 한다고 했다. 결과를 생략하고 과정에 집착하는 인생. 바로 김연아와 손흥민의 부모가 설계한 인생이다.

강철멘탈의 비법은 알고 보면 참 쉽다. 결과를 강요하지 않는 것이다. 결과는 없고 과정만 강요하는 것이다. 아니, 결과가 안 보이는데 어떻게 과정을 강요하나요? 맹목적 채찍질이 더 나쁜 거 아닌가요? 아니다. 그런 줄 알았지만 사실은 그게 아니라는 사실을 말하는 중이다. '천 리 길도 한걸음부터'보다 더 많은 사람 인생을 망친 악담이 '젊은이여, 야망을 가져라Boys, Be Ambitious'다. 과정이 아닌 결과를 강요한 이런 무책임한 격언 때문에 무수히 많은 인생이 망했고, 그중 상당수는 자살로 생을 마감했다. (The dark side of the American Dream is killing white men, USA Today 2019. 04. 13.)

자식에게 수학 공부를 시킬 것이면 "수학 공부를 해서 이 다음에 위대한 수학자가 되어라"라고 가르칠 게 아니라 수학 문제 하나하나 푸는 것에 재미를 붙이라는 거다. 자식에게 축구를 시킬 것이면 "축구를 해서 이 다음에 100억 연봉을 받으라"고 가르칠 게 아니라 축구공을 차는 것 자체에 재미를 붙이라는 거다. 자식이 축구공을 찰 때마다 고액 연봉과, 미녀 배우자와, 관중의 함성을 기대케 하지 말고, 공을 어떻게 차면 더 빠르고 정확하게 날아가는지에 흥미를 갖게 하란 거다. 축구공 차는 데 흥미를 갖지 못하면 그냥 습관처럼, 억지로라도, 매일 밤 영양제 먹듯 하게 만드는 게 백배 더 효과적이고 인생에도 이롭다는 거다. 절대로 어떤 경우에도, "너 이거 하면 이 다음에 이런 사람 된다" 이 따위 망상 심지 말란 거다. 이것 때문에 사람 인생 망한다. 멘탈 박살 나고 폐인 된다. 결과가 아닌 과정에 성취감을 느끼게 해야 멘탈이 강화되고 인생이 풀린다.

당신의 부모가 이런 교육관을 갖고 있다면 다행이다. 비록 힘든 일은 많겠지만, 최소한 인생이 망하거나 불행해질 일은 없다. 하지만 당신에게 이런 부모가 있을 확률은 제로에 가깝다. 그러니 당신은 나 스스로를 재교육해야 한다.

다시 말한다. '천 리 길도 한걸음부터'에 천 리 길은 없다. 오직 걸음만 있다. 당신은 천 리 길을 예상하고 (목표로 하고) 걷는 게 아니라 걷는 것 자체에 즐거움 혹은 의무감을 느껴서 걸어야 한다. 걷는 것 자체에 즐거움이나 의무감을 갖기 어려우면 아주 가까운, 지극히 현실적인 목표를 정하는 게 좋다. 예전에 이런 전래동화가 있었다. 죽을 병에 걸린 남자가 소원을 들어준다는 고개에 올라가 산신령에게 빌었다. 병을 낫게 해 달라고. 그랬더니 산신령은 이 고개에서 앞으로 딱 석 달 동안 매일 아침 구르기를 하면 병이 나을 수 있다고 했다. 그 말을 믿고 석 달 동안 매일 아침 구르기를 한 남자는 다시 산신령을 찾았다. 그러자 산신령은 그동안 수고했고 앞으로 석 달 만 더 구르라고 그러면 병이 씻은 듯 나을 거라고 했다. 다시 또 석 달을 매일 아침 구르고 산신령을 찾은 남자는 이번도 같은 말을 듣는다. 이제 마지막으로 석 달을 더 구르면 나을 거라고. 그리고 석 달 뒤에 또다시 석 달 더 구르라는 말을 들은 남자는 폭발한다. 아니 왜 자꾸 말을 바꾸시냐고, 지금 나한테 사기 치는 거 아니냐고. 산신령이 말한다. 내가 처음에 너한테 한 해 동안 해야 한다고 했으면 넌 바로 죽으러 갔을 거라고. 석 달씩 끊어서 하라고 해서 넌 지금 아홉 달을 버틴 거라고. 이제 석 달 더 하면 한 해를 채우고 넌 소원을 성취하게 된다고.

　재미없고 황당한 이야기지만, 인생에 도움되는 이야기다. 이 이야기의 핵심은 '천 리 길'을 말하지 말란 거다. 이 남자, 처음부터 천 리 길을 가야 한다는 조언을 들었으면 그 자리에서 '그럼 죽고 말지' 했을 거란 거다. 어떤 경우에도 천 리 길을 이야기해선 안 된다는 거다. 천 리 길 얘기를 하는 순간 포기할 위험만 높아진다는 거다. 대신 눈앞에 달성 가능한 목표를 말하라는 거다. 지금 당장 며칠만 하면 도달할 수 있는 목표 지점을 정하라. 그게 진짜 생존법이다.

다시 김연아의 이야기로 돌아온다. 소치 올림픽을 마치고 피겨 여왕의 삶에서 은퇴한 김연아에게 기자들이 장래 계획을 물었다. 질문을 받을 때마다 김연아는 이렇게 말했다. "먼 미래를 잘 생각하지 않아서 모르겠다. 당장 가까운 미래만 보기 때문에 특별히 그런 생각은 안 해 봤다. 앞으로를 꼼꼼하게 계획하면서 사는 스타일은 아니다. 계획을 세우고 지키기보다 그저 자연스럽게 나이를 먹고, 잘 늙으면 되지 않을까."

(TIMELESS GRACE (김연아), W Korea 2018.01.19)

이진법의 삶은 근시안이다. 절대로 1미터 이상 원거리를 보지 않는다. 미리 계획 세우고 움직이지 않는다. 미래를 계획하는 순간 이진법의 삶은 무너진다. 안 될 경우를 생각하게 되고 변수 계산에 몰입하게 된다. 그러는 순간 인생은 불행의 쳇바퀴를 돌리게 된다. 미래를 생각하지 않아야 안 될 경우도 생각하지 않는다. 미래에 대한 모든 기대와 계획을 지워야, 그래야만 변수 계산에서 벗어날 수 있다. 지금 당장 코앞의 문제에 집중할 수 있다.

'안 될 경우'를 생각하지 않으려면 '될 경우'도 생각하지 않아야 한다. 미래에 대한 불안에서 벗어나려면 제일 먼저 미래에 대한 장밋빛 전망부터 버려야 한다. 미래에 대한 불안과 미래에 대한 희망은 한 몸이다. 당신은 절대로 죽어도 어느 한쪽만 없앨 수 없다. 둘 다 없애야 한다. 그래서 다시 말한다. 미래에 대한 '모든' 기대와 계획을 지우라고. 그래야 비로소 한 걸음 한 걸음을 멈추지 않고 계속 전진할 수 있다고.

과거는 흘러가 버린 물이다

과거를 잊으라, 과거에 연연하지 말란 말은 너무 뻔한 말이라 여기서 다시 언급할 필요 없어 보인다. 강철멘탈 되는 법은 지금까지 항상 들었던 뻔한 얘기는 빼고, 당신이 지금껏 몰랐던 얘기를 하고 있다. 그럼에도 과거를 잊으라고 뻔한 얘기를 하는 이유는 부정적인 과거를 잊으려면 긍정적인, 화려했던 과거도 잊어야 한다는 말을 하기 위함이다.

다시 김연아 이야기로 돌아간다. 두 번의 올림픽으로 거둔 업적에 대한 감회를 묻는 질문에 그는 이렇게 답했다. "지금 내가 누리는 명예나 성취는 물론 그 시절이 있었기 때문에 얻은 거지만 과거에 너무 기대서 계속 그걸 추억하는 건 성격상 안 맞다. 그 시절은 소중하지만 그냥 지난 일이라는 생각을 하는 편이다. 현역 시절을 떠올리며 상실감을 느끼거나 은퇴 이후에 허전해하는 분도 있다고 들었는데 나는 그 시절을 자꾸 돌아보거나 그러지 않는다. 앞으로 살아갈 날이 더 중요하기 때문에. 좋은 경험이었고 나에게 없어선 안 될 고마운 시간이었지만 과거일 뿐이라 생각한다.” (TIMELESS GRACE (김연아), W Korea 2018. 01. 19)

미래에 대한 장밋빛 기대부터 버리라는 말과 같다. 과거에 연연하지 않으려면 과거에 대한 좋았던 느낌과 감정을 다 삭제해야 한다. 그게 아무리 뿌듯하고 화려했던 기억이었더라도, 당신이 지금 당장 해야 할 일이 있으면, 지금 당장 강철멘탈 인생을 살고 싶으면, 그 또한 전부 잊어야 한다는 거다. 미래에 대한 기대만큼이나 과거에 대한 집착이나 연민도 사람을 복잡하게 만든다. 멘탈을 쉽게 부서지게 만들고 현재에 집중하지 못하게 한다.

덧붙임

그래서, 지금까지 말한 대로, 그렇게 단순하게 살면 사람들이 재미없다 지독하다 억척스럽다 매력 없다고 하진 않을까? 생각해 보자. 류현진이 매력 없다고 하는 사람 있는가? 김연아도 손흥민도 마찬가지다. 단순하게 살아온 사람을, 다른 걸로 욕하는 경우는 있어도, 재미가 없다 매력이 없다고 욕을 하는 경우는 없다.

오히려 반대다. 사람은 단순할수록 매력을 얻는다. 다시 말하지만, 단순하게 산다는 건 곧 단순하게 생각한다는 걸 의미한다. 사람들은 머릿속이 단순한 사람에게 매력을 느낀다. 여자는 단순할수록 남자에게 강한 성적 매력을 심어주게 된다. 접근성이 높아지는 것만이 아니다. 백치미만 생기는 게 아니다. 사람은 누구나, 누구에게나, 단순할수록 그 자체로 매력이 된다.

일본에서 크게 인기를 모았던 일본의 환경부 장관 고이즈미 신지로가 좋은 예다. 그의 스테이크 일화를 보면 그가 얼마나 어이없을 정도로 단순무식한 인간인지 잘 알 수 있다.

유엔 기후변동 포럼 참석 전 인터뷰에서, 자기는 스테이크를 매우 좋아한다며 매일이라도 먹고 싶다고 말함. 한 일본 기자가 육우 사육으로 인한 온실가스 발생이 큰 환경문제로 지적되고 있는데, 이 점에 대해 어떻게 생각하냐고 물어보자 몇 초 골똘히 생각하더니, "가끔은 좋아하는 거 먹고 싶을 때 없어요?"라는 희한한 답변을 내뱉음.

그는 아무리 까다로운 질문에도 겁먹거나 긴장하지 않는

다. 그는 스트레스받는 것 자체가 불가능할 것 같은 인간이
다. 매사 저렇게 행동하기 때문이다. 자기가 차기 총리감이고
지지율이 뭐고 아무 계산 없이 그냥 하고 싶은 말과 행동을
최대한 단순하게 하기 때문이다. "가끔은 좋아하는 거 먹고
싶을 때 없어요?" 이렇게.

　미국 트럼프 대통령의 인기가 식지 않는 이유도 마찬가지
다. 그는 이진법 인생의 화신이다. 인생만 그렇게 단순무식하
게 이진법으로 산 게 아니라 말도 그렇게 한다. 전쟁 영웅 존
매케인에게 싫은 소리를 듣자 그는 자기 매케인 싫다고 말해
버린다. "그 양반 포로로 붙잡혔잖아, 난 포로로 붙잡힌 사람
싫어" 이렇게. 엄청난 비난을 받았지만 그의 지지율은 떨어지
지 않았다. 왜? 차기 대통령이고 지지율이 뭐고 아무 계산 없
이 그냥 하고 싶은 말을 했기 때문이다. 변수를 계산하지 않
았기 때문이다. 미국인들이 힐러리 클린턴 대신 트럼프에게
매력을 느꼈던 이유는 트럼프의 단순함 때문이었다. 그의 단
순무식한 이진법 화법 때문이었다. (미 대선 승리 트럼프 화법의 비
밀, 브릿지경제 2017.02.17)

　강철멘탈 되는 법은 단순한 '생존법'에 그치지 않는다. 매
력에 대한 또 다른 이야기이기도 하다. 강철멘탈이 되는 법은
정신 건강을 지키고 생존률을 높이는 데 그치지 않는다. 강철
멘탈 되는 법대로 살면 그런 삶의 방식 자체가 사람들에게 매

력으로 작용한다. 당신이 변수를 계산하지 않을수록, 미래에
대한 관심과 기대를 버리고 코앞의 현실에 집중할수록, 당신
은 '아메바 같은 인간'이 되는 게 아니라, 반대로 누구도 무시
할 수 없는 '매력 넘치는 또라이'가 된다. 건강이 곧 매력이고,
정신의 건강이 모든 걸 압도하기 때문이다.

3장

자격 강박증을 버린다

사례 1. 메리 스튜어트

메리 스튜어트(1542-1587)는 귀한 집 자식이었다. 아버지가 스코틀랜드 왕이었고 어머니는 프랑스의 잘나가는 귀족 여식이었다. 그리고 예뻤다. 그냥 예쁜 게 아니라 믿기지 않을 정도로 예뻤다. 키가 180cm가 넘었고 얼굴에선 광채가 뿜어져 나왔다. 억양과 제스처에 기품이 넘쳤으며 머리도 좋아서 미술, 음악, 작문, 원예, 승마, 궁술, 검술 등 뭐든 배우기만 하면 다 잘하는 천재 소녀였다. 스코틀랜드에서 태어났지만 학창 시절 내부분을 유럽 최고 문화 강국이었던 프랑스 왕궁에서 보냈으니, 뉴욕 최고 명문 사립고로 유학을 간 뒤 줄리아드 음대 장학생으로 수석 졸업한 셈이었다. 하지만 그런 것 따위 메리에겐 아무 의미 없는 것이었다. 왜냐하면 메리는 왕이었기 때문이었다. 스코틀랜드 유일의 적법한 왕이었으며, 잉글랜드의 몇 안 되는 왕위 계승자 중 한 명이었을 뿐 아니라, 열여섯 살 때 프랑스 왕세자와 실혼하면서 프랑스 왕비의 자리에까지 올랐으니 그야말로 미들급 헤비급 슈퍼헤비급 3체급을 석권한 (유럽 왕위 계승) 챔

피온이었다.

혹자는 메리가 과도한 특권의식을 갖고 산 게 당연하다 생각했다. 어릴 때부터 왕이시여 여왕이시여 보석 같은 천상의 위인이시여 어쩌고 영국 프랑스 전 유럽 예술인 들이 앞다퉈 아부를 떨고 갔으니 충분히 그럴 수 있었 다. 문제는 그의 인생이 파멸로 치달은 원인이 그 병적 인 특권의식 때문이었다는 점이다.

메리의 특권의식은 노골적이었다. 프랑스 왕가로 시집 을 왔을 때 그의 시어머니가 이태리 메디치 가문 졸부 집안이란 걸 알고 사람들 앞에서 "우리 시어머니 피렌체 에서 오신 장사꾼이시잖아요" 이 말을 아무렇지 않게 했 던 패기 갑 소녀였다. 이 때문에 남편이 요절하자마자 프랑스에서 쫓겨나 스코틀랜드로 돌아왔지만, 메리는 또 엇나갔다. 당시 스코틀랜드 왕가는 몹시 낙후된 곳이 었다. 세계에서 제일 화려한 궁에서 17년을 살다가, 일 년 내내 춥고 습하고 어두운 재래식 시골 성에 살게 된 메리는, 왕위 계승을 위해 결혼한 남편을 술만 먹는 무 식한 주정뱅이라고 멸시했고, 외간 남자와 바람을 피우 다 남편의 손에 외간 남자가 살해당하는 일을 겪고, 또 다른 외간 남자와 공모해 남편을 살해한 뒤에, 그 외간 남자와 결혼을 해 버리는, 개막장 불륜 드라마를 몸소 현실화하는 패기를 보인다.

'스코틀랜드의 여왕'에서 '스코틀랜드의 미친년'으로 전락, 반란군에 의해 쫓겨난 메리는 잉글랜드의 여왕 엘리자베스 1세에게 도움을 청한다. 엘리자베스 여왕은 메리를 받아 주면 안 되는 입장이었다. 스코틀랜드에서 죄 짓고 쫓겨온 죄인인 데다 잉글랜드 왕위의 적법한 계승자였기 때문이었다. 게다가 메리는 엘리자베스 여왕보다 키도 크고 예뻤다. 누가 봐도 메리가 더 여왕처럼 보였다. 하지만 엘리자베스는 5촌 친척 메리에게 연민의 정을 느꼈다. 다른 왕이었다면 당장 머리를 잘라 버렸거나 스코틀랜드로 돌려보냈겠지만 엘리자베스는 그러지 않았다. 대신 가택 연금 형태로 그를 보호해 준다. 문제는 1) 메리가 잉글랜드의 왕이 되길 바라는 자들이 너무 많았다는 점, 그리고 무엇보다, 2) 메리 본인이 왕권을 자신의 정당한 권리로 알고 있었다는 점이었다. 결국 메리는 역모에 연루되었고, 참을 만큼 참았던 엘리자베스 여왕에 의해 참수당하는데, 마지막 유언이 자기 유해를 프랑스에 묻어 달라는 거였다. 메리는 처음부터 그랬다. 더럽고 상스러운 영국 땅에 맞지 않는 고귀한 신분이었다. 영국 땅에 돌아온 뒤로 항상 프랑스를 그리워했으며 조국을 경멸하고 떠나고 싶어했다. 그는 공개 참수를 요청했으며, 참수장에 프랑스식 화려한 의복을 입고 나타나 최후를 맞았다. (메리의 너무나 화려하고 당당한 모습에

잔뜩 긴장한 망나니는 메리의 머리를 한번에 자르지 못하고 2번이나 엉뚱한 곳을 내리치는 바람에 메리는 마지막 순간 극심한 고통을 받아야 했다.)

사례 2. 엘리자베스 1세

엘리자베스 1세(1533-1603)는 불륜의 결과물이었다. 아버지인 헨리 8세가 아들을 낳고 싶다고 조강지처를 내버리고 평민인 앤 볼린을 데려와 놓고, 앤이 아들을 못 낳고 엘리자베스를 낳자 앤에게 간통죄를 뒤집어 씌워 참수해 버렸다. 졸지에 사생아이자 간통을 저지른 여자의 자식이 된 엘리자베스는 왕위 계승권을 박탈당하고, 배다른 언니 메리 1세 여왕에 의해 반란죄 누명을 쓰고 수감된다. 수감 기간 동안 여러 차례 처형 위기를 넘기며 25년 동안 생사를 넘나드는 스펙타클 궁정 스릴러를 몸소 겪은 엘리자베스는 여왕의 자리에 올랐을 때 이미 생사를 초탈한 부처 멘탈이 돼 있었다.

엘리자베스의 즉위 당시 영국은 종교 갈등, 지역 갈등, 외교 갈등, 경제 파탄으로 도탄에 빠진 나라였다. 불과 몇 년 전 왕이란 작자가 새 마누라 얻겠다고 국교를 갈아 치우질 않나, 개신교의 죄를 정화하겠다고 궁궐 앞에서 수백 명의 민간인을 학살하질 않나, 아프리카 식인종들도 차마 하지 못할 짓을 저지르던 망나니 국가였다. 지옥에서 죽다 살아온 엘리자베스는 삶의 지혜 한 가지를 터득했다. 자기 패를 보여 주지 않는 거였다. 그는 장기전의 여왕이자 밀당의 고수가 되었다. 자신의 종교를 밝히지도, 공식적으로 인정하지 않았고, 어느 교회의 수장도 맡지도 않았다. 어느 정치 단체 어느 국가의 편도 들어주지도 않았고, 누구와도 결혼하거나 사귀지도 않았다. 그는 군주로서의 독단을 삼갔으며, 외부의 의견을 끝까지 들어 본 뒤 마지막 순간까지 결정을 유보했다. 결정권자가 좀처럼 속내를 드러내지 않으니 사람들은 눈치를 보았다. 정적들은 왕이 누구 편을 들어줄지 모르니 공격할 수도 없었고, 음모를 꾸밀 수도 없었다. 결국 똥 마려운 놈이 먼저 화장실 문을 두드릴 수밖에 없었다. 정적들이 먼저 여왕에게 머리를 조아려 결정을 구걸하는 상황이 반복됐고, 왕권은 강화됐다.

엘리자베스는 강화된 왕권으로 하고 싶은 거 다 했다. 화폐제 개혁. 물가 통제. 노동 시간과 임금 규정화. 빈민 구제 및 상공업 육성. 스페인 무적 함대 격파. 해상 지배권 장악. 제국으로 발돋움 등등. 왕위에 오르기까지 숨죽이고 살았던 어둠의 세월에 보상받으려는 듯 스포츠, 음악, 사냥, 오락을 즐겼고, 여왕의 취향은 영국의 문화 예술 발달을 촉진시켰다. 셰익스피어, 말로우 등 비롯해 역사에 길이 남을 위대한 극작가들이 모두 이 시대에 탄생했다.

당시 여자들이 생존을 위해 결혼했던 것과 반대로, 엘리자베스는 생존을 위해 결혼하지 않았다. 엘리자베스는 결혼 때문에 목이 잘려 죽은 어머니의 비참한 모습을 죽을 때까지 기억했다. 그는 자신의 친언니와, 5촌 메리와, 그 밖의 수많은 다이아몬드 수저를 물고 태어난 여자들의 몰락을 관조하며, 결혼의 해악과 인간 관계의 부질없음을 되새겼다.

그는 어릴 때부터 침착하고 영특했으나 안정적인 성격은 아니었다. 그는 자주 경솔하고 무례하며 포악했으며, 자신보다 우월한 조건을 타고난 메리 스튜어트에 대한 열등감과 불안감에 시달렸다. 그는 메리와 정반대 인생을 살았다. 자신의 신분에 긍지 대신 경각심을 가졌고, 천부적 조건을 특권이 아닌 생존의 위협으로 여겼다. 그는 누구도, 아무것도 믿지 않았다. 그는 평생 누구에게도 정 주지 않았고 어디에도 애착을 두지 않았다. 처녀인 채 후손을 남기지 않았던 엘리자베스는 자신이 참수한 메리의 아들, 제임스 1세에게 왕위를 물려주고 죽었다.

사례 3. 실비아 플레이스

실비아(1932-1963)의 인생에 유일한 '불운'은 아버지의 죽음이었다. 그는 운을 타고난 사람이었다. 누구보다 화목하고 풍족하고 지적인 가정에서 자랐고, 스스로도 뛰어난 능력을 발휘했다. 예쁘고 똑똑했으며, 여덟 살에 메이저 신문사에 창작 시가 소개돼 꼬마 천재 시인으로 이름을 알렸다. 그림도 잘 그려서 사생 대회에 나가 상도 받았고 명문대 최우수 학생으로 입학해 장학금도 받았다. 그는 교지 편집장을 맡았고 마드모아젤 잡지의 객원 편집장으로 활동하기도 했다. 모두가 그를 인정해 주었고, 모두가 그에게 친절했다.

실비아는 아버지를 존경했다. 실비아의 아버지는 보스턴 대학 교수로, 이름난 학자였지만 특별히 우상화할 만한 대상은 아니었다. 그러나 실비아는 자신의 모든 것이 아버지로부터 물려받은 것이라고 여겼고, 머릿속에는 항상 아버지의 죽음이 자리하고 있었다. 누구나 부모의 죽음을 겪기 마련이다. 하지만 실비아는 이걸 유독 '자기에게만 벌어진 특별한 일'로 삼았다. 매사 그랬다. 다른 이들은 어깨 한번 으쓱하고 잊어버릴 일에 극심한 좌절을 느끼고 수면제 50알을 삼키고 지하실에 기어 들어가 자살을 시도하는 인간이었다.

자긴 그래야만 하는 사람이기 때문이었다. 관심과 축복과 케어를 받아야 하는 사람이기 때문이었다. 그의 머릿속엔 자신에 대한 위상이 너무 높게 설정돼 있었다. 세상은 실비아의 이런 뻥튀기 된 자아를 오냐오냐 받아 주었다. 그게 문제였다. 왜냐하면 이런 세상은 영원할 수 없기 때문이었다. 그런 건 어디까지나 학생 때까지의 일이었다. 학교를 졸업하고 인생이 실전이 되면 더 이상 그렇게 살 수 없었다.

실비아의 첫 번째 인생 실전은 결혼이었다. 그는 테드 휴즈와 결혼했다. 테드 휴즈는 문학적 천재성까지 겸비한 역대급 상남자였으니 실비아의 두 번째 우상으로 더없이 적합했다. 실비아는 사람이 아닌 사랑을 우상화했다. 그리고 별것 아닌 것에 호들갑을 떨었다. 남편이 다른 여자와 눈만 마주쳐도 세상에 종말이 온 것처럼 굴었다. 둘의 사랑은 엇나가기 시작했고 실비아는 우울감에 빠졌다. 다른 여자들 같으면 부모 도움을 받거나, 너 말고도 남자 많다며 다른 남자와 놀았겠지만, 실비아는 그런 자력구제 자기회생 능력이 없었다. 그가 우상화했던 것은 아버지도 아니고 테드 휴즈도 아니고 그들의 사랑도 아니었다. 그가 진짜 우상화했던 건 자기 자신이었다. 그는 병적일 정도로 자기 관리에 몰두하는 사람이었다. 그의 집과 책상은 언제나 티끌 하나 없이 완벽하게 정돈돼 있었고, 그의 머리와 옷차림과 화장은 언제나 흠잡을 데 없이 단정했으며, 표정과 말투도 언제나 아무 근심 없어 보이는 포토제닉 연예인이었다. 그는 정신과 약을 타 먹으면서도, 죽기 바로 전날까지도 이런 완벽한 몸가짐을 유지했다. 완벽해야 했던 자신의 위상이 무너지자 죽을 수밖에 없었던 거였다.

남편 테드 휴즈가 아무리 얻어터지고 짓밟혀도 금세 다시 자라는 잡초 같은 멘탈의 소유자였다면, 실비아는 한 번 깨지면 그만인 사기 그릇 멘탈이었다. 테드 휴즈가 깡무식한 노동자 집안의 촌놈으로 자라며 밑바닥에서 올라온 작가였던 데 비해, 실비아는 처음부터 너무 많은 걸 타고난 작가였다. 그런 자신의 신분을 우상화했던 게 문제였다. 처음엔 그게 자부심과 긍지, 삶의 의욕의 원천이었겠지만, 종국엔 자기 파멸의 원인이 되었다.

사례 4. 제인 오스틴

제인 오스틴(1775-1817)에 대해 사람들이 잘 모르는 사실 중 하나는 그가 다른 여류 작가들과 달리, 행복하게 살다 죽었다는 점이다. 그는 가난한 집에서 태어나, 살아생전 제대로 인정 받은 적도 없고, 부와 영예를 누린 적도 없는 데다, 남자의 사랑을 받은 적도 없지만, 행복하게 살았다. 이는 혼자 글 쓰는 여자들에겐 거의 '있을 수 없는 일'이었다. 혼자 글 쓰는 여자의 불행의 원인은 자기 우월감이다. 남자든 여자든 글을 써서 성공하려면 자기 우월감이 필수적이다. 자기가 남보다 뛰어나다는 생각이 없으면 남자든 여자든 창작으로 성공할 수 없다. 문제는 이런 '나만 특별하다'는 사고방식이 정신 건강을 좀먹는다는 사실이다.

제인 오스틴도 그랬다. 그도 자기 우월감에 빠져 사는 인간이었다. 그는 스스로를 남다르게 똑똑하고 이성적인 여성으로 생각했으며, 똑똑한 사람들과 우둔한 사람들을 대비시켜 소설의 긴장감을 극대화했다. 제인 오스틴의 주특기는 빈정대기였다. 제인 오스틴이 남긴 편지를 보면 파티에서 만난 사람들을 무자비하게 비꼬고 냉소하는 내용이 자주 등장한다. 그는 지적으로 모자란 사람들을 혐오했으며, 이 혐오감을 어떤 식으로든 드러냈다. 제인 오스틴의 소설에 등장하는 그 모든 밉살스러운, 멍청한 캐릭터들은 실제로 제인 오스틴이 경험했던 실존 인물들이었고, 이들에 대한 사적인 감정을 에너지 삼아 소설 캐릭터로 창조했던 것이다.

여기까지 보면 저 혼자 잘난 줄 알고 죽은 다른 정신병 창작자들과 달라 보이지 않는다. 제인 오스틴이 이럼에도 불구하고 정신 건강하게 살았던 이유는 자신을 우상화하지 않았기 때문이었다. 제인 오스틴은 자신을 철저하게 숨기고 살았다. 열 살 때부터 글을 쓰기 시작해 죽을 때까지 계속 창작을 했으나 가족들조차 그녀가 '직업 작가'였다는 사실을 몰랐다. 그는 집 거실 탁자에서 글을 쓰면서 일부러 대문에 삐걱거리는 소리가 나도록 했는데 이는 누군가 들어오는 걸 미리 알고 재빨리 다른 방으로 숨기 위함이었다. 제인 오스틴이 자신의 소설을 모두 무명으로 출간한 까닭은 당시 여성 작가에 대한 차별적 시각 때문이었지만 가족들에게조차 자신의 직업을 숨긴 것은 명백히 '자신의 흔적'을 숨기기 위함이었다. 마치 고양이가 자신의 배설물을 숨기듯 제인 오스틴은 자신의 흔적 지우기에 몰두했다. 그는 작품이 출판사에 거절당하거나, 판매량이 좋지 않아도, 상관없이 예전과 똑같이 자기 집 거실에서 남몰래 글을 썼다. 1814년 『오만과 편견』이 모처럼 세상의 빛을 본 뒤에도 제인 오스틴은 여전히 무명을 고집했고, 예전과 다름없이 같은 방식으로 집필에 몰두했다.

제인 오스틴이 별다른 정신적 문제 없이 꾸준히 훌륭한 작품들을 쓸 수 있었던 까닭은 그의 가족들 덕이라는 해석도 있다. 물론 그의 부모와 일곱 형제들이 모두 그와 돈독한 관계를 유지한 것은 그에게 정신적으로 큰 도움이 되었을 것이다. 하지만 이는 실비아 플레이스도 별

다르지 않았다. 그도 화목한 가족에서 자랐고, 남동생과 평생 돈독한 관계를 유지했다. 제인 오스틴이 실비아와 달랐던 건 1) 결혼하지 않았고, 2) 기대도 실망도 없었다는 점이었다. 제인 오스틴은 자력갱생 안분지족의 삶을 살았다. 그는 세상에 흔적을 남기지 않았기에 세상의 눈치를 보지 않았다. 세상을 위해 자신을 단장하지도 않았고 다른 사람들처럼 굳이 결혼해야 한다는 생각도 없었다. 그는 철저하게 이성적인 삶을 살았다. 그는 30대 중반의 나이에 남들 보기에 더없이 좋은 조건의 부자 연하남의 청혼을 받았지만 '내가 정말 이 남자와 결혼해서 지금보다 행복할 수 있을까' 자문하고 그러기 힘들 것이란 판단이 내려지자 주저없이 청혼을 거절했다.

제인 오스틴의 이름이 세상에 알려지고 그의 천재성이 독자들 사이에 회자될 즈음, 그래서 마침내 가족과 지인들이 그가 그렇게 놀라운 창작을 해 왔다는 사실을 알았을 때쯤, 제인 오스틴은 불혹의 나이가 되었고, 병약해졌다. 하지만 그는 사십 평생 자신이 원하던 대로 살았고, 마지막 해에만 병을 앓다 죽었다. 세상에 이름이 알려진 지 3년 뒤인 1817년, 제인 오스틴은 알 수 없는 병으로 어머니와 동생이 지켜보는 가운데 숨을 거두었다.

사례 5. 나혜석

나혜석(1896-1948)은 선택받은 인생이었다. 조선말 개화기 부유한 명문가의 5남매 중 넷째로 태어나 동경 유학(미술)을 다녀왔고, 프랑스 파리에 살기도 했다. 그는 10대 시절 고등학교를 최우등으로 졸업한 것이 신문에 보도될 정도로 소문난 천재였으며, 동네 목욕탕에 가면 사람들이 다 알아보는 조선의 하이틴 스타였다. 동경 유학 시절 동경제국 대학을 다니던 조선의 엘리트 김우영에게 청혼을 받고 결혼, 이때 파격적인 결혼 조건을 걸었음. "평생 지금처럼 사랑해 줄 것. 그림 그리는 것을 방해 말 것, 시어머니 및 시누이와는 별거하게 해 줄 것." 놀라운 건 김우영이 이걸 다 들어줬다는 거였다. 뿐만 아니라 일본 외무성 외교관으로 부임한 후 나혜석을 위해 세계일주 여행도 시켜 주었다. 나혜석은 집안 돈으로 '조선 최초 여성 서양화가' 타이틀을 따더니 이번엔 남편 돈으로 '조선 최초 세계일주 여성' 타이틀까지 획득. 이씨 조선 왕가도 누리지 못한 특권을 누렸던 조선 최고 특권층 나혜석은 바쁘게 살았다. 그는 1921년 조선 최초 여성 개인전을 가졌으며, (친일파인 남편 몰래) 3.1 독립운동에 적극 참여, 독립 운동가들을 지원하다 일본 경찰에 체포돼 옥고를 치르기도 했으며, 여성단체를 건립해 페

미니즘 운동에 앞장서기도 했다. 그의 커리어 하이라이트는 파리에서 미술 공부를 하던 당시 최린과 성관계를 맺고 간통죄로 고소당한 것. 나혜석은 평소대로 인생을 바쁘고 충만하게 산 것뿐이었으나, 남편 김우영 입장에선 용서할 수 없는 배신 행위였다. 고소 취하 조건으로 나혜석은 자식의 양육권을 빼앗기고 이혼당했다. 그리고 나혜석은 재기하지 못한다. 학교에서 교편을 잡고 개인전을 열었지만 그는 사회적으로 매장된 인간이었다. 그는 1934년 잡지에 '이혼고백서'라는 글을 기고해 "조선 남성의 심사는 이상하외다. 자기는 정조 관념이 없으면서 처에게나 일반 여성에게 정조를 요구하고 또 남의 정조를 빼앗으려고 합니다"라며 자기와 정사를 즐기고 헌신짝처럼 내버린 남자들을 저격했다. 사회적 고립과 경제적 궁핍에서 벗어나기 위해 그림에 매달렸으나 전시회가 연이어 처참한 실패를 겪고 마지막 남은 창작 의욕도 잃었다. 여기에 맏아들 선이 폐렴으로 열두 살에 요절하는 등 고단한 말년을 보내다 1948년 요양원에서 탈출해 방황하다 무연고 행려병자로 사망한다.

망할려야 망할 수 없는 조건을 타고난 나혜석은, 그 혼란한 시대에 태어났음에도 누릴 거 다 누렸다. 그는 집 배경과 경제력만 타고난 게 아니라 매력도 타고났다. 나혜석은 여러모로 메리 스튜어트와 비슷했다. 험난한 시대에, 모든 걸 타고난, 모든 걸 다 누릴 수 있는 상황이었음에도, 철저하게 몰락했다. 프랑스의 추억에 빠져 살았다는 점 역시 메리 스튜어트와 닮은 점이었다. 이들 모두 프랑스와 자신의 조국을 비교했다. 자기는, 이 낙후되고 비천한 나라가 아닌, 프랑스에서 살아야 한다고 생각했다. 둘의 진짜 공통점은 그랬다. 자기는 굳이 환경에 적응할 필요 없는 사람이라고 생각했다는 것. 환경이 내게 적응해야지 내가 환경에 적응할 필요 없다고 생각했다. 왜냐하면 자기는 그럴 자격이 있으니까. 그런 권리를 타고났으니까. 나는 이런 비천한 환경에 적응하기엔 너무 고귀한 신분이니까. 그게 둘을 몰락시킨 원인이었다. 혼란한 시대에 태어났기 때문이 아니라, 사아가 너무 고결한 탓이었다.

사례 6. 박경리

박경리(1927-2008)는 불행한 여자였다. 불행한 시대에 태어나 불행하기 위한 모든 조건을 타고났다. 그는 가난했고 불운했다. 애비는 박경리가 태어나자마자 집을 나가 외간 살림을 차렸다. 박경리가 고등학교에 진학하자 약속했던 학비마저 끊었다. 박경리는 애비를 찾아가 "당신은 학교 그만두게 할 자격이 없다"고 따져 학비를 받아냈다. 하지만 정작 공부에 재능을 보이진 못했다. 그는 성적도 사회성도 떨어지는 별 볼 일 없는 학생이었다. 아버지와는 원수지간이었고 어머니는 경멸했다. 가족의 삶을 이 지경으로 만든 건 아버지와 어머니의 공동 책임이라고 생각했다. 그의 유일한 낙은 문학이었다. 책을 '미칠 정도로' 좋아해 남의 책을 빌려 밤새 읽고 돌려줬다. 하룻밤에 책 세 권을 독파하고 눈이 시뻘겋게 된 적도 많았다. 그는 가난해서 즐길 게 없었고 왕따라서 친구도 없었다. 그래서 독서와 창작에 매달렸다. 고등학교를 졸업하고 결혼했지만 남편이 공산주의자로 몰려 투옥되고, 6.25 때는 가족을 버리고 월북해 버린다. 전쟁 후에는 아들마저 사망, 이때부터 가족은 어머니와 딸 하나만 남았고, 이들의 생계를 자신이 책임져야 했다. (그의 딸 김영주는 성인이 된 후 시인 김지하와 결혼했는데 김지하가 빨갱이로 몰려 투옥되는 바람에 박경리가 그의 아들까지 뒷바라지해야 했음.) 평화신문과 서울신문 문화부 기자 생활을 했으나, 4년 만에 그만두고 다시 글을 쓰기 시작, 직업 작가로 생계를 꾸렸다. 1962년『김약국의 딸들』같은 작품들이 히트를 치면서 간신히 입에 풀칠을 하지만, 난데없이『토지』집필에 꽂혀 전화도 끊고 신문도 끊고 원고 청탁도 일체 받지 않은 채『토지』하나에 혼을 갈아 넣었다. (도중에 경제적으로 너무 궁핍해지는 바람에 생계용 소설을 따로 연재함.) 토지는 25년 동안 쓰여져 1994년 완결되는데, KBS에서 그새를 못 참고 1979년과 1989년 드라마로 제작한다. 미완결 소설을 드라마로 만들었음에도 엄청난 인기를 끌었고, 2005년 SBS에서 또 한 번 드라마로 제작된다.

박경리는 자신의 삶을 이렇게 요약했다. "나는 전쟁 미망인이었다. 불행의 상징이다. 가난하고, 애 데리고, 부모 모시고, 혼자 벌어먹고 살아야 했다. 소망이 있기에 써온 것이다. 불행에서 탈출하려고." 불행했지만 성공한 인생이었다. 그는 어릴 때 동경했던 이들의 삶을 살았고, 행복한 결말을 맞았다. 제인 오스틴은 부모가 생계라도 책임져 줬지만 박경리는 그 반대었나. 하시반 삶의 방식은 동일했다. 박경리도 세상에 자신의 흔적을 지웠다. 그는 낯가림도 심했지만, 의도적으로 세상으로부터 자신을 숨기려 애썼다. SBS「토지」드라마 제작이 결정되고 길상 역을 맡은 배우 유준상이 박경리에게 드라마 제작 상황을 알리고자 전화를 걸자 그는 "그래서요?"라고 물어 보고 전화를 끊었다. 그는 인터뷰 요청을 받지 않았나. 사람 만나는 설 극노로 꺼렸다. 그가 매스컴에 모습을 드러낸 횟수는 손에 꼽을 정도이며 지금도 그의 사적 정보나 세상에 남긴 흔적은 거의 찾을 수 없다. 그는 말했다. "작가는 얼굴이 필요 없다. 작품을 내놓으면 그걸로 끝이다. 문학 작품에 모든 것이 들어 있고 독자가 읽어 주는 것으로 족하다. 사람마다 자기 눈으로 평가하면 된다. 작가가 이러쿵저러쿵 해명하는 것은 작품이 미진하다는 뜻이다, 내 작품을 읽고 마음대로 상상하면 된다."

80~90년대 교사와 강사들은 수업 중 사적인 얘기를 많이 했다. 수업과 관련된 이야기가 아니라 자기 자랑이었다. 자기가 고등학교 때 공부를 얼마나 잘했고 대학을 어디를 나왔고 누구의 인정을 받았고… 수업 시간의 절반을 할애한 자기 자랑의 결론은 언제나 같았다: 난 여기 있을 사람이 아니라는 거. 80~90년대 중고등학교를 다녔던 이들 대부분이 공유하는 불쾌한 추억이다. 나는 너희들을 가르치고 있지만, 너희들 같은 놈들 가르치고 있을 수준의 사람이 아니라는 것. 그럼 학생들은 뭐란 말인가. 당신 같은 인생 낙오자들의 밥벌이를 위한 들러리인가.

서울대를 들어갔고, 고시에 합격할 줄 알았지만, 고시 합격이 아니면 교수라도 될 줄 알았지만, 꿈에서 깨고 보니 중고등학교 교사를 하고 있는 자신의 현실이 믿기지 않는 것이다. 어릴 때부터, 천재는 아니라도, 수재 소리를 듣고 자랐던 덕에 실체 없는 선민 의식만 바벨탑처럼 쌓았던 것이다. 선민의식을 현실화할 능력은 없는 주제에, 결혼해서 애를 낳고, 아직 인간이 되지 않은 미생들을 가르쳐야 생계가 유지되는 현실을 받아들일 수 없는 것이다. 이들의 결말은 굳이 알 필요도 없다. 불행하게 살다 불행하게 죽을 인생. 누군가 현실을 일깨울 때마다 또다시 현실을 부정하며 마약중독자처럼 과거에 몰입하는 병든 멘탈. 평생 아무 문제도 해결하지 못하고, 아무것도 나아지지 않은 채, 세상 탓만 하다 죽을 인생.

당신들은 지금 다른 세상 이야기를 하는 것으로 착각할 것이다. 왕가의 혈통을 타고난, 완벽한 지덕체의 유전자를 타고난, 서울대와 하버드와 줄리아드 음대를 졸업한, 선택받은 소수의 특권의식을 이야기하고 있다고 곡해할 것이다. 지금 이 이야기는 혼자 특별한 줄 알다 인생 말아먹은 잘난 놈들 이야기가 아니다. 이 이야기는 바로 당신들의 이야기다. 타고난 것도, 잘난 것도 없는, 그야말로 쥐뿔 없는 당신들 이야기다. 아니 왜, 우리들은 특권의식 같은 거 없는데? 그런 게 있을 리 없는데?

이 부분이 가장 놀라운 포인트다. 아무리 비천한 유전자를 타고난 가난뱅이 못난 놈이라두 특권의식이 있다. 그리고 이것 때문에 인생을 말아먹고 정신 건강을 망친다.

내가 남들과 다르다는 생각은 생존 본능의 일부다. 내가 남보다 더 특별하다고 생각해야 더 쉽게 이기적인 행동을 할 수 있기 때문이다. 주변 사람들을 제치고 가장 먼저 제일 맛있는 과일을 따 먹을 수 있기 때문이다. 그러고 난 뒤에도 양심의 가책을 받지 않고 다음에 또 남보다 먼저 과일을 따 먹을 수 있기 때문이다. 저는 남보다 먼저 과일 따 먹고 그런 거 전혀 관심 없는데요? 과일 따러 가면 전 뒤로 물러나서 양보하는데요? 그래서 말한다. 심지어 그 이들조차 특권의식을 갖고 태어난다고. 생존력이라곤 눈곱만큼도 없는 세상 최고 존재감 없는 생명체에게조차 대자연의 어머니는 특권의식을 부여했다. 그게 언제 나타나느냐면 극장에서 불 났을 때 나타난다. 극장에 불이 나면, 그러니까 눈앞에 불이 이글거리고 검은 연기가 뿜어져 나오는 그런 초특급 대형 화재가 발생하면 당신의 잠자고 있던 특권의식이 발동된다. 당신의 의지나 생각이나 평소 행동 패턴과 관계없이, 남보다 먼저 살겠다고 비상구를 향해 광란의 아귀 다툼을 하게 된다. 아무리 평소 극장에서 불이 나면 당황하지 말고 침착하게 비상구를 향해 차례차례 줄 서서 빠져나가야 한다고 세뇌받았더라도, 불에 타 죽을 지경이 되면 무조건 "내가 더 특별하다"는 특권의식이 발동된다. 내가 먼저 살기 위해 다른 사람들을 짓밟고 비상구를 향해 격렬하게 돌진한다.

인간의 생존 본능은 절대로 뇌의 명령을 따르지 않으며, 이를 인지하거나 기억하지도 않는다. 특권의식은 그런 것이다.

몇몇 극소수 잘난 놈들에게만 부여된 '특별한 의식'이 아닌 것이다. 생존을 위해 살아 숨쉬는 모든 생명체에 부여된, 척수반사 신경과 다를 바 없는 무조건적 작동 원리다.

특권의식의 다른 예를 들어 보자. 당신의 불알 친구가 당신보다 잘됐을 때 질투 난 적 없는가? 혹은, 당신과 일면식도 없는 아무 상관도 없는 누군가가 당신보다 잘됐다는 풍문을 들었을 때 배 아파 본 적 없는가? 당신은 이게 당신의 졸렬한 피해의식 때문이라고 생각하는가? 집이나 학교에서 잘못 배운 탓이라고 생각하는가? 다시 말한다. 특권의식은 생존본능의 일부이며 옳고 그름의 문제가 아니다. 당신이 (전혀 그럴 만한 대상이 아닌 사람에게도) 질투와 시기를 느끼는 까닭은 불이 난 극장에서 사생결단 탈출하려는 본능과 다르지 않다. 생존 경쟁에서 이기기 위한 에너지를 얻기 위함이다. 경쟁에 뒤처지거나 도태되지 않도록 당신의 생존 본능이 당신의 나태한 몸뚱이에 경각심을 불어넣는 것이다. 채찍과 박차를 가하는 것이다. 시기와 질투 그리고 열등감은 그래서, 원론적으론, 건강한 심리다. 자연스러운 현상이다.

근네 왜 아까 그 특권의식충들, 왜 그렇게 불행하게 살다 죽었냐고? 다시 보자. 메리 스튜어트, 실비아 플레이스, 나혜석, 모두 생존 본능의 화신들이었다. 누구도 감히 그들의 천부적 권리에 도전하지 못했다. 누구도 자기보다 앞서 가지 못하도록, 누구도 자기 인생을 티끌만큼도 불행하게 만들지 못하도록 악으로 깡으로 살았다. 우리는 이렇게 살면 성공한다고 배웠다. 하지만 성공하지 못하고 비참하게 죽은 까닭은 간단하다. 특권의식이 생존본능을 압도했기 때문이다.

하지만 특권의식을 갖고 성공한 이들도 있다. 특권의식을 생존을 위해 사용했기 때문이다. 특권의식을 원래의 목적대로 활용한 것이다. 특권의식을, 질투와 시기와 열등감을, 몸뚱이를 더 움직이기 위한 에너지로 썼던 것이다. 근데 메리 스튜어트는 어떠했는가. 특권을 위해 생존을 담보 삼았다. 왕위에 오르기 위해, 그 잘난 혈통을 지키기 위해 자기 목숨을 베팅했다. 그에겐 명백히 신분이 생존보다 우위였고, 그 결과로 목이 잘려 죽었다. 실비아 플레이스도 다르지 않았다. 그도 역시 특권의식이 모든 것의 우위에 있었다. 존귀한 자아가 상처 입자 그때부터 죽을 궁리를 했다. '아무도 겨우 그런 일 때문에 죽지 않는다'는 사실을 받아들이지 못했다. 그에게 생존은 자아의 고결함을 지키기 위한 도구에 불과했다.

이제 우리는 우리 모두에게 선천적으로 특권의식이 강제 주입돼 있다는 사실을 이해한다. '내가 제일 특별하다—나는 다른 누구와도 다르고 고귀하다'는 생각은 당신이 나르시시즘 환자라서 그런 것도 아니고, 정신병자라서 그런 것도 아니며, 어디 모자라서 그런 것도 아니다. 당신은 지극히 정상이며, 굳이 이런 생각에 피 흘리며 저항할 필요 없다. 중요한 건 이런 생각이 당신의 생존을 망치는 게 아니라 돕는다는 점이다. 당신의 특권의식은 다른 모든 자연 본능과 마찬가지로, 본디 생존 가능성을 극대화하기 위해 만들어진 것이다. 그러니 본래 목적대로 활용하는 법을 배우면 된다. 특권의식, 열등감, 결핍, 시기와 질투가 정신을 병들게 하는 게 아니라, 삶에 활력을 불어넣고 병든 정신을 치료하게 하는 법을 배우면 된다.

즉, 메리 스튜어트가 아닌 엘리자베스 1세가 되는 법이다. 실비아 플레이스가 아닌 제인 오스틴이 되는 법이다. 나혜석이 아닌 박경리가 되는 법이다. 아무리 열악한 환경에 태어났어도, 아무리 거지 같은 조건만 물려받았어도, 아무리 지금 당장 별 볼 일 없는 삼류 인생인 것 같아도, "그 까짓것" 코웃음 치며 담담하게 제 살길 찾는 법이다. 당신은 굳이 엘리자베스 1세처럼 될 필요가 없다. 제인 오스틴이 될 필요도 없고 박경리가 될 필요도 없다. 그들이 죽기 전 누렸던 영광은 그들에게 아무것도 아니었다는 사실을 이해해야 한다. 그들에게 중요했던 건 생존이었다. 도태되지 않고 무너지지 않고 불행해지지 않고 하고 싶은 길 하는 것이있다. 당신은 이들이 어떻게 생존했는지는 알아야 한다. 이들이 어떻게 성공했는지 궁금해하기보다, 그들이 어떻게 마지막 순간까지 강철멘탈을 유지하며 평생 눈앞의 축구공에 집중할 수 있었는지 알아야 한다.

강철멘탈 되는 법 처음부터 이야기했다. 머릿속의 생각을 억지로 바꾸는 짓은 하지 않는다고. 당신의 생각은 절대로 당신의 의지대로 움직이지 않는다고 했다. 생각은 가만두고 당신의 신경계를 강철처럼 단단하게 연마하는 법을 배운다고 했다. 당신이 특별하다는 생각은 당신의 문제가 아니다. 당신이 정말로 남들보다 특별하다고 생각한다면 그 생각 그대로 두면 된다. 그걸 당신의 생존력을 극대화하는 에너지로 쓰면 된다. 당신의 멘탈을 강철로 만드는 열처리 용광로로 활용하면 된다.

자격 강박증을 버린다

나는 특별하며 남다르다는 특권의식이 생존을 저해하는 아주 단순한 원인 하나가 있다. '자격'에 대한 집착이다. '나는 그럴 자격이 있고 재는 그럴 자격이 없다' 혹은 '재는 그럴 자격이 있고 나는 그럴 자격이 없다' 이 생각이 자격 강박증이다. '내가 재보다 특별해, 잘났어' 이 생각이 생존을 망치고 멘탈을 파괴하는 게 아니라 '나는 그럴 자격이 있고 재는 그럴 자격이 없다' 이 생각이 생존을 망치고 멘탈을 파괴한다. 이건 당신의 생존 본능과 관계 없는, 잘못된 가정 교육, 비뚤어진 사회화에 의해 심어진 병든 사고 방식이다.

"스타가 스타가 된 데에는 다 그럴 만한 자격이 있기 때문이다" 같은 자격론이 얼마나 근거 없는 소리인지 알 필요가 있다. 연예인은 더 열심히 한다고 성과가 더 나오지 않는다. 노력을 안 해서, 불성실해서 사라졌다고 생각하지 않는다. 연예인이 뜨는 방식은 개개인의 노력과는 아무 상관이 없고, 개개인의 실력과는 더더욱 아무 상관없었다. 한국에서 연예인이 뜨는 건 순전히 방송국 PD의 재량이다. PD가 방송에 쓰면 뜨는 것이고, 쓰지 않으면 안 뜨는 것이다. (유튜브의 세상이 오기 전까지는 그랬다.) 이 점은 박진영도 신랄하게 비판한 바 있다. 자기는 연예계의 이런 독재적 행태가 마음에 들지 않아서 기획사를 차렸다고.

문제는 이 거짓말이 대부분의 사람들에게 '상식'으로 통한다는 점이다. '자격'이란 멍청하고 죄 많은 인간들이 만들어 낸 사후 변명일 뿐이라는 사실을 매일 목격하면서도 사람들은 죽을 때까지 아무 근거 없는 자격론에 빠져 산다. 잘되면 그럴 자격이 있기 때문이고, 잘 안 되면 자격이 없기 때문이라고 생각한다. 말하자면 자격 만능론이다. 자격만 있으면 대통령도 하고 정복자도 하고 학살자도 하고 우주 정복도 한다고 생각한다. 자격이 없으면 아무리 능력이 뛰어나도 아무것도 하면 안 된다고 생각한다. 왜냐하면 자격이 없으니까.

악플러들이 대표적이다. 이들이 연예인을 물어뜯는 이유

는 "개 평범하게 생겼잖아—작고 볼품 없잖아—찐따 같잖아" 이런 인식 때문이다. 악플러들의 문제는 "재는 스타가 될 자격이 없다"는 자격 강박증에서 시작된다. 모름지기 연예인이 유명해지고 돈을 많이 벌려면 얼굴이 예쁘거나, 몸매가 숨 막혀야 하는 법인데, 동네 알바처럼 생겼으니까 유명해질 자격이 없다는 것이다. 일단 이렇게 "자격이 없다"는 판결을 내리고 나니 명곡을 내고, 업적을 쌓고, 어떤 선행을 해도 원래의 결론에서 벗어나지 못한다. "저 연예인은 엉터리 사기꾼이고 좋다는 놈들은 다 멍청이." 싫다는 게 문제가 아니라 자신들 못난 인생의 '안티테제(반대 증명)'인 것이 문제다. 생판 남을 갖고 자신들의 병든 자격 강박증을 증명하고 싶은 것이다. 그래서 연예인을 목숨을 걸고 물어뜯는다. 누구누구는 성공할 자격이 없다는 주장을 세상에 증명하고 싶은 것이다.

멘탈에 문제가 있으면 자격 강박증에 쉽게 빠진다. 멘탈에 문제가 많을수록 자격에 더 병적으로 집착한다. 교육·소득 수준이 낮은 사람들이 많이 모인 커뮤니티 가면 쉽게 알 수 있다. 올라오는 글 대부분 하나같이 '자격 논리'로 중무장돼 있다. "걔가 그럴 자격이 되냐?" 이게 거의 모든 글의 화두다. 자격 강박증 환자들의 중요한 공통점은 자격의 정체가 뭔지 모른다는 거다. 그게 관상인지 실력인지 능력인지 배경인지 유전자인지 혈액형인지 도덕성인지 인간성인지 예의인지 자기들도 모른다. 처음엔 아는 것처럼 말해도 금방 말이 바뀐다. 하루는 실력이라고 했다가 또 하루는 인간성이라고 했다가 또 하루는 관상이라고 한다. 여초 커뮤니티에 흔히 등장하는 '귀티' 이론과 같다. 여자는 귀한 티가 나야 성공하고 부자 되고 좋은 남편감을 만난다는 주장이다. 아무도 귀티의 정체를 모른다. 하지만 누구나 귀티의 존재를 굳게 믿는다. 귀티는 자격의 또 다른 이름이다. 자격을 달리 말하는 정신병자들의 전문 용어다.

현실은 다르다. 사람은 부유할수록, 교육 수준이 높을수록, 행복할수록, 그리고 멘탈이 건강할수록 자격의 개념을 잊는다. 자격 타령에서 멀어진다.

1) 내가 잘되면 잘됐네 하고 말지, 유치하게 내가 그럴 자격이 있네 없네 정당화하지 않는다.
2) 내가 잘 안 되면 잘 안 된 원인을 찾으려 하지, 추접하게 내가 자격이 있네 없네 피해망상 자학쇼를 벌이지 않는다.
3) 다른 사람이 잘되면 그냥 그런가 보다 하지 그 사람이 그럴 자격이 있는지 없는지 검열하지 않는다.
4) 다른 사람이 잘 안 되면 뭐 그런가 보다 하고 말지 치졸하게 그 사람 원래 그런 놈이야 뒷담화하지 않는다.

반대로 사람은 가난할수록, 교육 수준이 낮을수록, 불행할
수록, 그리고 멘탈이 병들었을수록 자격에 집착한다.

1) 자기가 잘되면 자기는 그럴 자격이 있는 사람이라고, 진
   작에 이랬어야 했다고 시끄럽게 떠든다.
2) 자기가 잘 안 되면 그 즉시 남 탓 세상 탓 피해망상 저주
   의 굿판을 벌인다.
3) 다른 사람이 잘되면 그 사람이 그럴 자격이 있는지 돋보
   기 핀셋 들고 와 나노 단위로 까뒤집어 본다.
4) 다른 사람이 잘 안 되면 제대로 알아보지도 않고 그놈은
   원래 그런 놈이야 자격이 안 되는 놈이야 자격 타령에
   몰입한다.
5) 평생 가난하게 살아왔고, 평생 한번 부자들 근처에 가
   보지 못했지만, 부자들이 자기들보다 자격을 더 중시한
   다고 우긴다.

결론은 그렇다. 자격이 사람의 인생을 결정짓는 게 아니라,
자격 강박증이 사람의 인생을 결정짓는다. 자격 강박증에서
일찍 벗어날수록 인생이 수월해진다. 사는 게 편해지고 멘탈
이 강해진다. 자격 강박증에서 벗어나지 못할수록 인생이 어
려워진다. 사는 게 불편하고 억울해진다. 멘탈이 병든다. 왜

냐하면 거짓말이기 때문이다. 현실과 다르기 때문이다.

멘탈이 강해지는 궁극의 조건이 있다면 그건 자신의 기대와 예측대로 결과가 나타나는 것이다. 기대가 충족될수록, 예측이 맞아 떨어질수록 사람은 자신감이 강해진다. 멘탈이 강화된다. 반대로 기대가 좌절될수록, 예측이 빗나갈수록, 사람은 위축된다. 멘탈이 바스러진다. 자신감을 잃는다. 자격 미신에 빠진 사람들이 이렇다. 엉뚱한 곳에서 근거 없는 원인을 찾다 보니 항상 현실에서 크게 벗어난 결과를 기대한다. 좌절이 일상이다. 멘탈 붕괴가 매일 일어난다. 문제는 아무것도 자기 생각대로 되지 않는 걸 보고도 '아, 내가 잘못 알았구나' 자성하지 못한다는 점이다. 그 대신 세상 탓을 한다. 그래 잘못된 건 세상이야, 이러는 거다. 세월이 갈수록 점점 더 불행해지는 인간의 인생 공식이다. 좌절을 겪으면 내 문제가 뭔지 되짚어 보는 게 아니라 세상 탓을 하는 거다. 내 문제를 돌아보는 게 아니라 세상의 문제를 찾는 거다. 왜냐하면 거울 보는 게 무섭기 때문이다. 무능하고 불행한, 세상으로부터 버림받은 자신을 직시하는 게 두렵기 때문이다. 잘못된 건 세상이지 내가 아니라고 더 굳게 믿는다. 미신에 빠지는 것이다. 자격론이 틀렸다는 사실을 깨닫는 대신 자격 강박증에 빠지는 것이다. 가난하고 불행한 이들일수록 쉽게 반복해서 사기를 당하는 이유와 같다. 광신에서 헤어나지 못하는 이유와 같다.

그렇게 좌절이 일상이 되고, 욕구 불만이 만성화된다. 인생은 피폐해지고 현실에서 멀어진다. 생존 가능성을 높이기 위한 선택을 하는 게 아니라 생존 가능성을 짓밟는 선택을 하게 된다. 이게 메리 스튜어트의 삶의 방식이었다. 그는 전 남편을 죽인 남자와 절대로 결혼해선 안 된다는 엘리자베스 1세의 진심 어린 충고를 무시하고 왕좌에서 쫓겨났다. 자신의 목숨을 건져 준 엘리자베스 1세를 '자격 없는 년'으로 여기고 뒤에서 반란을 도모하다 목이 잘려 죽었다.

실비아 플레이스도 그랬다. 테드 휴즈와의 결혼을 경고한 어머니의 충고를 무시하고 그에게 자신의 인생을 맡겼다. 자기는 알파남의 유일무이한 사랑을 독차지할 자격이 있으며, 금방이라도 세계 최고 시인으로 각광을 받을 자격이 있다고 믿었다. 결과가 다르게 나타나자 그 즉시 멘탈이 무너졌다.

나혜석의 인생이 악순환을 거듭하다 종말로 치달은 원인도 다르지 않았다. 그는 남편과 결혼하면서 한 가지 조건을 더 걸었다. (남편은 자신만을 평생 사랑해 줘야 하지만) 자긴 다른 남자와 바람을 피워도 된다는 조건이었다. 남편이 이 조건은 차마 합의해 주지 않았음에도 나혜석은 바람을 피웠다. 그는 바람을 피우면서도 자기가 이혼 당하면 외도남이 자기를 책임져 줄 것이라고 굳게 믿었다. 왜냐하면 자기는 그럴 자격이 있는 여자였으니까. 그의 삶이 몰락하자 나혜석은 남자 탓을 했다.

남존여비 세상 탓을 했다. 자기는 시대를 잘못 타고난 선구자라고 했다. 그는 길바닥에 병들어 죽어간 마지막 순간까지 자격 강박증에서 벗어나지 못했다. 나혜석의 삶을 현실적인 말 한마디로 요약하면 이렇다: '맥도날드 할머니* 개화기 버전.'

당신의 인생이 불행하다면, 멘탈이 자꾸 피폐해지는 것 같다면, 불행의 나선에서 뛰어 내려야 한다. 방법은 간단하다. 자격 강박증에서 탈출하는 것이다. 세상에 자격 따윈 존재하지 않는다는 사실을 받아들이는 것이다. 특권의식을 놓으라는 게 아니다. 특권의식은 생존본능의 일부이며 어떻게 해도 쉽게 포기할 수 없다. 하지만 자격 강박증은 그렇지 않다. 이건 자연이 부여한 본능이 아닌 인간 사회가 만든 광신이기 때문이다. 사람 인생을 단두대로 몰고 가는 죽음의 마약이기 때문이다. 자격 강박증은 미신이다. 뇌의 망상이다.

자격 강박증을 버리는 것은 말하자면 종교를 더 이상 믿지 않는 것과 같다. 알고 보면 쉽다. 당신이 그렇게 선택하면 된다. 자격에 대한 믿음을 버리면 된다. 세상에 자격 따윈 존재하지 않는다는 진리를 이해하면 그만이다. 그 순간 당신은 자유가 된다. 멘탈을 줌 먹고 인생을 병들게 했던 끔찍한 기생충 하나를 퇴치하는 것이다. 불행의 내리막에서 탈출해 강철

---

* 맥도날드 한국 매장에서 숙식을 해결해 화제가 된 할머니. 방송 출연 중 취재진의 도움도 거부했으나 다국어 구사 능력자였다.

멘탈의 길로 들어서는 것이다.

1) 세상은 세상 멋대로 굴러갈 뿐이다: 개개인의 졸렬한 가치관에 관심 두지 않는다.
2) 세상 굴러가는 데 자격은 아무 의미 없으며 눈곱만큼도 영향을 끼치지 못한다.
3) 세상 굴러가는 데 나는 이런 자격이 있다고 어필해 봐야 세상은 당신을 그대로 깔아 뭉개고 굴러갈 뿐이다.
4) 자격이 중요한 사람은 자격증 장사꾼밖에 없으며, 당신의 자격에 관심을 보이는 사람은 당신의 인생에 눈곱만큼 도움도 되지 않는 인생 낙오자들뿐이다.
5) 자격은 '쓸데없는 개념'이 아니라, 사람을 병들게 하고 인생을 파멸시키는 무서운 거짓말, 사기, 망상, 미신이다.

사례 7. MBTI의 어머니, 브릭스와 마이어즈 모녀

200년 심리학 역사 최고의 히트작인 MBTI(Myers-Briggs Type Indicator) 심리 테스트가 2명의 가정주부에 의해 만들어졌다는 사실을 아는 사람은 그렇게 많지 않다. MBTI라는 명칭 자체가 마이어즈와 브릭스 2명의 여성의 성을 딴 것으로, 이 둘은 모녀 관계였으며, 심리학과 아무 상관없는 인생을 살았던 평범한 가정 주부들이었다. 캐서린 브릭스는 대학에서 농업을 전공한 아마추어 소설가였고, 소설 속 캐릭터를 창작하기 위해 인간 성격 유형을 나누는 방식을 개발했다. 정치학을 전공한 외동딸 이자벨은 우연히 잡지에서 적성검사 테스트를 보고 영감을 얻어 어머니의 성격 분석법을 테스트로 만들어야겠다고 결심, 다년간의 연구 끝에 MBTI 테스트를 완성한다. 흥미진진한 테스트 방식에 많은 학교와 단체에서 관심을 보였으나, 이들은 모두 마이어즈와 브릭스 모녀가 심리학 비전공 가정 주부라는 사실을 알고 백스텝을 밟았다. MBTI가 실전에 활용된 건 MBTI가 만들어지고 20년이 지난 뒤였다. 자격론 따위 무시해 버리고 MBTI의 저작권을 사들인 출판사(Consulting Psychologists Press)는 천문학적인 돈을 벌었고 작은 출판사에서 백년 기업으로 성장한다. 마이어즈가 MBTI 테스트를 만들게 된 계기는 남편이 자기와 성격이 정반대인 것이 신기해서 이걸 학문적으로 확인해 볼 방법은 없을까 궁리하다 직접 만든 것이라고. 참고로 마이어즈 본인의 테스트 결과는 INFP이고 남편은 ISTJ. 어머니 브릭스가 그랬듯, 딸 마이어즈 역시 남편과 평생 사이좋은 잉꼬부부로 행복하게 살았다. (THE HISTORY OF KATHARINE

사례 8. 미국 최초 여성 해군 제독, 그레이스 호퍼

컴퓨팅 역사상 가장 오래, 가장 많이 애용됐던 프로그래밍 언어가 있다. 코볼(COBOL: Common Business Oriented Language)이다. 1950년대 개발돼 이후 40년 넘게 전세계에서 가장 많이 사용된 프로그래밍 언어로, 2000년대 초까지만 해도 전세계 가장 많은 소프트웨어의 개발 언어였던 코볼. 코볼을 처음 만든 사람이 여자였다는 사실을 아는 사람은 많지 않다. 미국인들에겐 '사상 최초 미해군 여성 제독'으로 더 유명한 그레이스 호퍼(1906-1992)다. 호퍼는 수학자였다. 예일대에서 수학 박사 학위를 받았다. 결혼을 했으나 자식은 없는 상태로 이혼했다. 이후 다시 결혼하지 않았고 남편 성을 버리지도 않았다. 2차 대전 당시 자원 입대했을 때 호퍼는 34세 이혼녀였다. 나이도 나이였지만 체중도 입대 조건 미달이었다. 160cm가 한참 안 되는 키에 46kg이었던 호퍼는 "너희들 지금 나 멸치녀라고 무시하냐" 오기가 돋아 악으로 깡으로 군입대 허가 소송을 걸고 우격다짐으로 입대 허가를 받는다. 1943년 해군 소위로 임관한 호퍼는 미 해군 산하 연구소에 배치받고 여기서 항해 도표를 작성할 프로그래밍 언어 개발에 참여하게 된다. 여기서 또다시 그녀 특유의 오기가 돋는다. 1) 이 프로그래밍 언어를 해군만 이용하는 용도로 개발하는 건 자원 낭비 아니냐, 2) 기왕 개발할 거 공돌이만 써 먹는 프로그래밍 언어가 아니라 누구나 다 개발할 수 있는 프로그래밍 언어로 만드는 게 좋지 않겠냐. 그래서 개발한 게 코볼이었다. 프로그래밍 명령을 일상적인 영어 문장(자연어)에 가깝게, 컴파일러로 어떤 컴퓨터 기종에서든 작동되게, 데이터를 계층 관리하고 처리할 수 있게, 그렇게 만들어진 코볼은 컴퓨팅 산업계에 세종대왕 한글 창제와 맞먹는 혁신이었다. 하지만 인지도 부속으로 보급이 잘되지 않자 호퍼는 "너희들 지금 이거 군바리가 개발한 거라고 무시하냐"고 또 오기가 돋아 자기가 직접 코볼 세일즈에 나선다. 기업과 정부 기관을 직접 찾아 다니며 코볼을 홍보했고, 이를 표준 프로그래밍 언어로 사용하도록 설득했다. 그 결과가 오늘날의 코볼이다. 이러한 공로로 1983년 미국 정부는 대통령 특별지시로 호퍼를 해군제독으로 특진시킨다. 모두가 입대를 만류한 자격 미달 군인이었던 그레이스 호퍼는 그 어떤 군인보다 혁혁한 공을 세우고 미 해군 역사상 최초의 여성 해군제독이 되었으며, 1986년 80세까지 군 복무를 하고 퇴역, 미 해군 역사상 가장 많은 나이에 전역한 사람으로도 기록된다.

사례 9. 자격 제로 성공 인생, 류승범

배우 류승범은 고등학교 중퇴자다. 그는 부모가 모두 일찍 돌아가신 결손 가정에서 자랐으나 형 류승완이 능력자였던 관계로 큰 고생 없이 자랐다. 별다른 고생 없이 자란 주제에 생계 곤란으로 병역 면제까지 받았다. 그는 별다른 연기 수업을 받아 본 적도 없는 백수 건달이었지만 능력자 형에 의해 영화 배우로 발탁, 한순간의 침체기도 겪지 않고 승승장구하며 대배우의 자리에 올랐다. 여기서 끝인 줄 알면 섭섭하다. 그는 짧은 배우 생활과 광고 모델 경력으로 얻은 일확천금으로 강남에 두 채의 빌딩을 샀으며, 빌딩에서 나오는 소득으로 세계 각국을 누비며 럭셔리 글로벌 히피의 삶을 살다가, 최근엔 프랑스에서 10살 연하를 만나 자식을 낳고 결혼했다.

류승범은 자격 강박증의 시금석이다. 이 사람 성공기를 듣고 이유 없는 분노와 억울함이 치솟는다면 당신은 (아직) 자격 강박증 환자다. 아직 당신의 몸 안에 '자격 기생충'이 또아리 틀고 있는 것이다. 세상은 자격 따위와 아무 상관없이 굴러가며, 자격이라는 개념 자체가 인간의 병든 멘탈이 만들어 낸 거짓말이라는 사실을 아직도 깨닫지 못하고 있는 것이다. 그러니 류승범 이야기를 읽고 열받는다면 당신은 (아직) 마음에 병이 있는 것이며, 이 병은 언제든 진짜 병으로 도질 수 있다는 사실을 인지해야 한다. 이제부터 당신은 당신의 머릿속에서 자격이라는 미신을 완전히 삭제하는 데 집중해야 한다.

1. 사람은 타고나는 게 아니라 행동으로 만들어진다

"저놈은 저럴 자격이 없다"고 미쳐 날뛰는 루저들의 세상 진리는 하나다: 원래 어떤 인간이었는지—이게 그 사람의 모든 걸 결정한다는 거다. 루저들의 세상에서 인간은 공장에서 찍어 낸 공산품이다. 한번 찍어 내면 죽을 때까지 변할 수 없는 것이다. 한번 찍어 낸 대로 평생 살다 죽어야 하는 것이다. 그렇지 않으면 자연의 법칙에 위배되는 것이다. 헌법 유린이요, 인권 침해요, 미풍양속 파괴 행위인 것이다. 그러니까 인간은 한번 태어나면 원래 태어닌 대로 살디 죽어야 하는 것이다. 그렇지 않으면 범죄인 것이고 인정될 수 없는 것이다. 다시 말하지만, 이들에게 "원래 그런 건 뭐냐"고 물어보면 모른다. 유전자를 말하는 건지 관상을 말하는 건지 귀티를 말하는 건지

고등학교 때 성적을 말하는 건지 아니면 초등학교 때 성적을 말하는 건지 뭘 말하는 건지 알 수 없다. 분명 그 사람의 과거사가 중요하다는 거 같긴 한데 그게 뭔지는 알 수 없으며, 그게 왜 사람의 모든 걸 결정해야 하는지도 알 수 없다.

자격이란 이런 것이다. 당신들이 지금껏 한 치의 의심 없이 맹신해 온 자격이란 혈액형 구분법이나 관상 사주 무당 점괘 별자리 운명론과 다를 게 없는 것이다. 단지 쪽팔리니까 이름만 살짝 바꾼 것이다. 미신에 미쳐 살아온 인간 종족의 지난 1만 년 역사의 또 다른 추한 단면인 셈이다.

인간은 타고나는 게 아니라 행동으로 만들어지는 것. 이것이 강철멘탈 되는 법을 이야기하는 가장 중요한 진리다. 영화 「포레스트 검프」에 같은 말이 나온다. "Stupid is as stupid does." 바보는 타고나는 게 아니라 하는 짓이 바보라 바보라는 뜻이다. ("Beauty is as beauty does", "Ugly is as ugly does" 모두 같은 말이다.)

강철멘탈 인간들의 두드러진 특징 중 하나가 자격 강박증이 없다는 것이다. 강철멘탈이라도 미신을 믿을 수는 있다. 아무리 강철멘탈이라도 혈액형을 믿을 수 있고 별자리 운명론을 믿을 수도 있다. 관상이나 사주를 보러 가기도 하고 무당한테 점괘를 들을 수도 있다. 하지만, 놀랍게도, 자격 이야기가 나오면 무관심해진다. 이미 말했듯, 강철멘탈은 누가 잘됐다고 자격 검증을 하지 않는다. 누가 잘되면 그런가 보다 하지 돋보기 핀셋 들고 설치지 않는다. 누군가에게 쓴소리 듣지 않아도, 어느 누구의 책에서 배우지 않아도, 자동으로 그럴 만한 행동을 했기에 그렇게 된 것이라고 생각한다.

여기 중요한 특징이 하나 더 있다. 누가 아무리 잘났더라도, 누가 아무리 강남 8학군 재벌 집안에 하버드 수석졸업 월스트리트 펀드매니저 연봉 십억 초특급 에이스 자격증을 들고 와도 똑같이 생각한다는 것이다. 그럴 만한 행동을 하기 전에는 선입견을 갖지 않는다는 것이다. 그거 그냥 서류상 경력일 뿐이잖아? 하는 거 봐야 알지?

이 마음가짐이 중요하다. 내가 너보다 특별하다, 내가 제일 특별하다, 이 믿음은 잘못된 것도 아니며 정신병의 원인도 아니다. 이 믿음은 누구에겐 멘탈 파괴의 원인이 되기도 하지만, 누구에겐 멘탈 강화의 연금술이 되기도 한다. 어떻게. 자격 강박증의 유무에 따라. 자격 강박증이 있으면 내가 특별하다는 생각이 멘탈 파괴 정신병의 원인으로 작용하고, 자격 강박증이 없으면 멘탈 강화의 요인으로 작용한다.

제인 오스틴이 그랬다. 그는 대놓고 "내가 제일 특별한 존재"였다. 하지만 그는 이걸 강철멘탈 주소 에너지로 삼았다. 제인 오스틴의 소설을 다시 읽어 보자. 그의 소설이 말하는 공통된 주제가 무언지 생각해 보자. "바보같이 행동해야 바보다." 놀랍게도 「포레스트 검프」와 동일한 주제를 공유한다. 제인 오스틴의 소설 주인공들은 하나같이 결말 부분에서 같은 말을 한다. 사람 겉모습만 보고 판단한 내가 바보였다고. 그 사람 하는 짓을 보고 판단해야 했다고. 제인 오스틴은 그랬다. 그 역시 실수하고 바보짓 하는 인간이었지만 기본 사고 방식은 그랬다. 오래 살수록 확신은 강해졌다. 결국 내 생각이 옳았어. 강철멘탈 인간의 가장 중요한 특징이다. 오래 살수록 더 건강해지고 더 행복해지는 것. 왜냐하면 세상이 자신의 기대와 예측대로 움직이니까, 자신감이 강화되고 정신적으로 대범해진다, 내가 더 특별하다는 생각이, 젊은 치기가 아닌, 대자연의 진리처럼 굳어진다. 그러다 결국 나에 대한 평가도, 나의 존재도, 신경 쓰이지 않는 초탈의 단계에 이른다. 그게 제인 오스틴의 말년이었다. 굳이 결혼하지 않아도 행복할 수 있다는 자신감은 여기서 나온 것이었다. 믿음이 사람을 강하게 만든 것이다. 자격에 대한 개념을 완전히 잊은 채, 그 사람이 어떤 조건을 타고났든 신경 쓰지 않고 살다 보니 그렇게 된 것이다.

그러니 원리는 단순하다.

1) 왕후장상에 씨 없다고 믿으면 멘탈이 강해지는 것이고,
2) 인간은 싹수가 중요하다고 믿으면 멘탈이 나가는 거다.

지금 당장 결과를 볼 수 있는 원리가 아니라 유감이다. 지금

당장 확인해 볼 수 없다고 잘 믿으려 하지 않는 것이 비극이다.

2. 부러우면 진다, 그리고 멘탈도 병든다

자격 미신에서 쉽게 빠져 나올 수 없다면, 그리고 굳이 그러고 싶지도 않다면, 이것 하나만 하면 된다. 부러워하지 않는 것. 이것 하나만 하면 된다. 나보다 잘난 사람이 있으면, 나보다 잘나가는 사람이 있으면, "쟤는 그럴 만한 자격이 있다, 부럽다" 이런 억지 정당화를 중단하는 것이다. 온라인에서 흔히 보는 낙오자들의 태도다. 누가 유튜브를 해서 천만 원을 벌었다더라, 누가 연예인 해서 강남 빌딩을 샀다더라, 이런 글 올리면서 부러워하고 빨아 주고 그들의 삶을 대신 정당화해 주는 이들. 대부분 정신 건강에 문제가 있는 병자들이다. 아니, 잘됐다고 부러워하는 게 어째서 멘탈 병자?

자격 강박증은 부정적인 쪽으로만 발현되지 않는다. 긍정적인 쪽으로도, 동일하게, 발현된다. 누군가를 저주하고 자격 검증하는 병자들은 반드시 다른 누군가의 자격은 정당화해 준다. 멘탈 병자들의 세상은 반드시 자격 논리에 의해 돌아가야 한다. 누구는 자격이 있으니 강남에 빌딩이 얼 재인 게 당연하다고 정당화해 줘야 한다. 그래야 공평하다고 생각한다. 그래야 자기가 선입견에 찌든 멘탈 병자가 아니라고 착각한다.

원리는 단순하다고 했다. "인간은 싹수가 중요하다"고 믿으니 멘탈이 나가는 거라고 했다. 어떤 경우든 인간의 싹수는 아무 의미 없으며 왕후장상에 씨 없는 법이라고 믿어야 멘탈이 강해진다. 인간은 멘탈이 병들수록 같은 패턴을 반복한다: 누구는 찬양하고 누구는 저주하는 패턴. 이게 자격 신앙의 정체다. 누군가를 맹신하는 동시에 누군가를 맹비난하기 위한 정당화 도구. 인간은 멘탈이 건강할수록 독립성이 강해진다. 아무도 찬양하고 싶지 않고, 누구를 맹목적으로 혐오하고 싶지도 않게 된다. 그래서 누가 유튜브 해서 천만 원을 벌었다거나 누가 연예인 해서 강남 빌딩을 샀다거나 그러면 부럽다고 하는 대신 1) 그게 나랑 무슨 상관이냐고 관심 끄거나, 2) 그게 가능했던 까닭을 찾는다. 말하자면, 강철멘탈에게 그건 말일 뿐인 것이다. 나는 나고, 쟤는 쟤일 뿐이다. 무슨 자격이 있어서 그런 게 아니라, 운이 좋았거나, 그럴 만한 행동을 했던 것뿐이다. 나도 자격이 없어서 못한 게 아니라, 그런 행동을 하지 않았기 때문일 뿐이며, 내가 거기서 그런 행동을 했으면 나도 그렇게 됐을 것이라고 생각한다.

당신의 자격 강박증 탈출은 여기서 시작된다. 부러움을 느끼는 대신, 자격을 논하는 대신,

1) 쟤들 다 바보이고
2) 나는 다른 걸 더 잘하면 된다

이렇게 생각하는 거다. 제인 오스틴의 정신 건강법이 그랬다. "나만 빼고 다 바보." 사회 부적응 루저의 자기 위로법 같다. 하지만 진짜 사회 부적응 루저들의 특징은 다른 데 있다. 재들이 바보라는 데 이유를 갖다 붙이는 거다. 쟤는 이래서 안 되고 쟤는 이래서 된다고 무당 점괘 늘어놓는 게 이들의 정체성이다. 강철멘탈은 그 반대다. 바보면 바보지 이유를 달지 않는다. 왜냐하면 내가 더 잘났으니까. 내가 저 바보보다 잘하는 게 많으니까. 더 잘할 거니까. 이해가 어려울 수 있지만, 이는 강철멘탈들에게 흔하고 익숙한 사고 방식이다. 강철멘탈들은 대부분 이런다. 부러워하기 전에 멈춘다. 그리고 생각한다. "쟤, 바보잖아? 내가 더 나을 거 같은데?" 자존심의 순기능이다. 부러워하는 심리를 막아 주는 것. "부러우면 지는 거다"라고 스스로를 방어하는 것.

누군가가 부러울수록 필연적으로 자격 광신에 빠진다. 돋보기와 핀셋 들고 부러움의 심리를 정당화하기 때문이다. 그러다 결국 멘탈이 나가기 때문이다. 법적 처벌을 받은 연예인 악플러들은 모두 한 명도 빠짐없이 연예인이 부러운 이들이었다. 이들 중 성당수는 원래 팬클럽 회원이었다. 애초에 부러워하지 않았으면 악플러가 될 일도 없었다. 애초에 부러웠기에 남의 일거수일투족을 사적으로 받아들였던 것이다. 그러다 범법자의 길을 걷게 됐던 것이다. 당신이 아는 유명한

악플러들은 모두 그 대상의 팬이었거나 부러움중 환자들이었
다. 부러워하는 마음은 절대로 순수한 마음이 아니다. 인간의
정신을 병들게 하고 범죄자로 흑화시키는 무서운 바이러스
다. 혹자들은 이걸 본능적으로 알았다. 그래서 "부러우면 지
는 거다"라는 명언을 만들었다. 부러울 것 같으면 그 즉시 마
음에 브레이크를 걸었다. 그리고 내가 더 잘난 구석을 찾았
다. 내가 더 잘할 수 있는 걸 찾아 몰두했다.

　부러움은 나쁜 것이다. 당신의 멘탈에 피멍 들게 하고 당신
을 자격 광신도로 흑화시킨다. 부러운 게 많을수록, 부러움이
깊어질수록, 당신은 평생 불행하게 살다 죽을 확률이 높아진
다. (범죄자가 될 확률도 높아진다.) 그러니 지금부터 훈련해야 한다.
누군가가 부러울 것 같을 때마다 그 즉시 마음을 다잡아야 한
다. 내 잘난 점에 몰두해야 한다. 미용이라든가 운동이라든
가 공부라든가 연애라든가 아니면 글쓰기라든가. 몰두할 만
한 잘난 점이 하나도 없으면 "내가 제일 바보니까 부러움조차
모르자"고 생각하고 관심을 끊어야 한다. 앞서 사적으로 받아
들이지 않는 법에서 말했다. 눈이 부시면 일어나서 불을 끄라
고. 똑같은 조언이 적용된다. 부러우면 일어나서 머리에 불을
끄라는 것이다. 머리에 불이 잘 꺼지지 않는다면 최소한 인터
넷에 부럽다고 글을 쓰거나 사람들 앞에서 부럽다 질투 난다
고 징징대는 루저 짓이라도 하지 말아야 한다. 행동이 당신의

신경계를 만든다고 했다. 당신이 그런 짓을 할 때마다 당신의 멘탈은 무너지고 신경계는 망가진다. 인생이 불행의 도가니에 빠져들어 재기불능의 상태에 빠진다.

3. 인과응보는 없다

나혜석의 인생에서 제일 한심했던 부분은 인과응보를 믿었다는 거였다. 그는 친일파는 벌받을 것이라고 믿었다. 남녀차별 하는 놈들은 후회하게 만들어 줘야 한다고 생각했다. 그는 끊임없이 '정의'를 부르짖었다. 결국엔 정의가, 자기와 같은 선택 받은 사람에 의해, 바로 설 것이라고 믿었다. 자격 광신도들의 핵심 사상 중 하나가 인과응보다. 쟤는 착하게 살았으니 잘될 자격이 있고, 쟤는 못되게 살았으니 망해야 한다는 유치원생 꿈나라 세상 법칙이다. 뭐가 착하게 사는 것이고 뭐가 못되게 사는 것인지 물어보면 대답을 못한다.

현실과 동떨어진 망상 속에 살고 있으니, 논리도 현실성도 없는 인생관을 붙잡고 살고 있으니, 세상이 자신의 믿음으로부터 멀어질 수밖에 없다. 세월이 갈수록 멘탈이 나갈 수밖에 없다. 중요한 건 기준을 믿들지 않는 것이다. 법칙 따위 믿지 않는 것이다. 어차피 세상엔 기준도 법칙도 없다. 세상은 그저 세상 멋대로 굴러갈 뿐이고 여기에 자의적인 당위성을 믿어 봐야, 나혜석이 그랬듯, 세상에 얻어 터지고 코피 흘릴 뿐이다.

비슷한 시대를 살았던 박경리도 예민한 사람이었다. 남녀 차별에 누구보다 분개했던 사람이었다. 하지만 그는 나혜석과 다른 게 있었다. 인과응보를 믿지 않았던 것이다. 그도 인생의 어느 한 부분에선 인과응보를 간절하게 바랐을 것이다. 하지만 집착하지 않았다. 인과응보란 자신과 상관없는 그저 말뿐이라는 사실을 깨달았다. 그래서 글을 썼다. 분한 마음 억누르고 책상 앞에서 펜을 휘둘렀다. 그는 조금이라도 억울함에서 벗어나기 위해, 잠시라도 불행을 잊기 위해 글 쓰는 데 몰두했다. 그게 그 지옥 같은 삶 속에서 멘탈을 지킨 비법이었다. 그의 인생이 천천히 한걸음씩 나아진 원인이었다.

엘리자베스 1세도 그랬다. 그에겐 정적들이 많았다. 하지만 그는 누구도 적대하지 않았다. 오래된 원한은 묻어 버렸다. 인과응보 따위 우주 반대편 안드로메다에도 존재하지 않는다는 사실을 어린 나이에 깨달았다. 그는 지금 당장 코앞의 문제를 해결하는 데 몰두했다. 그는 말년이 영 불편하고 불우했지만 그래도 문제 해결에 몰두했다. 왕위는 누구한테 물려주실 거냐는 신하들의 물음에 대뜸 "메리 스튜어트한테 아들 하나 있잖아. 그놈한테 물려주라"고 했다. 신하들이 놀라서 아니 그래도 되겠느냐고 묻자 엘리자베스는 짜증을 냈다. "아니 그럼 농부한테 물려주랴?" 신하들은 메리 스튜어트의 아들과 엘리자베스 1세가 해묵은 원한 관계였던 걸 염려했다. 하지만 엘리자베스는 유치한 인과응보 사상 따위 믿지 않았다. 메리 스튜어트의 아들 제임스 1세도 마찬가지였다. 그는 왕위에 오른 뒤 어떤 정치 보복 행위도 하지 않았고 엘리자베스 1세에 대한 어떤 비난이나 폄하도 하지 않았다.

당신은 비현실성에서 벗어나야 한다. 당신이 어찌할 수 없는 세상 돌아가는 방식에 관심 꺼야 한다. 인과응보는 존재하지 않으며 인간이 만들어 낸 정의와 선악의 기준은 하나도 맞지 않다는 사실을 받아들여야 한다. 인과응보에 대한 믿음은 "Stupid is as stupid does."의 가장 지독한 안티테제—반대 증명이다. 사람의 행동이 사람을 결정하는 게 아니라 사람의 과거가 사람을 결정해야 한다는 건 크메르 루주Khmers Rouges* 홍위병이다. 범죄를 소탕하고 정의를 바로 세우자는 인과응보 사상은 실은 망상 속 명분을 현실화하기 위한 범죄 심리다.

다시 말한다. 당신의 머릿속에서 모든 기준과 법칙을 삭제해야 한다. 당신이 자꾸 머릿속에 기준과 법칙을 만들어 놓을수록 세상에 대한 기대는 커질 수밖에 없다. 당신은 매번 당신의 기준과 법칙이 박살 나고 시궁창에 처박히는 꼴을 보며 당신의 멘탈도 그렇게 되는 기분을 느낀다. 그렇게 점점 멘탈

---

* 캄보디아의 급진좌익 무장단체. 크메르 루주는 붉은 크메르라는 뜻으로, 크메르인은 캄보디아 인구의 90%를 차지하는 민족. 갖가지 이유로 학살을 일삼아 캄보디아 전역을 '킬링필드'로 만들었다. 집권 당시 10% 넘게 인구가 줄었고, 확인된 유해만 130만 명이 넘는다.

유리멘탈이 되어 간다. 아무것도 기대하지 말고 예측하지 않아야 한다. 그래야 상처 받지 않는다. 그래야 멘탈이 부서지지 않는다. 그러려면 먼저 당신의 졸렬한 '세상 법칙'부터 버려야 한다. 인과응보는 잊어야 한다. 그런 건 존재하지 않는다는 사실을 받아들여야 한다.

4. 보상도 없다

제인 오스틴이 왜 끝까지 무명 작가로 글 쓰길 고집했는지 생각해 보자. 진짜 무명일 때야 남자인 척 글을 써야 유리할 거란 생각이었지만, 책이 잘 팔릴 때도 계속 무명을 고집했던 건 무엇 때문이었을까? 혹시 기대와 예측을 하지 않기 위함은 아니었을까?

강철멘탈이 되기 위해 기대와 예측을 하지 않는 건 중요하다. 행동을 하되 보상을 바라지 않으면 된다. 세상에 인과응보가 없는 것처럼 보상도 없다는 사실을 이해하면 된다. 이해가 안 되면 그냥 그렇게 생각해 버리면 된다. 세상엔 인과응보도 보상도 없다고 그냥 그렇게 생각하면 된다.

우리는 다시 나혜석과 박경리의 인생으로 돌아간다. 나혜석은 끊임없이 보상을 바랐다. 나는 이런 사람이니까 이런 대접을 받아야 한다는 생각에서 벗어나질 못했다. 자신의 존재 자체가 보상에 대한 권리였다. 자신의 존재 자체가 세상을 향한 기대의 원인이었다. 이쯤에서 다시 한번 중요하게 되새겨야 할 건 박경리의 자아가 절대로 나혜석보다 못하지 않았다는 거다. 둘 다 "나는 특별하다, 내가 제일 잘났다"는 생각은 비슷했다. 하지만 나혜석은 보상을 바랐고, 박경리는 바라지 않았다. 여기서 운명이 바뀌었다. 나혜석은 망했고, 박경리는 흥했던 이유는 이 때문이었다.

자격 강박증을 버리는 게 왜 중요한지 이제는 정말 깨달아야 한다. 특히 여자에게 이는 죽느냐 사느냐의 문제로 이어진다. 인과응보에 대한 믿음을 버리려면 보상의식도 같이 버려야 한다. 세상은 절대로 당신이 잘났다고 보상해 주지 않는다. 세상은 절대로 당신이 착하게 살았다고, 실력이 뛰어나다고, 외모가 출중하다고, 아무것도 보상해 주지 않는다. 세상 입장에서 당신은 그냥 개미 한 마리 먼지 한 톨일 뿐이다. 세상은 절대로 개미 한 마리 먼지 한 톨에게 보상해 주지 않는다. 당신은 그냥 존재하다 사라질 뿐이다. 당신이 그 와중에 어떤 특권의식 뽕에 취해 살든 그건 순전히 당신의 재량이다. 그건 개인 취미 활동 같은 것이며 당신의 인생에 별다른 영향을 주지 않는다. 하지만 보상을 바라는 건 당신의 인생에 치명적 악영향을 끼친다.

당신이 뭔가를 할 것이면, 그게 무엇이든 간에, 보상을 바라면 안 된다. 만약 당신이 어떤 행동을 하다가 머릿속에 보상에 대한 기대가 분명해진다면, 당신은 그 즉시 '이번 건 망했구나' 생각해야 한다. 그리고 자기 자신을 돌아봐야 한다. 당신이 지금 하는 행동을 되짚어 봐야 한다. 당신은 지금 멘탈이 병든 상태니 뭘 해도 망할 것이란 예상을 해야 한다. 보상을 바라고 한 행동은 필연적으로 망하게 돼 있다. 그리고 멘탈이 박살 난다. 하더라도 알고 해야 한다. 그래야 멘탈이 덜 박살 난다. 박살 나도 금방 회복된다. 그리고 다음 번엔 보상에 대한 기대를 덜할 수 있다.

문제는 뭔가를 하기 전에 보상을 바라는 것보다 뭔가를 하고 나서 보상을 바라는 심리가 더 강하다는 점이다. 그리고 이런 '사후 보상 심리'가 인간의 마음을 더 심각하게 병들게 한다. 대표적인 게 학생 시절 성적표다. 앞서 "단순하게 산다" 편에서 성적표를 보지 않는 전교 1등 얘기를 했다. 전교 꼴등도 성적표를 보지 않는다. 하지만 전교 1등은 전교 꼴등과 달리 노력을 했다. 자신의 혼을 갈아 넣는 노력을 했음에도 성적표를 보지 않았다는 거다. 왜. 자기는 전교 1등을 하기 위해 혼을 갈아 넣은 게 아니라 혼을 갈아 넣기 위해 혼을 갈아 넣었기 때문이다. 그가 강철멘탈이었던 이유는 그거 하나였다. 보상을 바라지 않았기 때문에.

어쩌면 이게 가장 어려운 부분일 것이다. 노력을 했는데 노력에 대한 보상이 없으면 누구나 멘탈이 무너진다. 그런데 슬프게도 세상은 대체로 그렇다. 노력을 해도 아무리 혼을 무자비하게 여러 번 갈아 넣어도 그에 대한 보상을 해 주진 않는다. 당신의 학교 성적도 그렇고 당신의 취업 결과도 그렇다. 당신의 승진도 그렇고 투자도 그렇고 사업도 그렇고 심지어 은퇴 계획도 그렇다. 세상은 언제나 그랬다. 당신에게 아무것도 보상해 주지 않는다. 대부분의 경우, 세상이 정해 놓은 범위 내에서 살다 죽는다. 당신이 기대했던 보상을 얻고 죽는 경우는 극히 드물다.

대부분의 경우, '사후 보상'은 사전에 정해진 것이다. 당신의 연봉이 그것이다. 계약서에 명시된 금액이 당신의 사후 보상이다. 그게 전부다. 그게 세상이 당신의 노력에 보상하는 방식이다. 하지만 사람들은 인정하지 못한다. 사람들에게 사후 보상은 언제나 따로 있어야 한다. 이 심리가 과해지면 더 이상 계약서에 따라 살 수 없게 된다. 을이 아닌 갑의 인생이 되기로 하지만, 이 경우 보상에 대한 강박증은 열 배 더 심해진다. 보상 강박증이 아니라 보상 공포증으로 발전한다. 계약서 밖에서 살기 시작하면, 기대했던 보상이 돌아오지 않을 경우, 생존하지 못하는 상황으로 몰리기 때문이다.

그러니 다시 말한다. 당신은 세상을 바꾸지 못하며, 당연히 세상이 당신에게 보상하는 방식도 바꾸지 못한다. 그걸 노력으로 바꿀 수 있다고 생각했던 게 문제다. 그런 생각부터 바꾸는 게 순서다. 당신이 어쩌지 못하는 건 손 댈 생각을 하지 않는 게 당신의 멘탈이 사는 길이다. 노력을 할 것이면 아무것도 기대하지 않는 '맹목적인 노력'을 해야 한다. 노력은 그저 노력일 뿐이다. 아무것도 보장받을 수 없는 '무형의 삽질'이다. '내가 이만큼 노력했으니 이만큼 보상받아야겠다'는 생각은 당신이 세상을 모르는 바보라는 증거다. '보상받아야겠다'는 생각을 한 번 할 때마다 당신의 멘탈은 두 번 병든다. 이 생각에서 끝내 벗어나지 못할 경우, 당신은 다시는 재기할 수 없는 멘탈 병자가 된다. 노력은 노력으로 끝난 것이다. 노력은 노력 자체로 의미가 있는 것이다. (그러니 보상을 바라고 노력할 것이면 처음부터 아무것도 하지 말라고 했다.) 지금 당장 보상이 없으면 나중에 있겠지 생각할 일이다. 우리는 김연아가 했던 노력을 생각한다. 김연아의 노력은 꿈도 희망도 없는, 고통뿐인 노력이었다. 놀랍게도 김연아는 보상을 바라지 않았다. 뼈가 부러지고 무릎이 나가고 유년 시절의 행복이 송두리째 날아가 버렸지만, 그는 한순간도 보상을 바라지 않았다. 그게 그런 극단적 상황에서도 그의 멘탈을 건강하게 지켜 준 비결이었다.

다시 성적표를 보지 않는 전교 1등 이야기로 돌아가자. 성적표를 보지 않는 게 이상한 행동이 아닌 당연한 행동이 되어야 한다. 당신의 노력엔 크기도 없고 무게도 없다. 당신의 노력에 대한 가치 기준은 어디에도 없다. 당신의 노력에 대한 가치는 당신 혼자 근거 없이 멋대로 정한 망상이다. 당신이 당신의 노력에 가치를 매기는 순간 당신은 자격 강박증 환자가 된다. 보상에 집착하는 병든 멘탈이 된다. 성적표를 보지 않는 습관을 들여야 한다. 당신의 마음 속에서 노력은 노력으로 끝나야 한다. 그래야 멘탈이 강해진다. 포기하지 않는, 도태되지 않는, 불굴의 인생을 살게 된다.

하지만 말이 쉽지, 보상에 대한 기대를 마인드 컨트롤로 억제하기란 절대 쉬운 일이 아니다. 설령 『강철멘탈 되는 법』을 백번 읽어도 무언가에 피땀 흘리고 나면 보상 심리가 생기지 않을 수 없다. 성적표를 보지 않을 수가 없다. 기대에 못 미칠 경우 정신적 타격을 받을 수밖에 없다. 특히 노력의 결과물이 본인 생각에 역대급 퀄리티일 경우, 당연히 역대급 기대를 하게 된다. "이건 반드시 성공한다―대박 나게 돼 있다"는 자격 강박증이 생기지 않을 수가 없다.

이런 경우 기억해야 할 사례가 있다. 노르웨이 밴드 아하(A-ha)의 "Take On Me"다. 1985년 노르웨이 사상 최초로 빌보드 차트 1위를 기록한, 2천만 장에 가까운 판매고를 기록한, 80년대 전세계 최고의 히트곡 중 하나다. 1985년 발표된 곡으로 나와 있지만, 사실은 1982년 발표된 곡이며, 2번이나 싱글 발매했지만 모두 실패했다가 3번째에 겨우 대박을 친, 칠전팔기 악전고투 끝에 성공한 곡이다. 이 곡이 처음 나왔을 땐 사람들은 모두 놀랐다. 이렇게 좋은 곡이라니! 이런 곡이면 단번에 비틀즈, 롤링스톤즈급이지! 자기들끼리 그렇게 착각한 게 아니라 메이저 음반사(워너브러더스)도 같은 생각이었다. 그래서 (생판 처음 본 노르웨이 촌놈들과) 계약 맺고 영국과 미국 음반 시장에 동시 발매했다. 근데 아무 반응이 없었다. 차트 진입 자체에 실패했다. 이들은 이상하다 이럴 리가 없는데 실망스러웠지만 포기하지 않고 곡을 처음부터 다시 뜯어 고쳤다. 그리고 재발매했는데 또 차트 진입 실패. 이쯤 되면 포기할 법한데, 워너브러더스와 아하는 포기하지 않았다. 이거 좋은 곡 맞거든요! 좋은 곡 맞으니까 될 때까지 해 보죠? 그러고 다시 또 곡을 처음부터 전부 다 뜯어 고쳤다. 그렇게 세 번째 발매한 게 마침내 히트한 거였다. 그러니까 오늘날 우리가 알고 있는 아하의 "Take On Me"는 1982년 처음 공개된 뒤로 수백 번 다시 만들어진 곡이다. 안 될 때마다, 마음에 들지 않을 때마다, 반응이 없을 때마다, 실패할 때마다, 좌절하지 않고 다시 했던 거다. 처음부터 대박 날 인생 한 방 로또 횡재 곡을 만들었기 때문에 성공한 게 아니라, 불굴의 강철멘탈로 포기하지 않고 될 때까지 해서 성공한 거였다.

보상 심리를 극복하는 최고의 약이 여기 있다. 안 되면 다시 해 보는 거다. "세상이 왜 날 알아주지 않을까" 자격 강박중 좀비의 단골 멘트나 읊으며 루저 인생을 사는 대신, 될 때까지 다시 해 보는 거다. "난 그럴 자격이 있으니까" 이런 유치한 보상 심리에서 탈출하려면 그 수밖에 없다. 안 되면 다시 해 보는 거. 세상에 정해진 건 아무것도 없다는 거. 그러니 처음부터 대박 난다 정해 놓지 말고, "해 보고 안 되면 백 번이고 천 번이고 다시 한다"는 생각으로 하라는 거.

5. 내가 어떤 사람인지 나도 모른다

나혜석은 자기 존재 자체로 세상에 보상을 기대했다. 메리 스튜어트도 그랬다. 자기 존재 자체로 세상의 온갖 부와 명성을 독점해야 한다고 생각했다. 이런 사람들 많다. 놀라울 정도로 많다. 이것저것 물려받은 게 많은 사람들, 집에서 과잉보호 받고 자란 사람들, 아첨꾼 틈에서 자란 사람들 대부분 이런 못 말리는 선민의식으로 살다 죽는다. 특권의식 자체는 문제가 없다고 했다. 문제는 이걸 빌미로 보상을 바라는 거라고 했다. 세상에 자꾸 뭘 기대하는 게 문제라고 했다. 그러니 후환의 싹을 잘라 버리는 게 좋다. 나 자신에 대한 생각을 하지 않는 것이다. 가장 좋은 방법은 '내가 어떤 사람인지 나도 모른다'고 생각하는 것이다.

그렇게 생각하는 게 되냐? 된다. 당신이 그렇게 행동하면 된다. 자기 소개를 하라고 하면 나도 날 잘 몰라요, 이렇게 대답하면 된다. 건강하기 때문이다. 멘탈이 정상이기 때문이다. 사람은 누구나 나 자신에 대한 가치 평가를 할 때마다 '나는 이런 사람'이라고 정의를 내릴 때마다 자의식이 비대해진다. 그리고 그에 대한 보상을 바라게 된다. 멘탈 병자가 되어 가는 것이다. 그러니 습관을 들여야 한다. 나를 소개해야 할 때마다, 나를 정의해야 할 때마다, 나에 대한 평가를 해야 할 때마다 "모른다"고 일관하는 버릇을 들여야 한다. 어떤 식으로든 나에 대한 정의를 내려야만 한다면 형식적으로, 마음에 없는 말을 꾸며 쓰면 된다. "나 이런 사람이야"라는 말은 아예 추호도 꺼내지 말아야 한다. 나 착한 사람이에요, 좋은 사람이에요, 얌전한 사람이에요, 이런 흔한 일상 표현도 삼가야 한다. "나 이런 사람이야" 나 자신에 대한 이야기를 할 때마다 당신의 자아는 비대해지고 자의식은 강해진다. 자격지심이 발달하고 세상을 향한 기대가 커진다.

혼자 있을 때 '나는 이런 사람이지'라는 생각도 하지 말아야 한다. 면접 볼 때나, 소개팅 나갔을 때, 혹은 TV에 나왔을 때를 상상하며, "나는 이런 사람"이라고 말하는 걸 즐긴다면 당신은 이미 멘탈 병자이거나 멘탈이 쉽게 병들 수 있는 사람이다. "나는 이런 사람"이라고 말하지 않는 건 기본이고 아예 생각도 하지 말아야 한다. 생각을 하지 않아야 말도 하지 않을 수 있다. 당신이 밖에서 아무 말도 하지 않는다고 해도, 머릿속으로 계속 '나는 이런 사람'이라는 생각을 하고 있으면 언젠가 무심코 말이 나오게 돼 있다. 그러면 당신의 멘탈은 바스러지고, 사람들은 불쾌감을 느낀다. 무심코 말이 나오지 않아도 마찬가지다. 그런 생각에 의해 결국 아무 말도 하지 않았음에도 사람들은 당신의 풀풀 피어 오르는 자의식의 향기를 맡게 된다.

자의식의 함정은 어디에나 있다. 나는 이렇게 예쁘니까, 곱게 생겼으니까, 귀티 나게 생겼으니까, 반에서 몇 등이었으니까, 어느 대학을 나왔으니까, 어느 직장을 다녔으니까, 이런 애들과 사귀었으니까, 누구와 명함을 주고받았으니까, 이런 게 다 썩은 자의식의 향기를 만드는 음식 오물 쓰레기 같은 생각이다. 당신은 거울 보는 일도 줄여야 한다. 당신이 거울을 볼 때마다 나 자신에 대한 가치 평가나 자아 비판을 하게 된다면 더욱더 필수적으로 거울 보는 것도 자제해야 한다. 당신이 당신에 대한 생각을, 당신의 존재에 대한 관심을 거부할수록, 당신은 자의식에서 멀어지게 된다. 나를 잊게 된다.

자아를 잊어야 한다. 인과응보를 잊고, 보상을 잊고, 그리고 마지막으로 나 자신을 잊어야 한다. 내가 나를 보는 눈이 아닌 세상이 나를 보는 눈으로 바라봐야 힌디. 세상의 눈에 당신은 개미 한 마리, 먼지 한 톨이다.

6. 디테일이 멘탈을 병들게 한다

부러움, 인과응보, 보상에 대한 믿음이 당신의 멘탈을 병들게 한다고 했다. 여기 한 가지 더 추가할 것이 있다. 디테일이다. 여러분도 이미 알고 있을 것이다. 정신 상태가 약해질수록 디테일에 목숨 걸게 된다는 거. 자신감이 없을수록, 주눅들고 위축돼 있을수록, 숲을 보지 못하고 나무를 보게 된다. 사람을 보지 못하고 사람의 세부 사항에 집착하게 된다. 옷매무새, 손톱 모양, 말투, 억양, 단어, 조사나 어미 선택 등 쓸데없는 걸 물고 늘어지게 된다. 평소 그런 걸 관찰하는 걸 즐긴다면 그건 상관없는 문제다. 평소 그런 걸 관찰하는 습관이 있다면 개인 취향일 수 있다. 하지만 의도와 다르게, 평소 습관과 상관없이, 자꾸만 억지로 쓸데없는 디테일에 집착하는 경우 이는 정신에 병이 들었음을 의미한다.

자격 강박증의 가장 두드러진 특징 중 하나가 디테일에 대한 집착이다. 돋보기와 핀셋 들고 와서 나노 단위로 까뒤집고 해부하고 물어뜯는다고 했다. 왜 이러냐면, 관심이 있어서 그런 게 아니라, 사랑해서 그런 게 아니라, 정신이 병들어서 그런 것이다. 다시 말한다. 사람은 정신의 병이 깊을수록 숲을 보지 못하고 나무를 보게 된다. 사람을 보지 못하고 그 사람의 무의미한 세부 묘사에 집착하게 된다. 그리고 그걸로 사람을 판단한다. 아무것도 아닌 걸로 시비 걸고 인격 모독을 한다. 조금만 생각해 보면 쉽게 이해된다. 정신병자들 밖에 나가면 누군가와 시비가 붙는다. 왜 그렇게 쳐다보셨느냐, 목소리가 왜 그러시냐, 왜 그런 단어를 쓰셨느냐, 종결어미가 왜 그러느냐, 왜 그런 글자가 쓰인 티셔츠를 입고 나오셨느냐, 정상인들 상식으론 죽어도 이해되지 않는 디테일에 모욕감을 느끼고 피해망상에 빠진다. 당사자와 직접 시비가 붙지 않으면 집으로 돌아와 인터넷에 한풀이를 한다. 오늘 이런 일이 있었는데 이 사람 왜 그런 것 같냐고 답정너(답은 정해져 있으니까 너는 대답만 해) 식 글을 쓴다. 그리고 공감해 주지 않으면 미쳐 날뛴다.

정상적인 사람은 절대로 상상할 수 없는 부분에서 모욕감을 느끼고 불쾌감을 느낀다. 이 사람이 내게 악의를 품고 있다고 생각한다. 남의 정상적인 행동에는 발끈해서 악의를 품고, 자신의 비정상적인 행동은 아무렇지 않게 생각한다. 그때 그 사람이 무슨 말을 했는지 단어 하나하나 정확하게 기억하지만, 그 사람이 정말 어떤 사람인지는 하나도 알지 못한다. 자신에게 어떤 문제가 있는지, 관계에 왜 이런 문제가 발생했는지 죽어도 알려 하지 않는다. 그리고 사신의 의견에 공감해 주지 않으면 (잘못 알고 계신 거라고, 몰라서 그런 거라고) 분기탱천한다.

자격 강박증이 괜히 강박증이 아니다. 상상도 못 한 이상한 디테일에서 문제가 발생하기 때문이다. 연예인 악플러들을 보면 쉽게 알 수 있다. 티셔츠 한 번 입고 나온 것 갖고, 주머니에 손 한 번 넣은 것 갖고, 눈동자 한 번 돌아간 것 갖고 10년 동안 물어뜯을 시비거리를 찾는다. 무서운 건 이게 본인에겐 '정당한 검증'이라는 점이다. 본인은 이게 전형적인 정신병의 증상이라는 사실을 꿈에도 모른다는 게 제일 무섭다.

강철멘탈 되는 법의 핵심은 이렇다: 정신이 병들었을 때 하는 행동을 하면 정신이 병들고, 정신이 건강할 때 하는 행동을 하면 정신이 낫는다는 것이다. 지금 계속 그 이야기를 하고 있다. 당신이 자격 강박증이 있든 없든, 디테일에 집착하는 버릇이 있든 없든, 중요한 건 당신이 지금, 앞으로 어떤 행동을 하느냐에 따라 당신의 정신 건강이 결정된다는 것이다.

당신은 의도적으로 디테일을 무시할 필요가 있다. 특히 다른 사람을 볼 때 디테일 항목은 되도록 보지 않아야 한다. 그 사람이 어떤 머리 모양을 했는지, 어떤 옷을 입었는지, 어떤 손톱을 하고 있는지, 어떤 가방을 들고 있었는지, 말을 어떻게 했는지, 어떤 의도를 갖고 있었는지, 그런 걸 의도적으로 무시하는 것이다. 어쩌다 보았더라도 잊어버리는 것이다. 그 사람의 육신 덩어리와 말의 내용만 인지하면 된다. 그런 버릇을 들이면 된다. 그러면 당신의 멘탈이 건강해지고 인간관계가 원만해진다. 알고 보면 쉽다. 그 사람을 그냥 둥글둥글한 '존재의 덩어리'로 인식하면 된다. 그 어떤 가치 평가도 호불호도 남기지 않으면 된다. 그 어떤 사적 감정도 발생시키지 않으면 된다. 그럼 당신은 그 사람과 완전무결하게 원만한 관계가 될 수 있다.

당신이 그 사람을 갖고 소설을 쓸 게 아니면, 혹은 사람 관찰하는 걸 취미 삼아 거기에서 쾌감을 느끼는 게 아니면, 당신은 사람을 대할 때 디테일에 대한 모든 인지 능력을 차단해야 한다. 그 사람이 어떻게 생겼는지 일부러 인지하지 않는 것이다. 그 사람에게서 어떤 냄새가 났는지, 어떤 옷을 입었는지, 목소리가 어땠는지조차 기억하지 않는 것이다. 그 사람은 그냥 70억 사해만민 중 하나일 뿐이고 당신은 그 사람의 그 어떤 것도 사직으로 받아들이지 않는 것이다. 당신이 당신 자신에 대한 디테일을 잊었듯, 타인에 대한 디테일도 잊어야 한다. 그래야 멘탈이 건강해진다. 무심한 냉혈한이 되는 게 아니라 자격 강박증에서 해방된, 누구보다 의연하고 너그러운 사람이 된다. 세상 누구와도 원만한 관계를 유지할 수 있는 누구보다 상식적인 사람이 된다.

7. 자기 정당화의 위험성

자기 정당화는 자격 강박증의 대표 행위다. 자기 정당화에 열을 올릴수록 자격 강박증이 강화되고, 자격 강박증이 커질수록 자기 정당화에 열을 올리게 된다. 사람은 정신이 건강할수록 자기 정당화에 무심해진다. 모든 걸 사적으로 받아들이지 않는 만큼, 자기 자신에 대한 변명도 하지 않게 된다. 당신들이 변명과 핑계가 많은 사람에게 불쾌감을 느끼는 이유는 뻔하다. 건강하지 않기 때문이다. 병들었기 때문이다. 반대로 변명하지 않는 사람에게 매력을 느끼는 이유도 그렇다. 건강하기 때문이다. 병들지 않았기 때문이다. 당신이 정말로 자기 정당화를 하고 싶으면, 그래야만 하겠다면, 경찰서 검찰청 법원 가서 하면 된다. 한국은 억울한 사람들을 위한 제도가 잘 발달돼 있어서 억울한 사람들을 위한 구제 장치가 폭넓게 제공돼 있다. 그러니 나 혼자 미쳐서 징징대고 변명하지 말고, 제도적 절차를 밟으면 된다. 변호사를 고용해 문제를 해결하면 된다.

당신은 자기 방어를 하고 싶을 때마다 브레이크를 걸어야 한다. 자기 정당화에 몰두할 때마다, 자기 변명에 열을 올리고 싶을 때마다 그 즉시 중단해야 한다. 불쾌하고 추해 보이는 게 문제가 아니다. 당신 멘탈이 박살 나는 게 문제다. 일상이 망가지고 인생이 불우해지는 것이 문제다.

자기 비하, 희화화도 자기 정당화와 크게 다를 것 없는 행위다. 나를 '우스운 놈, 찌질한 놈, 한심한 놈'으로 묘사하는 행위는 잘 모르는 사람들이 보면 얼핏 건강해 보인다. 이는 착시 현상이다. 강철멘탈의 제1 특징은 자기 자신을 내세우지 않는 것이다. 강철멘탈은 나 자신에 관심이 없다. 나를 내세우지도 않고 나를 강조하지도 않는다. 당연히 자기 희화화도, 자기 비하도 하지 않는다. 자기 비하, 자기 희화화는 쫄려서 하는 행동이다. 정신이 불안해서, 안 하면 미쳐 버릴 것 같아서 하는 짓이다. 사람은 강할수록 자신을 감추게 돼 있다. 자기를 드러내는 행동에 거부감을 보인다. 사람은 약할수록 자꾸 나를 내세우고 싶어진다. 나 괜찮아! 멀쩡해! 의연해! 나 이런 사람이야! 이렇게 세상에 외치고 싶어진다. 나에 대한 집착이 문제다. 나는 이런 사람이라는 생각도 문제고, 나는 이래야 한다는 것도 문제고, 나는 이런 대접을 받아야 한다는 생각도 문제다.

자신을 보호하고 싶은 욕구가 문제다. 과잉 보호 마인드가 문제다. 독자들은 이제 알 수 있다. 강철멘탈 되는 법은 육아 강좌이기도 하다는 사실을. 아이를 과잉 보호할수록 나약한 사람이 돼 세상 적응을 못하는 것처럼, 당신의 멘탈도 그렇다. 나 자신을 과잉 보호할수록 멘탈은 병들고 세상 적응에 어려움을 겪는다. 해결책은 이미 말한 대로다. 당신 그냥 세상에 놓아둬도 된다. 세상에 더럽혀시고 욕 먹고 구차해져도 그냥 두면 된다. 그런다고 죽지 않는다. 다들 그렇게 산다. 그렇게 산다고 아무도 손해 보지도 않고 아무도 병들지 않는다. 당신이 손해 보고 병드는 건 문제 아닌 걸 문제 삼을 때뿐이다. 자기 방어에 집착하고 자기 정당화에 열을 올릴 때, 그때부터 문제가 시작된다. 그때부터 당신의 멘탈은 병들고 당신의 일상은 무너지기 시작한다. 당신의 멘탈은 당신이 낳은 아이다. 과잉 보호할수록 아이는 문제를 스스로 해결하지 못하고 역경에 쉽게 무너진다. 스스로 견디게 놓아두면 결국 문제를 해결하는 능력을 키우게 된다. 역경을 버텨 내고 아무리 힘겨운 일도 묵묵히 담담하게 극복하는 인간으로 자란다.

덧붙임

유리멘탈은 훨씬 더 많은 걸 사적으로 받아들이고, 뭐든 더 복잡하게 생각하고 복잡하게 행동한다. '자격 강박증'은 유리멘탈의 스트레스 원인을 총망라한 종합선물세트다. 타고난 것, 주어진 것에 대한 집착, 부러워하는 버릇, '내 주제'에 대한 강박증, 어떻게 살아야 한다는 강박관념, 디테일에 대한 집착, 나 자신에 대한 과잉 보호 욕구까지.

반면 강철멘탈은 대체로 '자기 주제'에 대한 인식이 없다. 아무리 비천하게 태어나 빈곤하게 살아왔어도 "나는 원래 이런 놈이니까" 같은 근원적 패배주의에 물드는 경우는 잘 없다. 남의 자격은 따질지언정, 자기 자격은 따지지 않는다. 내가 어떻게 태어났는지도 관심 없고, 내가 어떻게 생겨 먹었는지도 관심이 없다. 매일 거울을 보면서도 자기가 추하거나 매력 없다는 생각을 좀처럼 하지 않는다. 자기 머리 어느 부분이 떠 있는지, 이빨에 뭐가 끼었는지, 옷에 뭐가 묻었는지, 어떻게 생겨 먹었는지, 아무 관심이 없거나, 아예 보질 못한다. 제 주제를 모르고 자신을 돌아보지 않으니 당연히 어떻게 살아야 한다는 생각도 없다. 다른 사람을 부러워하지도 않는다. 누가 자기보다 잘나가면 그 사람이 자기보다 잘났기 때문이 아니라 어리석은 세상의 농간이라고 생각하고 만다. '주제를 모른다'는 건 정신 건강의 관점에서 축복이다.

사람은 주제를 모르고 살아야 인생이 풀린다. 지금껏 그 방법을 이야기했다. 자신을 버리고 살 필요는 없다. 하지만 강철멘탈의 사고 방식은 배워야 한다. 그래야 정신이 건강해지고 삶이 행복해지기 때문이다. 최소한, 더 이상 불행해지지 않기 때문이다. (인생 망할 가능성도 줄어든다.) 중요하니 한 번 더 정리한다.

1) '내 주제'에 대한 강박이 자격 강박증의 모든 원인이자 출발점.

2) '나는 원래 이런 부모 밑에서 태어났으니까, 원래 성격이 이 모양이니까, 성적이 이거밖에 안 되니까, 외모가 별로니까' 등등 이런 생각은 자기 비하, 무기력증, 패배의식에 머물지 않는다. 무시무시한 정신의 병을 부르는, 불운과 불행의 악귀들을 몰고 오는 지옥문으로 진화한다.

3) 내 주제에 대한 강박은 타인에 대한 병적 집착으로 이어진다. "나는 원래 이런 인간인데 저 새끼는 무엇 때문에 저 자리에 올랐는지" 자격지심으로 발전한다. 타인의 자격을 물어뜯는 심리기제로 작용한다. (혹은 맹목적으로 부러워하는 심리기제로 작용한다.)

4) 내 주제에 대한 강박은 내 자신 혹은 내 환경을 개선하기 위한 자력구제 노력을 그만두게 만든다. 대신 "쟤들도 나같이 비참한 인생을 살아야 한다"는 공산주의적 저주 심리로 빠진다. (혹은 병적 부러움에서 벗어나지 못하고 자신의 처지를 비관하는 염세주의로 빠진다.)

5) 내 자격을 따지기에 남의 자격도 따지게 된다. 남의 자격을 따지기에 남에 대한 부러움과 시기도 커진다. 부러움이 극대화될수록 내 자격, 내 주제에 대한 강박증도 강화된다. 모든 것은 하나의 고리다. 당신을 정신병의 늪으로 끌고 들어가는 무시무시한 고리. 이 고리를 끊는 법을 지금껏 설명한 것이다.

6) 중요한 건 주제를 모르고 사는 것이다. 내 부모가 잘났든 못났든 그건 나와 상관없는 일이다, 내 성격은 오만 가지 다양한 성격 중 하나일 뿐이다, 나는 나의 행동으로 증명된다, 내 성적은 아무것도 증명하지 못한다, 다 잊고 살 수 있다. 생각해 본다. 신경 쓰는 삶과 잊고 사는

삶. 과연 어느 쪽의 삶이 더 행복할까.

4장

미안해하지 않는다

서정주의 '자화상'은 반만년 한반도 역사가 낳은 위대한 시 중 하나다. 이 시에서 가장 강렬한 인상을 준 건 "나는 아무것도 뉘우치지 않으련다" 이 문장이었다. 이 문장 하나에 많은 사람들이 혼란에 빠졌다. 아니 왜? 뭘? 시의 화자는 자신의 비천한 신분과 방탕한 과거를 이야기한다. 그것에 연연하지 않겠다고 말한다. "찬란히 틔어 오는 어느 아침에도 / 이마 위에 얹힌 시의 이슬에는 / 몇 방울의 피가 언제나 섞여 있어" 왜냐하면 당신이 어디서 굴러와 어디서 뭘 하더라도 몇 방울의 피는 섞이기 마련이기 때문이다.

많은 사람들이 후회 없는 삶, 지탄받지 않는 삶, 미움받지 않는 삶을 꿈꾼다. 어릴 때부터 그런 삶을 살아야 한다고 세뇌 교육을 받는다. 일종의 강박 관념이다. 사람을 불행의 구렁텅이로 몰아넣는 강박 관념. 아무도 흠 없는 삶을 살 수 없으며, 아무도 미움받지 않을 수 없다. 그럼에도 모두가 그런 삶을 강요하고 강요받는다. 하지만, 그런 삶을 살도록 노력이라도 하는 게 좋지 않나요? 그래야 세상이 밝고 따뜻해지는 것 아닌가요?

아니다. 그런 삶을 살고 싶으면 그렇게 살면 된다. 아무에게도 미움받지 않기 위해 사생결단, 밤에 잠도 자지 못하는 그런 인생 살면 된다. 그러면 티끌 한 점 없이 만인의 사랑을 받다 비참한 죽음을 맞을 수 있다. "미움받지 않는 삶"이 위험한 까닭은 당신의 정신 건강을 파괴하기 때문이다. 아무리 겉보기 아름다운 완벽한 삶인 것 같아도, 안으로 사정없이 썩어 들어가 생의 의욕을 잃고 도태되기 때문이다.

강철멘탈과 유리멘탈을 비교하는 데서 시작한다. 멘탈이 강할수록 "나는 아무것도 뉘우치지 않으련다" 문장에 동질감을 갖는다. 멘탈이 약할수록 이 문장에 거부감을 갖는다. 괴리감을 느낀다. 그리고 소심해진다. 모든 걸 후회하며 세상만사에 미안함을 느낀다.

문제는 그렇게 배웠다는 거다. 반성하고 미안해해야 '올바른 사람'이라는 믿음이 문제다. '그게 인간 된 도리'라고 세뇌당한 게 문제다. '인간다운 인간'이 되려면 일단 무조건 반성하고 사죄해야 한다고 믿는 게 문제다. 그게 습관이자 강박인 게 모든 문제의 원인이다. 인간은 올바른 사람이 되기 위해 태어나는 것이 아니라 생존하기 위해 태어난다. 당신은 '올바른 사람'이 무엇인지 진상 파악을 해야 한다. 그동안 대체 올바른 사람이 뭐라고 '올바른 사람 광신'에 빠져 살았는지, 어째서 그런 자학의 습관에 빠져 살았는지 사태 파악에 나서야 한다.

올바른 사람의 본질은 '생존 포기'다. 집단을 위해 개인 생존을 포기하는 것이 올바른 사람의 본질이다. 군집 생활을 하는 초식 동물 중엔 집단을 위해 자신을 희생시키는 개체가 있다. 한 떼의 얼룩말 무리가 사자의 추격을 받으면 본능적으로 자신의 뜀박질 속도를 늦춰 사자에게 잡아 먹혀 주는 불쌍한 얼룩말이 있다는 것이다. 내가 사자한테 잡아 먹힐 테니 그동안 너희들은 살아 도망가라는 얼룩말. 가족을 위한 궁극의 사랑도 아니고, 영웅 심리도 아니고, 군집에 의해 학습된 심리도 아니다. 그런 유전자가 주어진 것이다. 날 때부터 자동으로 그렇게 죽도록 설계된 유전자가. 스스로 사자에게 잡아 먹히는 얼룩말, 이게 '올바른 사람'의 진짜 정의다. 말하자면 희생의 강요다. "우리를 위해 네 한 몸뚱이 희생하라. 그래야 올바른 인간이다. 그게 인간 된 도리다. 너의 생존을 우선하면 안 된다. 너의 생존을 우선하면 너는 올바른 인간이 아니다. 잘못된 인간이다. 죽을 때까지 반성하고 후회하고 사죄해야 한다. 그리고 반드시 우리를 위해 네 한 몸뚱이를 희생해야 한다." 이게 '올바른 인간'의 진실이다.

우리는 그간 많은 종류의 광신을 목격해 왔다. 예수천국 불신지옥, 공산주의, 자본주의, 이데올로기, 음모론… 이런 광신은 반대파들이 존재하기에 마음만 먹으면 쉽게 정신 차리고 빠져나올 수 있다. 하지만 '올바른 인간에 대한 광신'은 그렇지 않다. 아무도 '올바른 인간의 광신'이 사람의 몸과 마음을 병들게 한다는 사실을 경고해 주지 않는다. 아무도 올바른 인간의 가치를 맹신할수록 불행하게 살다 비참하게 죽는다는 사실을 얘기해 주지 않는다. 올바른 인간에 대한 광신은 지옥으로 가는 편도 열차와 같다. 한번 올라타면, 아무리 힘들고 괴롭고 비참해도, 죽고 나서야 내릴 수 있다. 왜냐하면 아무도 거기서 내려야 한다고 말해 주지 않으니까. 거기 반드시 타고 있어야 한다고 너무도 당당하고 뻔뻔하게 거짓말 하니까.

우리는 지금 이기적으로 사는 법을 이야기하는 게 아니다. 희생보다 생존이 우선이라고 말은 하고 있지만 당신이 굳이 생존보다 희생을 택하고 싶다면 우린 절대로 이를 폄하할 생각이 없다. 당신은 스스로의 선택에 의해 삶의 방식을 정한 것이고, 우리는 당신의 선택이 영웅적이라고 기꺼이 칭송할 수 있다. 우리가 지금 여기서 이야기하는 건 건강하게 사는 법이다. 행복하게 사는 법이다. 당신이 생존 대신 희생을 택한다면 그건 당신의 순수한 자의적 판단에 의한 것이며, 우리는 이것이 당신을 위한 행복의 길이라고 이해한다. 당신이 그렇게 살다 죽는다면 당신은 건강하게 살다 죽은 것이다.

하지만 당신이 스스로의 선택이 아닌, 타인이 주입한 '광신'에 따라 그렇게 죽었다면 당신은 병들고 불행한 인생을 산 것이다. 당신은 필시 죽을 때쯤 무시무시한 청천벽력 같은 후회에 휩싸일 것이다. 지금껏 살아온 반성과 후회의 인생이 지금 자신을 어떤 비참한 최후로 몰아넣었는지 깨달을 것이다.

반성, 후회, 사죄. 이게 '올바른 인간 광신'의 핵심 계명이다. '올바른 인간 광신' 지옥 편도 열차를 달리게 하는 엔진이자 연료다. 당신의 이타적 삶이 건강하고 행복한 삶이기 위해선 반성과 후회와 사죄는 없어야 한다. 당신의 이타적 삶이 반성과 후회와 사죄에 의한 것이라면 당신은 병든 삶을 살고 있는 것이며, 불행과 후회뿐인 최후를 맞게 될 것이다.

당신은 일단은 올바른 인간 광신 열차에서 내려야 한다. 당신이 아무리 영웅의 희생적 삶을 살기로 결심했다고 하더라도, 당신은 반드시 이 광신 열차에서 내려야 한다. 주어진 삶이 아닌, 타인에 조종당하는 삶이 아닌, 누군가의 의도에 희생되는 삶이 아닌, 스스로의 선택에 의한 삶을 살아야 한다. 그러기 위해 당신은 먼저 올바른 사람 광신에서 벗어나야 한다. 올바른 인간 광신 열차의 엔진을 멈추고 연료 공급을 끊어야 한다. 반성, 후회, 사죄의 굴레에서 탈출해야 한다. 당신은 이제 더 이상 아무것도 미안해하지 말아야 한다. 어떤 이가 당신 눈에서 죄인을 읽고 가도, 어떤 이가 당신 입에서 천치를 읽고 가도, 당신은 아무것도 뉘우치지 않아야 한다.

미안해하지 않는다

미안해하는 것과 사과하는 건 다른 이야기다. 사과는 대인 관계 기술이다. 사회 적응 방식이다. "미안해하지 않는다"라고 하니 "사과하지 말아야겠다"고 생각한다면 당신은 지금 글을 잘못 읽고 있는 것이다. 사과를 하고 말고는 어디까지나 당신의 재량이고 당신의 사정이다. 사과가 문제가 아니라 미안한 마음이 문제다. 사과는 하든 말든 상관없다. 당신 좋을 대로 하면 된다. 하지만 미안한 마음을 먹으면 문제가 생긴다. 당신이 겉으로 어떤 입장 표명을 하느냐가 문제가 아니라, 당신이 안으로 어떤 마음을 먹느냐가 문제다. 미안한 마음을 먹으면 당신은 망한다. 가정이 무너지고 사회가 무너진다. 정신이 병들고 인생이 망한다. 미안한 마음이 '올바른 사람' 광신의 시작이다. 자유인의 의지를 빼앗고 노예의 삶을 살게 하는 원인이다.

누군가에게 미안해하는 건 세상의 눈치를 보는 것이다. 나의 행동을 옳다 그르다 판단하는 것이다. 나 자신을 가치 평가하는 것이다. 즉, 자기 검열이다. 미안해하는 건 절대로 당신을 '더 나은 사람'으로 만들지 않는다. 미안해하면 할수록 당신은 마음이 움츠러들고, 멘탈이 오그라든다. 미안해하면 할수록 당신은 세상에 대한 두려움을 쌓는다. 당신은 세상에 대한 두려움에 찌든 자의식 과잉 환자가 된다. 미안함은 곧 정신병의 원인이다.

앞서 말한 '강철멘탈 되는 법'에서 멘탈이 병드는 원인을 짚어 봤다. 사적으로 받아들이기, 변수 계산하기, 자격 강박증. 다들 익히 알고 있던 병의 원인들이었을 것이다. 특별한 설명 없이도 '그래, 그래야지' 공감했을 것이다. 하지만 미안해하지 않기는 쉽게 와닿지 않는다. 우리는 '당연히 그래야 하는 것'을 의심하지 않는다. 여자는 언제나 웃고 다녀야 하며, 여자는 언제나 남자에게 친절해야 하며, 공감 능력은 좋은 것이며, 언제나 타인을 진심으로 대해야 하며, 언제나 타인에게 미안하고 감사해야 한다, '당연히 그래야 하는 것'으로 받아들이고 더 이상 의심하지 않는다. 왜 그런지는 생각해본 적 없다. 단지 어릴 때부터 그렇다고 했으니까, 다른 사람들도 그러니까, 그래서 자기도 당연히 그렇게 행동한다. 세상에 당연한 것은 어디에도 없다. 당신은 생존하기 위해 태어났지 남이 맞춰 놓은 대로 살다 죽기 위해 태어나지 않았다. 당신이 당연하다고 여기는 것들은 전부 세상이 이렇게 살다 죽으라고 강요한 프로그래밍이다. 당신은 「매트릭스」 영화를 보면서 어떤 생각을 했는지 몰라도, 강철멘탈의 관점에서 봤을 때 당신은 매트릭스 세상 속에 사는 '인간 건전지'와 다르지 않다.

미안한 건 당연한 게 아니다. 미안해하는 버릇은 세상이 당신에게 뒤집어 씌운 매트릭스다. 당연히 그래야 할 것처럼 여기고 살지만 사실은 그것 때문에 정신이 썩고, 세상에 대한 두려움이 자라고, 나 자신을 혐오에 찌든 병든 존재로 만든다. 세상은 당신을 '올바른 사람'으로 만들기 위해 '미안함의 원죄'를 뒤집어 씌운다. 그리고 이게 당신을 '골룸'으로 만든다. 절대 반지에 정신이 멀어 오백 년간 몸과 마음이 썩어 버린 골룸. 절대 반지와 함께 펄펄 끓는 지옥의 용암에서 비참한 최후를 맞은. 올바른 사람에 대한 광신은 절대 반지에 대한 골룸의 광신과 다르지 않다.

많은 남자들이 바람을 피운다. 그렇다고 그 남자의 여자들이 전부 자살을 시도하지는 않는다. 그런 일로 자살을 시도하는 까닭은 미안하기 때문이다. 남자가 다른 여자와 바람을 피운 것조차 자신의 문제로 돌리기 때문이다. '이건 내 잘못이다, 내가 오죽 못났으니 그러겠느냐, 나 같은 년은 가치 없는 년'이라는 병든 사고 방식이 자살 충동을 부르는 것이다.

자신과 자신의 주변에 일어나는 모든 일을 '자신의 문제'로 돌리는 버릇이 문제다. 이런 버릇이 한번 들면 인간은 임계점에 도달하게 된다. 내게 문제가 있으니까, 내가 뭔가 해줘야 하니까, 내가 해명해야 하니까, 내가 사과해야 하니까, 내가 책임져야 하니까, 왜냐하면 미안하니까. 끊임없이 반복되는 자기 학대다. 자신의 머리 위에 한도 끝도 없이 반성과 후회와 사죄와 책임을 쌓는 것이다. 그게 너무 무거워진다. (끝까지 버티다) 쓰러지기도 하지만, 일부는 도망을 가기도 한다. 그들이 도망가는 곳은 휴식처가 아니다. 그들이 도망가는 곳은 '안식처'

다. 무시무시했던 정신의 짐으로부터 영원히 탈피하기 위한, 나라는 존재를 영원히 삭제하기 위한 죽음의 안식처.

유명한 사람들 얘기겠지 싶지만, 사실은 당신 이야기다. 착하고 성실하게 살아온, 그렇게 살도록 훈련된 우리의 이야기다. 당신이 지금껏 얼마나 미움받지 않는 삶에 결박돼 살아왔는지, 미안해하는 습관에 얼마나 정신이 피폐해져 왔는지 당신의 오장육부가 가장 잘 알 것이다. 당신이 지금껏 한국 여자로 세상을 살아 왔다면, 그래서 사는 게 좀처럼 행복하지 않았다면, 세월이 갈수록 괴롭고 불행하고 힘들기만 했다면, 당신은 지금 여기서 원인을 찾은 것이다. '미안해하는 습관'이 그것이다.

당신이 한번 미안해할 때마다 당신은 머리 위에 업을 쌓는다. 미안함의 짐. 반성의 짐, 자책감의 짐… 자발적 카르마다. 아무도 강요하지 않은 가짜 카르마를 자기 머리 위에 한없이 쌓는다. 점쟁이가 말한다. 당신 머리 위에 귀신이 붙었다고. 귀신을 떼어내려면 부적을 사라고. 이제 보니 점쟁이의 말은 사실이었다. 당신의 머리 위엔 항상 귀신이 있었다. 미안함이 쌓은 카르마의 귀신. 아무리 미친 듯이 열심히 살아도, 아무리 미친 듯이 사람들에게 보상하고 책임을 다해도 좀처럼 사라지지 않는 귀신이다. 카르마의 귀신은 또 다른 카르마의 귀신을 부른다. 한 놈이 사라졌다고 마이너스 1이 되는 게 아니다. 플러스 1이 된다. 왜냐하면 미안한 마음은 문제 해결의 욕구가 아니기 때문이다. 문제 해결이나 공공의 이익이 아닌, 자학의 욕구이기 때문이다.

미안한 마음은 문제를 해결하는 게 아니라 문제를 악화시킨다. 문제는 세월이 갈수록 깊고 광범위해지다 마침내 그를 세상의 외톨이로 만든다.

미안한 마음의 인간은 절대로 문제 해결에서 안식을 얻지 않는다. 미안한 마음의 인간은 자기 학대에서 안식을 얻는다. 안식을 얻기 위해 끝없이 자기 학대를 하지만 돌아오는 것은 안식이 아닌 고통이다. 이 고통 또한 자신의 업보이기에 또다시 미안한 마음을 발동시킨다. 카르마의 귀신은 둘이 되고 넷이 되고 여덟이 돼 고통의 크기를 감당할 수 없게 만든다. '올바른 인간 지옥 열차'를 돌리는 기계가 된 당신은 끝없이 파멸로 향한다. 미안한 마음은 저주다. 불행하게 살다 죽도록 프로그래밍 된 저주. 당신에게 필요한 건 부적이 아니다. 당신에게 필요한 건 미안해하지 않는 법, '올바른 인간 지옥 열차'에서 내리는 법이다.

1. 한발 뒤로 물러나 생각한다, 이게 내 문제인가?

미안한 마음의 인간은 누군가 자신을 탓하면 무작정 납작 엎드리고 본다. 누가 나를 탓하거나 야단치면 반사 신경 작동

하듯 전후 사정 파악없이 바로 엎어져 용서를 구한다. 영화 「혐오스런 마츠코의 일생」의 마츠코가 그랬다. 마츠코는 노골적이었다. "당신 학생이 돈을 훔쳤어!" 이 말을 듣자마자 마츠코는 개구리처럼 펄쩍 바닥에 엎어진다. 그리고 눈물의 사죄를 한다. 실제로 이렇게 하는 사람은 없다. 하지만 마츠코 같은 이들은 누군가로부터 비난받고 미움받는 걸 0.1초도 견디지 못한다. 그래서 다급해진다. 미움받는 시간을 0.1초라도 줄이기 위해 일단 엎어지고 본다. 그리고 무리수를 둔다. 자신에게 가장 불리한 선택을 한다.

미안한 마음의 지옥은 여기서 시작된다. 미안한 마음의 지옥 열차에서 내리고 싶으면 여기서부터 고쳐야 한다. "이거 네 탓이다"라고 훅 들어올 때마다 개구리처럼 펄쩍 뛰는 버릇부터 고쳐야 한다. '네 탓' 공격이 들어올 때 과도하게 겁먹는 게 문제다. 과잉 반응이다. 내 탓으로 인해 내가 비난받고 미움받는 것이 못 견디게 두려운 것이다. 그래서 누구는 납작 엎드려 용서를 구걸하고, 누구는 오해라고 구질구질 변명을 늘어 놓고, 누구는 내 탓 아니고 네 탓이다 목소리 큰 놈이 이긴다고 개싸움을 벌인다.

고도로 발달된 문명 사회를 이룩하면서 개개인에게 과도한 사회성을 강요한 것이 문제다. 인간은 사회적 동물이지만, 굳이 사회성에 얽매이지 않아도 생존 가능한 동물이다. 당신은 0.1초가 아니라 80년 동안 사람들에게 미움 받아도 사는 데 별 지장 없다. '올바른 사람 광신'이 문제인 까닭은 사실 그런 거 필요 없기 때문이다. 당신은 올바른 사람이 될 필요도 없고, '네 탓이다'라는 책임 제기에 납작 엎드릴 필요도 없다. 당신에게 필요한 것은 문제 해결 능력뿐이다. 당신이 그렇게 올바른 사람이 되고 싶고, 사회성 충만한 사람이 되고 싶고, 매력 만점 인간이 되고 싶으면 개구리처럼 펄쩍펄쩍 뛰며 오도방정 떨지 말고 문제 해결에 집중해야 한다. 당신은 평생 누구에게도 미안해하지 않고 사과하지 않고 입장 표명 하지 않고 뻔뻔하게 뻣뻣이 고개 들고 살아도 죽을 때까지 대접받고 살 수 있다. 문제 해결만 할 줄 알면.

네 탓이다, 문제가 있다, 이러면 겁먹지 말고, 무조건적 반사 행동을 자제한다. 내게 곤란한 상황이 생겼다, 그러면 도망갈 구멍을 찾지 말고, 백배 사죄할 생각도 하지 말고, 공격적이고 신경질적인 반응도 보이지 말아야 한다. 이거 전부 당신이 겁먹었다고 광고하는 것이나 마찬가지다. 내 탓이면 좀 어때, 욕 좀 먹으면 되지? 욕 먹는다고 죽냐? 이 마인드를 기본으로 한다.

그래서, 내게 곤란한 상황이 생겼다, 그러면 일단 한발 물러난다. 그리고 생각한다.

1) 무슨 문제인가?

2) 이게 정말 내가 책임질 일인가?

당신의 반응 속도가 느리다고 문제될 건 아무것도 없다. 문제가 되는 건 문제가 해결되지 않는 것이며, 엉뚱한 사람에게 책임이 돌아가는 것이다. 당신이 성급하게 과민 반응 할수록 문제 해결에서 멀어지며 당신의 멘탈은 쿠키 조각처럼 바스러진다. 다시 말한다. 미안한 마음은 문제를 해결하지 못한다. 미안한 마음은 문제를 악화시킨다. 내게 뭔가 불리하게 돌아가면 납작 엎드려 목숨 살려 달라고 빌 게 아니라 한 발 물러 서서 무슨 일인지 따지는 게 순리다. 마츠코가 "당신 학생이 돈을 훔쳤다"는 말을 들었다면, 본인이 나서서 사죄하고 책임지려고 호들갑을 떨 게 아니라 "일단 사람들과 얘기해 봐야겠다"고 생각하는 게 우선이다. 우리는 여기서 각종 문제 사안에 대해 어떻게 대처하고 어떻게 반응해야 하는지 일일이 알려주지 않는다. 그건 '강철멘탈 되는 법'과 관련 없는 전혀 다른 주제의 이야기다. 당신이 위기 상황에 어떻게 반응하고 대처하는지는 알아서 할 일이다. 앞서 말한 바와 같다. 당신이 사과를 하든 말든 그건 선혀 상관없다고. 당신이 해야겠으면 하는 것이고, 할 필요가 없는 것이면 하지 않는 것이다. 예의란 우호적 사회 관계를 유지하기 위한 최소한의 조치다. 당신이 해야 할 건 적대적 관계를 방지하기 위한 최소한의 제스처이지 '자가 즉결 심판'이 아니다.

계속 강조하지만 중요한 건 마음가짐이다. "내가 잘못했구나! 미안해해야지!" 겁먹고 과잉반응 하는 나약한 마음에 재갈을 물리고 고삐를 당겨야 한다. "내가 잘못했구나!" 단정짓는 자가 즉결 심판 습관부터 중단해야 한다. 아직도 수많은 선량한 시민들이 바보 같은 자가 즉결 심판으로 법정에 선다. 평생 착하고 성실하게 살아온 사람이 "너도 그 옆에 있었잖아", "너도 동조했잖아", "너도 잘못이 있는 거지"라는 말에 "내가 잘못했구나" 생각하고 어어어 하다가 검찰에 끌려 가고 재판을 받는다. 법정에 서서 징역 몇 년 벌금 몇백만 원 구형을 듣고서야 정신 차리고 변호사를 찾는다. 그제서야 "나는 잘못 없는데" 하고 항변하기 시작한다. 평소 습관이 문제다. 기가 막힐 정도로 흔한 습관이다. 미안해하는 버릇, 반성하는 버릇이 곧 자가 즉결 심판으로 이어진다. 누가 옆에서 조금만 찔러 줘도 바로 습관처럼 "내가 잘못했구나!" 스스로 판결 내린다. 내가 아닌 남이 우선인 사고방식이 사람을 그렇게 만든다. 자기가 다 뒤집어쓰고 죽는 얼룩말이다. 사자가 쫓아오면 내가 잘못했구나! 하고 자진해서 잡아먹히는 얼룩말.

당신이 정말 죽을 죄를 지었더라도 일단은 재판을 통해 객관적 판단을 받는 것이 문명 사회의 법이다. 그런데 미안한 마음이 든다고 해서 그러한 절차를 안 거치고 객관적 판단이고 나발이고 다 필요 없다고 혼자서 내가 죽일 놈이라고 즉결 심판을 내린다. 그러니 말한다. 아무리 상황이 불리하고 내가 죽을 죄 진 것 같아도 일단은 입을 다문다. 일단은 무조건 입 다무는 걸 습관으로 한다. "알아보고 답변 드리겠다"는 반응을 기본값으로 삼는다.

설사 실수로, 잘 몰라서, 혹은 그래야만 할 거 같아서 사과를 했을 경우라도 미안한 마음을 갖지 않으면 된다. 사과는 형식적인 것이며, 위기를 모면하기 위한 임기 응변이다. 당신이 뭘 어떻게 잘못했더라도 당신은 절대로 미안해해선 안 된다. 당신에게 진심이란 절대로 존재해선 안 된다. 왜. 당신의 미안한 마음, 진심 어린 반성은 문제 해결에 아무 도움이 되지 않기 때문이다. 문제 해결을 방해하고 또 다른 문제를 만들기 때문이다.

당신의 미안한 마음은 문제를 해결하려는 게 아니라 다른 사람 비위를 맞추려는 것이다. 당신은 상대를 기분 좋게 해줄 필요도 없고 그럴 이유도 없다. 당신과 그들에게 필요한 건 문제 해결뿐이다. 문제가 생기면 곧바로 미안하다고 엎어져 책임을 뒤집어쓰는 버릇 대신 문세 해결에 집중하는 버릇을 들인다. 당신이 미안하다고 엎어져 있는 상태에선 아무것도 하지 못한다. 당신은 무서워서 엎어져 있는 것이지 문제 해결을 위해 엎어져 있는 게 아니다. 당신은 단지 상대방이 무섭고 세상이 무서울 뿐이다. 위험이 생기면 땅바닥에 대가리부터 박는 타조 증후군과 다를 게 없다. 정작 타조 증후군의 당사자인 타조는 그런 행동하지 않는다. 왜냐하면 그러면 진짜로 죽으니까. (타조의 머리 숨기기, 국민일보 2022. 04. 11)

머리만 숨기는 짓은 오직 인간만 한다. 문제가 생기면 땅바닥에 머리 처박는 행동에 거부감을 가져야 한다. 부끄러워해야 한다. 그런 행동은 당신을 착한 사람 올바른 사람으로 만드는 게 아니라 도태자로 만든다. 문제가 생겼다고 사과하고 미안해하고 도망갈 구멍을 찾고 적반하장 화내고 악다구니 쓰는 짓은 그만둔다. 머리를 숨을 구멍이 아닌 문제 해결 쪽으로 돌려야 한다. 문제가 생기면 자동 반사적으로 자기 방어를 하는 게 아니라 문제를 해결하겠다는 생각을 한다. 숨고 도망가고 방어하는 게 아니라 공격적인 자세로 문제를 향해 돌진하는 거다.

“아예, 알겠습니다” 하고 문제를 살펴본다, 내가 해결할 수 있는지 판단한다, 문제를 직접 해결하거나 도움을 요청한다. 사과하는 게 문제 해결책이라는 판단이 들면 그때 사과하면 된다. 모든 건, 자가 즉결 심판이 아닌, 객관적 심의 과정을 거친 뒤에 이뤄져야 한다. 자동 반사적으로 미안해하며 과잉 반응 하는 버릇만 중단해도 멘탈이 바뀌고, 인생이 바뀐다.

- 운전 중에 뒤에서 빵빵 대면 덜컥 겁먹지 말고 '저 새끼, 왜 저래' 상황 판단부터 한다. 빵빵 대는 소음에 대응하지 말고 어디에 문제가 있는지 확인할 일이다. 문제가 있으면 해결하면 된다. 빵빵 대는 소음에 반응을 하기 때문에 문제가 해결되지 않고 문제가 악화된다. 빵빵 대는 소음은 무시하고 문제를 찾는 버릇을 들여야 50년 무사고 운전이 가능하다.

- "야, 이거 니가 그랬지!" 이러면 먼저 "예, 무슨 문제인가요?" 구체적인 설명을 요청한다. 상대방의 사과 요구에는 객관적 상황 판단에 대한 요구로 응한다.

- "XX씨, 나 좀 봅시다. 그때 왜 그랬어요?" 이러면 "저 지금 바쁘니까 메일로 말씀해 주시겠습니까?(아니면 한 시간 뒤에 제가 찾아뵙겠습니다)"라고 답한다. 직접 보자는 건 사람을 굴복시키고 사과를 받아내려는 의도다. 말로 하지 말고 글로 의사 전달을 하면 객관적 상황 판단 및 대응이 쉬워진다. 지금 당장 말고 한 시간 뒤에 대응을 하는 것 역시 객관적 평정심을 유지하는 데 크게 도움된다.

- 멀티플레이 게임 중에 플레이를 탓하면 미안하다 죄송하다 오도방정 떨며 위축되지 말고 그래 너 오늘 나 만나서 똥 밟았다, 생각한다. 게임조차 즐기지 못하고 과몰입해서 자가 심판 자학 행위 하는 버릇이 사람을 실전 인생 바보로 만든다. 실전 인생에서 타조 증후군으로 살았으

면 게임에서라도 당당하게 살아 본다. 멀티플레이 게임 중에 잘못한 게 있으면 당당하게 말한다. "내가 원래 좀 멍청이라 어쩔 수 없거든. (그러니까 니가 적응해 멍청아.)"

2. 죽는 것보다 욕 먹는 게 낫다

직장인의 과로사 뉴스가 흔하다. 안 되는 일, 어려운 일이 있으면 때려치우거나 도망가거나 양해를 구하고 잠시 쉬어야 하는데, 아무리 해도 안 되는 걸 무리하다 결국 죽는다. 과로 사한 사람들, 혹자는 승진이나 실적에 목숨 걸었기 때문이라 고 했지만, 사실은 미안했기 때문이다. 잠시 쉬어 가는 것조 차 미안해서 못했던 거다. 왜냐하면 나보다 남이 더 소중하니 까. 나는 올바른 사람이 되어 남을 위해 희생해야 하니까. 나 는 사자에게 잡아먹히는 얼룩말이니까. 근본 해결책을 이야 기한다. 당신이 과몰입을 예방하고 목숨을 부지하려면, 잠시 불을 끄고 쉬었다 가려면, 뇌 기능을 정상으로 돌리려면, 미 안한 마음부터 죽여야 한다.

좌우명을 정하자: "죽는 것보다 욕 먹는 게 낫다." 생각해 보자. 혹시 "욕 먹느니 차라리 죽겠다"는 생각을 하고 있진 않 았는가? 그렇게 생각해 본 사람은 없을 것이다. 하지만 행동 은 그렇게 해 왔을 것이다. 아마도 이 글을 읽는 독자들 절반 이상이 "욕 먹느니 차라리 죽겠다"는 것처럼 자신의 몸과 정

신을 과몰입의 굴레에 몰아 넣었을 것이다. 머릿속 사고방식이나 고정관념이 아니라 오장육부에 프로그래밍된 습관이라고 했다. 머릿속으론 죽는 것보다야 욕 먹는 게 낫지! 그렇게 생각을 해도 자기도 모르게 몸이 그렇게 움직인다는 게 문제다. 당신은 당신의 오장육부에 이식된 프로그래밍을 해제해야 한다.

좌우명을 외운다. 죽는 것보다 욕 먹는 게 낫다. 힘들 때마다, 하기 싫을 때마다, '나 그냥 욕 먹을래'라고 생각한다. "나 그냥 욕 먹을래" 이게 저주받은 프로그래밍을 해제하는 명령어다. 미안한데, 나 그냥 욕 먹을래, 그런데 사실은 별로 안 미안해, 왜냐하면 죽는 거보단 욕 먹는 게 낫거든. 당신은 책임 회피를 하는 것이 아니다. 현실을 말하자면 책임 회피의 최악의 형태가 과로사다. 잠깐 내려 놓고 쉬었다 오면 모든 게 괜찮을 것을, 그걸 못해서 죽어 버리면, 아무리 자발적 책임 회피가 아니었다 해도, 문제는 걷잡을 수 없이 커진다. 수습 불가능한 문제가 돼 버린다. 유리멘탈은 언제나 예외 없이 문제를 악화시킨다. 살아서도 죽어서도. 당신이 어디서 뭘 하든 죽지 않고 살아 주는 게 최선이다. 당신은 유리멘탈이 되길 거부해야 한다. 당신은 현실주의자가 되어야 한다. 문제 해결자가 되어야 한다.

3. 남보다 내가 먼저다

군대에 가면 화생방 훈련을 한다. 여기서 제일 먼저 배우는 건 내가 먼저 방독면을 쓰는 법이다. 독가스가 퍼졌을 때 절대로 다른 사람은 무사한지 돌아보지 않는다. 독가스가 퍼지면 무조건 내가 먼저 방독면을 써야 한다. 옆에 전우가 쓰러져 켁켁 대며 죽어 가도 상관 말고 무조건 내가 먼저 방독면을 쓰도록 훈련을 받는다. 내가 먼저 방독면을 완벽하게 쓰고 그리고 나서 옆에 쓰러진 전우를 구하도록 훈련받는다. 어디에서도 남을 먼저 구하고 나서 나를 구하라는 훈련법은 없다. 왜. 내가 죽으면 아무도 도울 수 없으니까. 내가 일단 살아야 다른 놈도 살릴 수 있으니까.

항공 안전 규칙 역시 마찬가지다. 비행기 이륙 전에 보여 주는 안전 영상을 보면 위급 상황 시 산소 마스크가 내려 오는데 반드시 내가 먼저 써야 한다고 안내하고 있다. 옆에 아이가 있어도, 절대로 아이 먼저 씌우지 말고, 내가 먼저 써야 한다고 돼 있다. 왜. 내가 죽으면 아무도 도울 수 없으니까. 내가 일단 살아야 내 아이도 살릴 수 있으니까. 측은지심 미안한 마음에 아이 먼저 산소 마스크 씌우다간 둘 다 죽어 버리니까.

방독면 자기가 안 쓰고 남에게 씌워 주다 자기가 제일 먼저 죽는다. 산소 마스크 자기는 안 쓰고 옆에 놈 씌우려고 바둥대다 자기가 제일 먼저 죽는다. 아무도 구하지 못한 채, 누군가를 구하는 데 방해만 된 채, 시체 쌓는 역할만 한다. 사람이 좀 미안해할 수도 있지, 사람이 착하다는 증거잖아? 이렇게 생각한 사람은 이제 정신 차려야 한다. 사람이 미안해하면 저렇게 된다. 인생 실전에서 문제를 악화시키고 위기를 자초하는 엑스맨이 된다. 상황이 위급하고 중대할수록 더 심각한 결과를 낳는다. 자동 반사적으로 최악의 선택을 하기 때문이다. 뭐가 현실인지, 현실이 어떻게 돌아가는지 모르기 때문이다. 자기가 무슨 행동을 하는지도 모르고, 단지 미안한 마음에, 모두에게 파괴적인 선택을 하고 자멸해 버리기 때문이다.

우리는 여기서 이타주의냐 이기주의냐 문제를 논하는 게 아니라고 했다. 우리는 지금 현실주의를 이야기한다. 당신이 이타적으로 살든 이기적으로 살든 그건 당신 선택이다. 당신이 아무리 이타적으로 살기로 굳게 결심했어도 똥오줌 가리면서 그렇게 하라는 거다. 이타적이라는 단어의 뜻은 남에게 도움이 된다는 뜻이다. 남에게 도움이 되지 않으면 이타적인 게 아니다. 대부분의 유리멘탈은 이타적으로 살지 않는다. 왜냐하면 자기를 희생해서 남에게 피해를 주니까. 현실과 동떨어진 짓만 하다 자멸하니까. 유리멘탈의 본질은 이타주의와 아무 관련이 없다. 앞서 말했듯, 유리멘탈은 다른 사람 좋으라고 그러는 게 아니라 자기 쪽팔려서 그러는 것이다. 자기 이미지 관리하려고 바둥대는 것이다. 유리멘탈은 처음부터 누군가에게 도움이 될 의도도 능력도 없었기에 이타적일 수 없다. 유리멘탈은 자기 쪽팔린 마음에 바둥대는 또 다른 형태의 이기주의자일 뿐이다.

유리멘탈에서 탈피하고 싶으면 두 번째 좌우명을 외운다. "남보다 내가 먼저다." 네 목숨이나 내 목숨이나 다 같은 목숨이지만, 내가 나인 이상 나는 무조건 내 목숨을 우선해야 한다. 그게 자연의 법칙이며 세상의 순리다. 내가 먼저 살아야 다른 사람도 산다. 그동안 과로사로 요절한 수많은 유리멘탈들의 현실을 돌이켜 보자. 다른 사람들에게 폐 끼치지 않기 위해, 세상에 미안하지 않기 위해, 그렇게 기를 쓰고 살다 나는 죽고 내가 하던 일은 동료들이 덤터기 쓰고 말았다. 나의 '희생'으로 행복해진 사람은 아무도 없다. 나의 희생으로 모두가 피해를 보았고 모두가 불행해졌다. 죽는 것보다 욕 먹는 게 낫다. 남보다 내가 먼저다. 그게 현실이다. 당신이 실전 인생에서 생존하는 법이다. 모두가 행복해지는 법이다.

4. 힘들면 도망간다

야구인 김기태. 김기태는 역대급 슬러거(강타자)였다. 그는 야구 천재였지만 그의 인생은 실력대로 풀리지 않았다. 몸 담았던 구단이 매각되고, 도매급으로 다른 팀에 넘어갔다, 감독과 싸우고 내쳐지고, 선수협 파동 때는 프락치로 몰리는 등 한시도 평온할 날 없는 불운한 선수 생활을 하다 은퇴했다. 은퇴 후 그는 지도자로 새 인생을 개척했다. 일본으로 가서 코치 수업을 받았고, 오랫동안 타격 코치로 명성을 쌓다가 2012년부터 LG 감독을 맡았다. 2013년, 11년간 한번도 포스트 시즌에 진출하지 못하던 팀을 플레이오프로 진출시켜 능력을 인정받았으나, 상대팀이 자기를 무시한다며 경기 중 추태를 벌이고 휴대폰을 꺼 버린 채 도망가는 행동으로 '포기태'라는 별명이 붙었다. 2014년엔 시즌 초반 팀이 밑바닥을 헤매자 이번엔 아무 말도 없이 짐을 싸서 집으로 가 버리는 사상 초유의 배째라 사퇴로 사람들을 경악케 했다. 이때의 일로 '런기태'라는 별명이 붙었으며, 다들 "이 새끼는 다시 야구 감독 못할 것"이라고 했으나, 웬걸, 2015년부터 장장 5년간 기아 감독을 맡는다. 이때도 제 버릇 개 못 주고 각종 황당한 기행을 행했으나, 2017년 어찌저찌 팀을 우승시키는 기적을 행한다. 2018년까지 팀을 3년 연속 포스트시즌 진출시키며 '명장' 소리를 들을 때쯤, 아니나 다를까, 2019년 팀이 바닥을 헤매자 또다시 여지없이 짐을 싸들고 도망가 버린다. (이번엔 구단에 언질은 주고 도망갔다고.) 2번이나 시즌 도중 사퇴한 야구 감독은 지금껏 한 번도 없었으며, 특히 김기태처럼 배째라 화풀이를 하듯 도망을 간 경우는 단 한 번도 없었다.

비슷한 일이 연예계에도 있었다. 모두에게 유명한 2011년 한예슬 촬영 펑크 사건이다. KBS 드라마 「스파이 명월」 주연을 맡았던 한예슬이 "도저히 못 해 먹겠다"며 느닷없이 촬영을 때려치우고 미국으로 도망을 가 버린 사건. (「한예슬 쇼크」 방송 지각→펑크→도망까지… 한예슬 책임감 부재 기막혀!, 동아일보 2011. 08. 16) 한예슬은 하루아침에 '국민 쌍년'으로 낙인, 어마어마한 비난을 받았으며, 드라마 제작사에서는 200억 원대 손해 배상 청구를 했다. 하지만 소송은 불발됐다. 계약 조건을 먼저 어긴 건 제작자 측이었기 때문이다. 계약 조건을 깡그리 무시한 비인간적 촬영 강행군 때문에 한예슬은 당시 진짜로 죽을 것 같아서 촬영장에 나오지 못하고 도망간 거였다. 한예슬의 사정에는 아무도 관심이 없었고 다들 한예슬을 욕했다. 이 당시 한예슬은 한국에서 연예 활동 끝났다는 생각이 지배적이었다. 하지만 웬걸, 한예슬은 3년 만에 드라마 주연으로 복귀했으며, 지금도 잘나간다.

다들 김기태가 도망갔을 때 그랬다. 저 새끼 정신병자라고. 한예슬한테도 그랬다. 사실 그렇게 보이기도 했다. 둘 다 평소에도 정상적인 사람들은 잘하지 않는 돌발 행동을 했으니까. 정신 건강에 대한 오해가 이런 데서 발생한다. 김기태와 한예슬은 정신에 병이 있어서 도망을 갔던 게 아니라 정신이 정상 작동해서 도망갔던 것이다. 이들이 평소에 어떤 미친 짓을 하고 다녔는지는 몰라도, 이들은, 다른 대부분의 경쟁

상대들이 도태되는 동안, 모든 영광 다 누린 인생을 살았다.

강철멘탈과 유리멘탈을 구분하는 기준은 '남에게 불쾌한 행동을 하느냐' 여부가 아니다. 강철멘탈인지 아닌지 구분하는 법은 '손해 볼 짓을 하지 않는 것', '자신에게 유리한 행동을 하는 것'이다. 소시민들은 그렇게 생각한다. 김기태와 한예슬은 그때 손해 볼 짓을 한 거라고. 그래서 욕 먹은 거라고. 앞에서 한 말 다시 한다. 당신 인생에 최악의 손해 볼 짓은, 욕 먹는 게 아니라, 죽는 거다. 도망가지 않고 끝까지 버티다 과로사한 사람들의 사례를 보자. 누가 진짜 손해 볼 짓을 한 건가?

욕 먹는 건 손해 볼 짓이 아니다. '강철멘탈 되는 법'은 당신에게 당연한 현실주의를 일깨운다. 손해 볼 짓은 욕을 먹는 게 아니라 당신이 죽거나 망가지는 것이다. 앞서 말한 좌우명이 반복된다. 죽는 것보다 욕 먹는 게 낫다. 남보다 내가 먼저다.

강철멘탈은 언제나 본능적으로 동일한 선택을 한다. 남보다 내가 먼저인 선택. 일단은 내가 먼저 살고 보는 선택. 미안해하기 전에 내가 손해 보지 않는 옵션을 찾는다. 언제나 내게 더 유리한 쪽으로 몸뚱이를 움직인다. 그리고 살아남는다.

유리멘탈은 손해 볼 짓을 한다. 그것도 궁극의 저세상급 최악의 손해 볼 짓만 한다. 나보다 남이 먼저인 선택. 일단은 내가 희생하고 보는 선택. 언제나 욕먹지 않는 쪽으로 몸뚱이를 움직인다. 그리고 도태된다. 살아남은 자들끼리 영광을 나눠

먹는 동안 구석에 찌그러져 비웃음을 사거나 흙 속에 고요히 잠든다.

그래서 말한다. 힘들면 내려놓고 쉬라고. 너의 과몰입은 미안한 마음으로 만들어진 저주받은 프로그래밍이라고. 그만두고 쉬지 못할 상황이면 김기태, 한예슬처럼 차라리 도망을 가라고. 어느 드라마 제작 관계자는 한예슬 촬영 펑크 사건 당시 이런 말을 했다. 한예슬이 좀 더 영악했다면 도망가는 대신 응급실로 실려가는 연기를 했을 거라고. 한예슬은 너무 정직했다고. 대처 방법은 각자의 재량이다. 한예슬은 당시 살기 위한 최선의 선택을 한 셈이다. 지금 똑같은 일을 당하면 아마도 똑같은 선택을 할 것이다. 그 자리에 쓰러져 실려가는 실신 연기를 하는 대신 문제 해결을 향해 직진할 것이다. 짐 싸들고 도망갈 것이다. 왜냐하면 그게 자기 건강에 제일 이로우니까. 미안한 마음의 저주받은 프로그래밍 따위 없으니까.

5. 버려야 산다

강철멘탈과 유리멘탈의 중요한 차이가 나온다. 멘탈이 무너지면 사람은 작은 것에 집착한다고 했다. 앞서 설명한 '디테일에 대한 집착'은 자격지심에만 머물지 않는다. 앞으로 이야기할 거의 모든 유리멘탈의 병적 마인드에 다 적용된다. 소심小心하다는 말의 의미를 되새겨 본다. 소심한 것은 작은 것에 집착하는 것을 말한다. 소심할수록 작은 것에 집착하고, 대범할수록 작은 걸 버리고 큰 것에 집중한다. 이는 강철멘탈 되는 법의 사실상 '제1 물리법칙'이다.

생존력이 강할수록 강철멘탈이 되고, 생존력이 약할수록 유리멘탈이 된다. 인간의 멘탈이 약해지면 집착하게 된다. 주변 모든 사소한 것들에. 안경, 옷차림, 말투, 벽의 균열, 바닥의 무늬에 일일이 병적인 집착과 두려움, 그리고 사적 감정을 느끼게 된다. 정신 고통을 분산시키기 위한 몸부림일 수도 있겠다. 하지만 그럴수록 정신의 고통은 더 깊어진다. 정신의 고통이 깊어질수록 현실에서 멀어진다. 문제 해결이 불가능해진다.

같은 원리가 연애에서 나타난다. 멘탈이 허약할수록 가망 없는 관계에 집착한다. 이별에 밑도 끝도 없는 두려움을 느낀다. 모든 것에 사적 감정을 느낀다. 멘탈 병자의 연애법은 이미 오래전에 마음 떠난, 원래 아무 관계도 아니었던 옛 연인에 집착하는 것이다. 당신은 앞으로도 그 병든 멘탈로 계속해서 무언가에 집착하게 될 것이다. 정신이 무너져 내리고 인생이 무너져 내릴 때까지.

사람은 멘탈이 약할수록 버리지 못한다. 지금 이거 아니면 안 될 것 같은 근거 없는 불안감이 정신을 지배한다. 마음 떠난 애인에 대한 집착, 평판에 대한 집착, 올바른 인간에 대한 집착은 결국 '나는 생존하지 못할 것'이라는 오장육부의 두려움에 근거한다. 그럴수록 다 털어 버리고 홀로서기에 집중해야 하는데, 유리멘탈은 그렇게 못한다. 정말로, 사형장에 끌려가는 사형수처럼 "나 죽는다"는 두려움에 휩싸여 정신을 차리지 못한다.

멘탈이 강할수록 버리기에 능하다. 강철멘탈이 과로사 따위 당하지 않는 이유는 쉽게 버리기 때문이다. 이거 아니어도 상관없다는 마인드가 기본 장착돼 있기 때문이다. 나는 어디서든 생존할 것'이라는 오장육부의 확신 속에 살아왔고 지금도 그러하기 때문이다. 이들은 사형장에 끌려가는 사형수의 마인드를 이해하지도 않고, 닮지도 않는다.

누구나 죽기 마련이다. 물론 죽음의 공포에서 벗어나긴 힘들겠지만, 집착은 버릴 수 있다. 이제 이거 없어도 괜찮아. 이거 없어도 상관없어. '이제 이거 버리고 가도 된다'는 생각을 하는 순간 당신의 멘탈은 바뀐다. 그리고 사는 방식이 바뀐다.

우리는 크든 작든 사형수의 마음으로 살기 마련이다. 우린 모두 날 때부터 사형 선고를 받고 죽음을 향해 가는 필사의 mortal 존재들이기 때문이다. 결국엔 다 죽기 마련이라는 사실을 알면서도, 이거 내게 사실 필요 없다는 거 알면서도, 집착을 한다. 이게 습관이 되면 당신은 사형수의 인생을 살게 된다. 결국엔 다 죽기 마련, 이거 없어도 괜찮다고 생각을 전환하는 순간, 당신은 사형수의 마음에서 벗어난다. 당신이 나중에 어디서 어떤 죽음을 맞이하든, 당신은 그때까지 잘살 것이다.

다 버리고 혼자 갈 수 있다고 생각한다. 이른바 '다 버리기 시뮬레이션' 훈련이다. 머릿속으로 시뮬레이션을 돌리는 것이다. 당신에게 가장 소중하고 절실한 것부터 버리자는 생각을 한다. 지금 서로 죽고 못 사는 연인이 있으며, 천생연분 잉꼬부부로 10년 넘게 살아온 배우자가 있으면 당신은 지금 당장 이를 버리고 가는 상황을 생각한다. 그럴 일은 없겠지만, 그런 상황을 공격적으로 가정한다. 머릿속으로 시뮬레이션을 돌린다. 정말 그렇게 됐을 때, 미련 없이 집착 없이 내 갈 길 가는 상황을 상정한다. 어떻게 할 것인지를 최대한 구체적으로 머릿속에 그려 본다. 버리고 갈 것이 꼭 사랑하는 사람일 필요는 없다. 부모, 친구, 직장, 커리어, 학벌, 성적, 사업, 부동산, 샤넬 백, 게임 캐릭터, 벤츠 자동차, 신앙, 믿음, 꿈, 소망, 십 년 이십 년 모은 적금, 전재산… 당신의 머릿속에 가장 오래, 혹은 가장 최근, 가장 소중하게 자리 잡은 것이면 무엇이든 상관없다. 지금 당장 없으면 죽을 것 같은, 제일 아까운 걸 골라, 이걸 어쩔 수 없이 버려야만 하는 상황을 그린다. 강제로 박탈되고 빼앗기는 상황을 상정한다.

가장 소중한 것부터 버릴 수 있어야 한다. 아무리 소중한 것이라도 결국 버릴 수 있다는 생각이 들면 그 밖의 것들은 쉽다. 다시 말한다. 당신이 아무리 불가항력적 핑계를 대고 싶어도, 문제의 해결책은 언제나 변함없이 그대로다. 집착을 버려야 당신의 문제도 해결된다.

지금껏 미안해하지 않아야 문제가 해결된다고 이야기했다. 하지만 우리는 이제 마지막 근본적인 질문을 한다. 미안해하는 마음도 결국 죽음에 대한 공포 같은 건 아니었던가? 그럴 수 있다. 당신의 미안한 마음은 인간 사회가 주입한 프로그래밍이 아니라, 필사의 운명처럼, 당신의 유전자에 새겨진 타고난 저주일 수도 있다. 아무래도 도저히 미안한 마음을 억누를 수 없다면, 우리는 방법을 달리한다. 지금껏 해왔던 방법에서 한발 물러나 우회하는 법을 생각한다. 미안한 마음은 그대로 두고, 소중한 것부터 버리는 습관을 익힌다. 죽음에 대한 공포는 어쩔 수 없지만, 집착은 버리고 갈 수 있다. 집착, 그토록 소중했던 것에 대한 집착을 버리는 순간, 당신의 그 악착같이 미안했던 마음에 한줄기 시원한 바람이 불 것이다. 악귀 같았던 지독한 집착이 조금 느슨해질 것이다.

유리멘탈, 불행종자일수록 소중한 것이 많으며, 소중한 것에 대한 집착도 강하다. 이들에겐 모든 것이 다 소중하며 아무것도 쉽게 버리지 못한다. 쓰레기를 버리지 못하고 온 집안을 쓰레기 천지로 만들어 버리는 저장 강박증Hoarding disorder

이 아무것도 버리지 못하는 가장 노골적인 사례다. 정신과 전문의들의 진단처럼 저장 강박증은 치료가 어렵고, 세월이 갈수록 악화되다, 인생을 파괴하게 된다. (물건을 버리지 못하겠어요-저장강박증, 정신의학신문 2018. 12. 27.) 당신이 소중한 것을 (죽어도) 버릴 수 없다면, 이것 없이 (절대로) 나 홀로 갈 수 없을 것 같다면 당신은 저장 강박증에 빠진 것이다.

지금부터 이 악물고 버리는 훈련을 해야 한다. 매일 한시도 거르지 말고 '다 버리고 홀로서기' 시뮬레이션을 돌려야 한다. 당신이 생존하는 유일한 길은, 소중한 것에 매달리는 게 아니라, 소중한 걸 버리고 가는 것이다. 지금껏 당신이 어떻게 살아왔든, 지금 어떻게 살든, 당신이 원래 어떤 사람이었든, 앞으로 어떤 계획을 세우든, 그건 중요치 않다. 중요한 건 당신은 홀로 세상에 태어났으며, 홀로 세상을 떠나게 될 것이란 사실이다. 당신이 지금 어디에 붙어 어떤 삶을 영위하든, 결국엔 모든 인연을 끊게 될 것이다. 그때를 생각해야 한다. 그때가 되면 당신은 어떻게 할 것인지 지금 다짐을 한다. 지금 당장 다 버리고 갈 수 있어야, 앞으로 어떤 일이 닥쳐도 마음이 건강할 수 있다. 당신에게 소중한 것이 무엇이든 버릴 수 있어야 어떤 일을 겪어도 온전히 살아 돌아올 수 있다.

일본 최고 부자 여성, 디엔에이 창업자 난바 도모코의 사례를 보자. 수십억 원의 연봉이 보장된 컨설팅 회사 맥킨지McKinsey & Company 파트너의 자리를 그만두고 벤처 회사를 차린다고 했을 때 모두가 미쳤다고 손가락질했다. 그렇게 고생해서 얻은 걸 어떻게 다 포기할 수 있느냐고 사람들이 물었다. 도모코의 대답은 이랬다.

"왜 높은 지위를 버리고 낮은 쪽으로 가려고 하느냐는 것이었어요. 경제적으로도 안정적인 것을 버리고 불안한 쪽으로 간 것이었죠. 하지만 우선 지위에 대해서는 별로 관심이 없었어요. 낡은 생각이라고 생각했어요. 모두가 지위가 높다고 해도 나 스스로는 그렇게 생각하지 않았으니까요. 경제적인 부분에 대해서도 나는 '잘 안 되면 다른 거라도 하지'라는 식이었어요. 할인 마트 캐셔를 해도, 학원 강사나 가정 교사를 해도 잘할 자신 있어요. 마음 먹으면 못할 게 뭐 있나요. 직장 그만두고 다른 일 한다는 게 두려운가요? 너무 걱정하지 마세요." (자산 6300억 원… 세계서 가장 단단한 日 유리천장 뚫다, 조선일보 2013. 06. 29.)

소중한 걸 버리는 연습을 하라고 했을 때 나는 소중한 게 없으니까 안 해도 되겠다 생각한 사람은 이 글을 잘못 이해한 것이다. 당신이 서울역 계단 앞 노숙자로 살아도 당신에겐 소중한 게 있다. 당신이 매일 몸을 뉘이는 자리, 자리에 까는 마분지, 즐겨 마시는 소주와 담배… 노숙자들이 그들의 '소중한 것'을 지키기 위해 날이면 날마다 치열한 다툼을 벌인다는 사실을 아는 사람은 많지 않을 것이다. 다 포기하고 자진해서 사회 밑바닥으로 굴러 떨어졌는데, 그런데도 소중한 걸 만들고 집착하는 게 인간이다.

'다 버리기 시뮬레이션'은 다 포기하고 노숙자 신세로 전락해 버리자는 게 아니다. 될 대로 되라 자포자기 마인드가 아니다. 그런 식으로 다 포기하고 탈탈 털어 봐야 당신은 또 무언가에 매달리고 집착하게 돼 있다. 당신이 아무리 마음을 비웠다고, 세상에 바라는 것 하나 없는 순박한 어린 왕자나 미니멀리스트의 마음으로 살아도 당신은 절대로 마음의 평온을 찾을 수 없다. 왜냐하면 당신은 살아야 하기 때문이다.

인생을 살면 어쩔 수 없이 사소한 것들에 길들여지게 돼 있다. 안락한 일상, 소박한 행복, 아침에 일어나 커피를 마시고, 집에 돌아와 고양이와 단잠을 자는 보잘것없는 삶의 희열에 애착을 갖게 된다. 알량한 기득권이다. 당신의 삶을 지탱하는 알량한 기득권에 당신은 어쩔 수 없는 소중함을 느낀다. 그리고 집착한다. '이거 없으면 안 되는데'라는 불안감을 느낀다.

강철멘탈 되는 법에 미니멀리스트가 되는 법은 없다. 강철멘탈 되는 법에는 무소유의 삶도 없다. 그런 건 전부 그저 또다른 삶의 방식일 뿐, 멘탈을 강화하거나 마음의 평화를 찾아주지 못한다. 당신에게 필요한 건, 다 포기해 버리는 것도 아니고, 적게 먹고 적게 싸는 것도 아니다. 당신에게 진짜 필요한 건 "이게 없어도 잘 살 수 있다"는 '생존에 대한 확신'이다.

집착에서 벗어나는 법은 가진 걸 줄이고 꿈을 포기하고 기대를 버리는 게 아니다. 당신이 집착에서 벗어날 수 있는 유일한 방법은 "굳이 이게 아니라도 어디서든 잘살 수 있다"는 '근자감(근거 없는 자신감)'이다. 당신이 가진 그 알량한 기득권조차, 정말 아무 의미 없는 일상의 행복조차, 지금 사라져 버린다 해도, 처음부터 다시 시작할 수 있다는 확신이다. 버린다는 것, 집착에서 벗어난다는 건 그걸 의미한다.

저장 강박증 환자들이 왜 집착에서 벗어나지 못하는지 진짜 이유를 알아야 한다. 이거 없어도 잘살 수 있다는 생존에 대한 확신도 의지도 없기 때문이다. 당신의 '다 버리기 시뮬레이션'은 여기에 역점을 두어야 한다. "다 버리고 잘살아 보겠다"가 아닌, "나 잘살 수 있으니까 이거 꼭 필요 없어"가 되어야 한다. 당신은 무위자연으로 돌아가는 게 아니라, "까짓것 그거 없다고 죽냐, 어떻게든 살면 되지, 어떻게든 살면 살아져" 평생을 이 생각으로 살았던 난바 도모코의 '무대포 정신'으로 돌아가는 것이다.

당신이 무언가에 집착하고 있다면 부끄러운 줄 알아야 한다. 집착은 삶에 대한 모욕이라는 사실을 깨달아야 한다. "그거 없다고 죽냐, 어떻게든 살면 되지" 마음으로 새 삶을 찾았던 수많은 인생들 앞에 창피한 줄 알아야 한다. 버리고 떠나야 새로운 시작이 가능하다. 버리고 잊어야 미안한 마음이 사라진다. 새로운 삶에 대한 희망을 그려야 멘탈이 단단해진다. 집착하지 않는 마음, 언제든 버리고 떠날 수 있다는 마음만 있으면 된다. 당신에게 필요한 건 타인의 도움도 관심도 사랑도 아니다. 물주, 수익원, 시드 머니seed money도 아니다. 당신에게 필요한 건 "그럼에도 불구하고 잘살 수 있다"는 생에 대한 확신뿐이다. 이 확신이 새로운 삶을 위한 엔진이 되고 에너지가 된다. 당신은 앞으로 어디서 무얼 하더라도 잘살 것이다. 세월이 갈수록 행복해질 것이다.

6. 과거를 버리지 못하면 정신이 썩는다

가수 이현우는 미국인이다. 그는 예술가가 되기로 했지만 미국에선 경쟁력이 없었다. 그래서 당시 대부분의 끼 있는 한인 교포가 그랬듯, 한국으로 들어와 연예인이 되었다. 1991년 직접 작사 작곡한 '꿈'이 KBS 가요톱텐 1위로 데뷔, 처음부터 대박이 터졌다. 이후로 '슬픔 속에 그댈 지워야만 해' 등 메가 히트곡을 발표하며 쭉 잘나갔다. 그러다 1993년 대마초 흡연으로 구속되고, "가수 생활 끝났네" 싶었지만, 1997년 '헤어진 다음 날'을 또다시 히트 시키며 재기에 성공한다. 이후 사수, 쇼 호스트, 광고 모델, 연기자 등으로 잘나가다 2007년 무면허 음주 운전으로 처벌받는다. (당시 혈중 알코올 농도 0.114%, 국제운전면허증 유효기간 만료 상태.) 음주 운전 사실이 대서특필 되고 얼마 되지 않은 상태에서, 자동차 광고 모델, 대부업체 광고 모델로 등장하며 사람들을 경악케 했다. 그는 이외에도 또 한 번의 음주 운전, 주가 조작 의혹까지 받으면서, 연예계 막장 범죄 그랜드 슬램을 달성했다고 '그랜드 현우'라는 별명이 붙었다. 하지만 이현우는 그 뒤로 더 잘나갔다. 그는 라디오 DJ가 되었고, 인기 프로그램의 MC가 되었으며, 가끔씩 감초 연기자로 등장하고 있으며 광고 모델로도 잘나가고 있다. 사업 실패로 거액의 돈을 날리지만 않았어도 그는 배용준 버금가는 '인생 최고 잘 풀린 연예인'이 될 수 있었다.

사람들은 '그랜드 현우' 같은 사례를 보며 생각한다. 세상은 불공평하다고. 저런 놈이 아직도 잘나가고 있으니 세상에 정의란 없는 거라고. 이현우만 그랬던 게 아니다. 동료 가수 이승철도 대마초로 구속된 적이 있었다. 그는 대마초만 한 게 아니라 필로폰도 했다. 마약만 한 게 아니라 폭행, 표절, 음주 운전 등 저지를 수 있는 거 다 저질렀지만 여전히 잘나가는 (심지어 존경받는) 뮤지션이다. 이승철만 그랬던 것도 아니다. 검색창에 '물의 연예인'을 검색해 보면 그 수가 굉장히 많은데, 여기 정리된 사람들은 전체의 백분의 일도 되지 않는다. 개중엔 살인죄 및 시체유기죄를 저지른 자도 있지만 지금은 아무도 신경 쓰지 않는다. 여전히 TV에 잘만 나오고 사람들은 그들이 나오는 TV를 아무 거부감 없이 잘만 본다.

세상이 공평한가 정의로운가 그런 생각은 당신이 정치계에 투신하고 나서 할 일이다. 소소한 인생을 사는 소시민의 입장에서 중요한 건 지금 현재 세상 돌아가는 원리다. 그랜드 현우 빨리 망하라고 저주 퍼부을 시간에 어째서 일이 그렇게 된 건지 원인을 알아야 할 일이다.

당신은 세상 사람들이 얼마나 인간의 과거에 관심 없는지 알아야 한다. 당신이 대중을 상대로 비즈니스를 하고 싶다면 제일 먼저 대중들이 얼마나 과거를 무섭게 잊는지 알아야 한다. 앞서 김연아의 사례를 이야기하며 "과거는 흘러가 버린 물이라고 생각하라"고 했다. 당신의 추한 과거도, 화려했던 과거도 모두 흘러가 버리는 법이며, 그 사실을 이해하고 받아들여야 병든 마음에서 탈출할 수 있다고 했다. 재미있는 건 대중도 그렇다는 점이다. 대중도 물이다. 한번 흘러가 버리면 다시 돌이키지 않는다. 대중의 행태를 더 깊이 연구할수록 대중은 언제 어디서나 물의 흐름과 동일하다는 사실을 깨닫게 된다.

세상에 적응하는 법은 물의 흐름을 이해하는 것이다. 그리고 그 흐름에 동참하는 것이다. 당신은 지금도 그랜드 현우를 떠올릴 때마다 분노에 몸서리치며 '이 새끼 죽으라'며 저주 인형에 못질할지 모르겠다. 우린 지금 또 다른 형태의 집착을 이야기한다. 또 다른 형태의 저장 강박증을 이야기한다. 이런 짓을 하는 까닭은 당신의 마음이 병들었기 때문이다. 마음이 병들었기에 아무것도 버리지 못하는 것이다. 당신과 하등 관련 없는 어느 검은 머리 미국인의 과거에 집착하며 스스로를 학대하는 것이다. 당신에게 아무 피해도 준 적 없는 어느 누군가의 십몇 년 전 과거사에 눈 뒤집혀 자기 멘탈을 때려 부수는 것이다. 아무것도 버리지 못하고 모든 것에 집착하는 습관에 빠져 정신병자의 인생을 사는 것이다.

사람들은 이현우의 과거를 잊었다. 그가 요즘 아침 9시마다 진행하는 라디오 프로그램 「이현우의 음악 앨범」은 (그가 음주 운전으로 대박을 쳤던 2007년부터) 13년째 인기리에 방송 중이며, 아무도 이현우의 과거를 언급하지 않는다. 모두가 DJ 이현우를 사랑한다. 모두가 그가 앞으로도 13년 더 라디오를 진행하기를 바란다. 대중은 원래 그런 존재다. 이들에게 장기 기억은 존재하지 않는다. 영화 「메멘토」의 주인공처럼, 이들의 기억은 10분 이상 지속되지 않는다. 이들이 보는 건 오직 현재뿐이며, 이들에게 영향을 주는 것은 지금 당장 자신들 눈앞에 보이는 현재뿐이다. 이들은 물처럼 흐르며 한번 흘러가 버린 것은 돌이키지 않는다. 이들에게 유일한 '기준'이 있다면 그건 "과거는 잊는다"는 것뿐이다.

사람들이 이현우의 과거를 잊은 까닭은 이현우가 먼저 자기 과거를 잊었기 때문이다. 그가 먼저 과거를 잊고 아무 일 없었던 듯 살았기에 대중도 아무 일 없었던 것으로 여긴 것이다. 이현우가 자기 먼저 제 발 저린다고 과거를 반성하고 과거를 언급하고 미안해하고 사죄하고 부끄럽게 살았다면 그럴 때마다 대중들은 기억했을 것이다. "저 새끼 그때 그랬잖아. 저 새끼 그러고 보니 순 나쁜 새끼잖아." 사람들에게 잘 보이기 위해, 올바른 사람이 되기 위해 과거를 반성한 것이지만, 대중들은 정반대로 받아들이는 것이다. 미안한 마음은 아.무.것.도. 해결하지 못한다고 했다. 미안한 마음은 문제를 악화시키고 없던 문제까지 만든다고 했다. 그동안 사회적 물의를 빚고 사람들의 손가락질을 받았던 다른 연예인들을 떠올려 보자. 이들은 한때 TV에만 나오면 모두가 수군댔다. 하지만 지금은 어떤가. 이들은 겨우 몇 년 만에 루머의 주인공에서 연예계의 주인공이 되었다. 이들의 과거를 아는 사람들은 많지만, 이들의 과거를 언급하는 사람은 아무도 없다. 이들의 과거를 기억하는 사람은 많지만 거기에 연연하는 사람은 아무도 없다. 왜. 이들이 먼저 과거를 버렸기 때문이다. 과거에 대해 눈곱만큼도 미안해하지 않았기 때문이다. 이들의 현재 평판은 이들 자신이 만든 것이었다. 이들이 과거에 연연하고 부끄러워하고 미안해했다면 이들의 현재는 없었을 것이다. "내가 신경 쓰지 않으면 저들도 신경 쓰지 않는다"는 믿음으로 아무것도 미안해하지도, 아무것에도 집착하기 않았기

에, 과거는 물이 되어 흘러가 버렸고, 현재의 영광을 차지할
수 있었다.

　당신의 미안한 마음을 가장 격렬하게 자극하는 건, 대부분
의 경우, 당신의 과거다. 당신의 더럽고 부끄러운, 오류 투성
이 과거가 시도 때도 없이 당신의 정신을 좀 먹고 당신의 멘
탈을 유리처럼 약하게 만든다. 다시 말한다. 당신은 과거에
미안할 이유가 없다. 당신이 과거에 무슨 죄를 저질렀던, 그
건 흘러가 버린 물이다. 당신이 과거에 자꾸 죄의식과 반성
의 욕구를 느낀다면 그건 저 멀리 태평양까지 흘러가 버린 물
을 양동이로 길어다 머리에 퍼붓는 '미친놈 달밤에 차력쇼'와
다르지 않다. 당신이 과거에 어떤 사연이 있었는지는 모른다.
아마도 다른 사람이 이해할 수 없는, 온 우주에서 오직 당신
혼자만 겪을 수 있는 너무나 극적으로 애타게 절박한 사연일
지도 모르겠다. 하지만 그렇다고 현실이 달라지진 않는다. 과
거는 흘러가 버린 물이며, 누구도 흘러가 버린 물을 다시 길
어 올 수 없다.

　당신들 중 일부는 지금까지 글을 다 읽고도 아직도 이현우
는 과거를 반성하며 자숙해야 한다고 생각할지 모르겠다. 그
런 당신은 정신이 병든 인간이다. 아직도 자신의 과거를 물어
뜯고 남의 과거까지 물어뜯는, 썩은 고기에 집착하는 유리멘
탈이다. 이현우가 과거를 무시하고 아무 언급도 하지 않는 건

뭘 어떻게 봐도 모두를 위한 최선의 선택이다. 왜냐하면,

1) 자신에게 도움이 되지 않으며,
2) 다른 사람에게도 도움이 되지 않기 때문이다.
3) 과거는 흘러가 버린 물이기에
4) 굳이 쫓아가지 않기로 한 것이며,
5) 다른 사람들도 쫓아가지 않는다는 사실을 잘 알기 때문
이다.

당신이 유리멘탈이 된 까닭은 현실을 보지 못하기 때문이다. 당신이 유리멘탈인 까닭은 현실부적응자이기 때문이다. 세상의 섭리와 대중의 습성을 거부하고 물의 흐름을 거슬러 살기 때문이다. 당신은 과거를 기억하고 되새길 수 있다. 그래도 된다. 그건 당신 마음이고 각자의 취미 생활이다. 하지만 과거에 미안해하고 현재에 영향을 주는 건 현재를 살지 않기로 한 것과 다르지 않다. 현실을 거부하고, 발목에 과거의 족쇄를 채우고, 몽둥이로 멘탈을 때려 부수며 사는 것이다. 당신은 자기 자신을 죄인으로 만들었고 스스로를 지하 감옥에 가둔 것이다.

과거는 시뮬레이션으로 버려지지 않는다. 과거를 버리는 법은 현재에 집중하는 것이다. 현재에 집중해서 과거를 잊어

야 한다. 나는 오늘도 밖에 나가 꽃과 고양이를 볼 것이고, 마트에서 고기를 사와 구워 먹을 것이다. 그리고 차를 마시며 책을 읽다 잠들 것이다. 현재의 소박한 행복이, 생에 대한 변함 없는 의지가 당신을 과거의 지옥에서 구원할 것이다. 과거의 지옥에 오래 머물수록 당신의 생의 의지는 약해질 것이고, 현실로부터 멀어져 도태의 시궁창으로 쓸려가 버릴 것이다. 당신이 현재의 소소한 행복에 몰두할수록 과거는 흐려지다 사라질 것이다. 세상 다른 사람들이 그러하듯, 흘러간 물이 되어 저 먼 바다로 사라질 것이다.

덧붙임

우리는 강철멘탈 되는 법을 이야기하며 삶의 방식을 되돌아본다. 강철멘탈 이야기를 오래할수록 우리는 인간 사회의 위선으로부터 멀어지는 법을 배운다. 그리고 대자연의 어머니가 부여한 삶의 방식을 되짚어 본다. 우리는 배고픈 소크라테스가 되지 않기로 한다. 우리는 배부른 돼지가 되기로 한다. 인간은 동물과 다르기에, 저 혼자 특별하다는 착각에 빠져, 과거를 잊지 않고, 과거를 단죄하며, 반성과 사죄의 삶을 강요하는 '깨어있는 시민'의 삶에 행복은 어디 있을지 생각해 본다. 인간이나 동물이나 사는 데에 이유 없다며, 누구도 특별할 것 없다는 생각으로, 과거를 잊고, 물 따라 바람 따라 사는 삶을 생각해 본다. 어제 들어온 작은 월급으로 창가에 제라늄 화분을 사고, 이번 주말 삼겹살과 와인 상차림에, 지난 일주일 힘들고 괴롭고 억울했던 기억 다 잊는 배부른 돼지의 삶을 되새긴다. 월드컵을 응원하고 BTS 국뽕에 취해 보고 다음 주엔 또 어떤 맛있는 걸 먹을까 어떤 새로운 사람을 만날까 작은 희망 보잘것없는 희열에 부푼 소박한 삶을 이야기한다. 우리는 지금껏 단순해지는 법을 배워 온 것일지도 모른다. 인간 세상의 위선에서 벗어나, 더 이상 고통받지 않고, 생에 대한 확신을 얻는 최선의 방법은 단순해지는 것이다. 싯다르타가 그러했듯, 흐르는 강을 보며, 어찌하면 저렇게 강물처럼 집착 없이 흘러갈 수 있을까 깨닫는 것이다.

미워하지 않는다

멜라니는 연약한 신체를 가진 여자였다. 마치 어머니의 커다란 후프 스커트로 어른 흉내를 낸 어린이 같았다. 지나치게 크고 갈색인 눈으로, 항상 두리번대며 시종 겁먹은 듯한 표정 때문에 더욱더 그렇게 보였다.

「바람과 함께 사라지다」의 멜라니의 이야기로 시작하자. 멜라니는 매력 없는 여자였다. 볼품 없는 외모에 재미도 없고 말도 못했다. 스칼렛은 매력의 화신이었고, 멜라니는 그 정반대 인간이었다. 남자 입장에서 스칼렛과 멜라니를 놓고 봤을 때 멜라니를 선택할 사람은 없었다. 매력 애기를 하면 그렇다. 하지만 강철멘탈의 이야기로 넘어가면 이야기가 바뀐다.

멜라니는 악취도, 상처도, 벌거벗은 몸도 꺼리는 것 같지 않았다. 여기 여자들 중 제일 수줍고 얌전한 멜라니가 그런 면이 있는 것이 이상했다. 미이드 박사가 썩은 살을 잘라내는 옆에서 대야와 수술 도구를 들고 서 있을 때 멜라니는 새파란 얼굴을 하고 있었다. 스칼렛은 그런 수술 후 멜라니가 벽장 속에서 수건에 소리를 죽여 토하

고 있는 걸 본 적이 있었다. 그러나 환자들 눈이 닿는 곳
에선 멜라니는 언제나 상냥하고 친절하고 쾌활했다. 멜
라니는 자애의 천사로 불렸다.

착하고 성실한 여자는 많다. 처음엔 멜라니도 그런 착하고
성실한, 그래서 항상 만만하게 보이다 손해 보는 유형처럼 보
였다. 하지만 남북전쟁이 터지고 생존에 위기가 닥치자 멜라
니의 진면목이 드러났다.

멜라니의 얼굴은 창백했고 눈만 크게 뜨고 있었다.
"난 그분하고 계속 만날 거예요."
멜라니는 낮은 목소리로 말했다.
"전 그분에게 실례되는 일을 할 수 없어요. 출입을 막지
않겠어요."
메리웨더 부인은 마치 주먹으로 한 대 얼어맞은 것처럼
숨이 막혔다. 피티 고모는 입을 멍하니 열고 있었고, 피
터 할범도 놀라서 멜라니를 물끄러미 바라보았다.
'왜 내가 저걸 먼저 말하지 못했을까?'
스칼렛은 질투와 감탄이 뒤섞인 마음으로 생각했다.
'어째서 이 토끼 같은 여자는 메리웨더 부인과 맞설 용
기가 있었던 걸까?'

남부인들의 대의를 비웃고 모욕한 레트 버틀러를 마을에서 쫓아내자는 부녀회에 혼자 반기 든 멜라니의 대사다. 멜라니는 레트 버틀러의 말이 맞다고 생각했다. 그의 말대로 남부는 무의미한 명분에 휘말려 전쟁을 일으켰고 상황이 불리해지자 사람들을 거짓말로 선동했다.

"애슐리는 편지로, 우리들은 북부 사람들과 싸우지 말았어야 했다고 말했어요. 그리고 또, 듣기 좋은 선동을 일삼는 정치가나 연설가에 속아서 전쟁에 몰려들었다고 말했어요."
멜라니는 빠르게 계속 말했다.
"이 전쟁이 우리들에게 보상하는 것은 아무것도 없다고 말하고 있어요. 거기엔 영광이나 그런 건 아무것도 없고, 단지 비참하고 더러울 뿐이라고 말하고 있어요."
…
"나는 남편의 말을 완전히 이해하고 있습니다. 남편이 말하고 있는 건 버틀러 선장이 말씀하신 것과 똑같습니다. 단지 남편은 난폭하게 말하지 않았을 뿐입니다."

멜라니는 자기가 옳다고 생각한 걸 사람들 앞에서 똑바로 말할 수 있었다. 누구보다 제일 눈치 보고 제일 겁 많게 생긴 여자가 알고 보니 누구보다 용감해서 눈치 보지 않았다. 여기 레트 버틀러와 멜라니의 중요한 차이점이 있다. 버틀러는 스스로 강하기에 바른 말을 하는 게 두렵지 않았던 것이고, 멜라니는 사람들을 미워하지 않았기에 두려움이 없었던 것이다. 버틀러는 홀로 강하기 때문에 자기보다 못난 사람들을 미워했다. 그가 사람들에게 '난폭한 방식'으로 말한 건 그 때문이었다. 멜라니가 사람들 눈치를 보지 않고 하고 싶은 말을 당당하게 했던 건 아무도 미워하지 않았기 때문이었다. 버틀러가 한 말과 멜라니가 한 말은 같은 말이다. 하지만 버틀러는 배신자가 되었고 멜라니는 성녀가 되었다. 버틀러는 사람들을 미워했고, 멜라니는 미워하지 않았기 때문이었다. 같은 말인데도 말을 하는 사람의 마음가짐에 따라 완전히 다른 효과를 낳았다.

"스칼렛, 나한테 잘해 줘서 고마워요. 친언니라도 이렇게 잘할 수는 없을 거야. 난 스칼렛을 너무 사랑해. 폐를 끼쳐 정말 미안해요."
스칼렛은 당황했다. 사랑한다니, 이런 바보 같은 여자를 보았나!

멜라니가 아무도 미워하지 못하는 걸 보고 스칼렛은 처음엔 여자가 바보라 그런 거라고 생각했다. 그렇지 않았다. 멜

라니는 스칼렛이 자기 남편 애슐리를 좋아하고 있으며 호시
탐탐 기회를 엿보고 있다는 걸 잘 알았다. 그럼에도 멜라니는
스칼렛을 미워하지 않았다. 바보라 그런 게 아니라 스칼렛의
'긍정적인 면'에 더 집중했기 때문이다. 스칼렛의 어두운 면을
이미 다 알고 있음에도, 그럼에도 불구하고 긍정적인 면이 멜
라니에게 더 크게 보였기 때문이었다. "알고 보면 좋은 사람
이야." 이게 어떤 여자에겐 인생 파멸의 주문이지만, 멜라니
에겐 인생 구원의 주문이었다.

"윌크스 부인이 보내서 왔수다."
그는 퉁명스럽게 입을 뗐다. 평소 말을 잘하지 않는 사
람처럼 목쉰 소리로 천천히 말했다.
"이름은 아치라고 합죠."
"미안하지만 당신에게 시킬 일이 없군요, 아치 씨."
"아치란 내 이름입죠."
"그럼 실례했어요. 성은 뭐예요?"
그는 또 침을 뱉었다.
"그런 건 아가씨가 알 필요 없을 텐데요. 아치면 족해
요."
"아무튼 성은 상관없어요! 아저씨가 할 일은 없으니까."
"있을걸요. 윌크스 부인이 아가씨가 바보같이 혼자 쏘다

니고 싶어 하는 걸 아주 걱정하고 있더군요. 그래서 내게 마차를 몰고 다니라고 하며 보냈어요.”

“무슨 소리!”

스칼렛은 화가 나서 소리를 질렀다. 아치의 싸늘한 외눈은 증오심을 담아 스칼렛을 바라보았다.

“전 말이죠, 남자가 도와주려는 데 여자가 이러쿵저러쿵 할 필요는 없다고 생각해요. 아가씨가 굳이 나가야 한다면 따라 나갑니다. 나는 검둥이를 미워하는 놈이요, 그리고 북부 새끼들도.”

그는 담배 덩어리를 다른 뺨으로 쑤셔 넣고 앉으라고 하기도 전에 계단 위층에 털썩 주저앉았다.

“난 여자 마차를 모는 짓은 원치 않는 사람이오만 윌크스 부인이 내게 그렇게 친절하게 지하실에 재워 주시는데 그분 부탁을 거절할 수 없어 할 수 없이 온 거요.”

여기서 말하는 윌크스 부인이 멜라니다. 멜라니는 애슐리 윌크스와 결혼했으니 밖에선 윌크스 부인으로 불린다. 아무튼 이 부분은 스칼렛이 사업을 하느라 혼자 마차를 몰고 동네방네 쏘다니는데 그게 위험하다고 멜라니가 경호원을 붙여준 상황이다. 아치라는 이 ‘경호원’은 사람을 죽이고 40년 동안 감방에서 썩고 나온 늙은 불량배인데, 멜라니의 인품에 감복해 그에게 충성하기로 했다.

"알고 보면 좋은 사람이야." 이러면서 매일 남자에게 맞고 사는 여자가 아치처럼 불량 노숙자까지 품어줄 일은 없을 것이다. 말만 그렇게 하지 사실은 누구보다 극심한 편견에 빠져 사는 게 대부분이니까. 멜라니는 그렇지 않았다. 그는 자기 남편과 바람난 스칼렛도 미워하지 않았고, 살인 전과가 있는 아치도 미워하지 않았다. 멜라니 앞에선 모두가, 어떤 사람이라도, 완전하게 '초기화' 돼 버리는 셈이다. 상간녀도, 살인자도, 검둥이도, 멜라니 앞에선 그저 한 마리의 가련한 중생일 뿐이다.

"알고 보면 좋은 사람이야"라는 말은 의미 없는 말이다. 이 말을 하는 것도, 듣는 것도 아무 의미도 효과도 없다. 중요한 건 상대방이 어떻게 받아들이는지다. 아치는 실수로 사람을 죽인 게 아니라 사람을 죽이고 싶어서 사람을 죽였으며, 앞으로도 얼마든지 그럴 사람이다. 아치는 최악의 인종차별주의자인 동시에 가장 악질적인 여성 혐오자였지만 멜라니를 섬겼다. 그냥 섬긴 게 아니라 하나밖에 없는 주인을 따르는 똥개처럼 섬겼다. 그래서 그는 멜라니가 하라는 대로 스칼렛 마부 노릇도 하고 심부름도 해주고 흑인들과도 어울렸다. 왜냐하면 그는 멜라니 앞에서 좋은 사람이 되고 싶었기 때문이었다. 멜라니가 아치를 그렇게 믿어 주니 자기도 그렇게 되고 싶었던 것이다. 단지 멜라니의 마음에 들고 싶었던 것이다.

마침내 사람들은 스칼렛의 결백을 진심으로 믿게 되었다. 그러나 그건 결백의 증거가 있었기 때문이 아니라, 단지 멜라니가 결백을 믿고 있다는 이유에서였다. 아주 의심이 없어져 버린 것은 아니었지만 스칼렛에게 다시 정중해지고 개중엔 다시 찾아오는 사람들도 생겼다. 하지만 그것도 역시 그 사람들이 멜라니를 사랑했기 때문에, 예전처럼 멜라니의 사랑을 받고 싶었기 때문이었다.

스칼렛이 애슐리와 바람났다고 소문이 돌았을 때의 일이다. 마을 사람들은 스칼렛을 마녀 취급하며 배척했고, 멜라니에게 너 남편 스칼렛이랑 바람났다, 스칼렛 원래 그런 년인 거 몰랐냐며 고자질했다. 그러자 멜라니는 자기 앞에서 스칼렛을 욕한 이들과 절교했다. 자기는 남편과 스칼렛을 믿고 있으며, 그들은 스칼렛이 미워서 그러는 것이라고 판단했다. 멜라니는 사람들이 뭐라 아우성을 치든 상관하지 않았다. 남북 전쟁 당시 바른 말을 했던 레트 버틀러를 편 들어주었을 때와 마찬가지로, 멜라니는 자신이 믿는 걸 한 치의 의심 없이 굳게 믿었다.

멜라니가 스칼렛을 믿자, 사람들도 스칼렛을 믿었다. 멜라니가 무죄라고 믿으니까 사람들도 덩달아 그렇게 믿었다. 미워하는 마음에 전염되듯, 미워하지 않는 마음도 전염되었다.

미워하지 않는 마음이 너무나 바다와 같이 깊고 한이 없었기에, 사람들은 자기도 모르게 따를 수밖에 없었다. 여전히 스칼렛이 미운 사람들도 있지만, 그건 문제가 되지 않았다. 왜냐하면 이들도 멜라니 앞에선 좋은 사람이 되고 싶었기 때문이다. 멜라니의 마음에 들고 싶었기 때문이다. 어떤 경우라도, 절대로, 멜라니에게 미움받는 사람이 될 순 없었기 때문이다. 그건 사회적 사망 선고와 다름없었기 때문이다.

멜라니의 무조건적 사랑에 가장 막대한 영향을 받은 사람은 스칼렛이었다. 스칼렛은 전쟁도 가난도 실연도 배신도 범죄도 살인도 이겨 냈지만, 멜라니의 사랑은 이길 수 없었다. 폭풍우는 견뎠지만 강한 햇살은 견디지 못했던 이솝 우화의 나그네가 되었다. 스칼렛은 평생 멜라니를 미워하고 귀찮아했지만 결국 멜라니가 없으면 살 수 없는 인간이 되었다.

"당신한테… 애슐리 부탁해."
"걱정 말아."
"그인 감기에 잘 걸려… 아주 자주… 그이가 하는 일도 … 잘 부탁해…"
"알았어, 걱정 말아."
멜라니는 끈질기게 부탁하고 있었다.
"애슐리는… 사업 수완이 없어."

죽음이 눈앞에 닥친 멜라니는 있는 그대로 말하고 있었다. 그는 남편의 수완을 불신하고 있었다.

"잘 부탁해, 스칼렛. 하지만 그이한테 아무 말도 하지 말아줘."

"사업 걱정 말아. 그리고 애슐리한테는 아무 말도 안 할 거야. 아무 말도 안 하고 잘할 거야."

…

"당신은 아주 현명하고… 아주 용기 있고… 언제나 나를 따뜻하게 위해 줬어…"

이 말을 듣자 스칼렛의 목구멍에 막혀 있던 오열이 일시에 쏟아져 나왔다. 스칼렛은 입을 틀어 막았다. 어린아이처럼 엉엉 울음을 터뜨릴 뻔했다.

'나는 악마였어! 당신에게 몹쓸 짓만 했어! 당신을 위해 해준 일이라곤 하나도 없어! 모두 애슐리 때문에 그런 거였어!'

그는 벌떡 일어나 마음을 가라앉히기 위해 엄지손가락을 꽉 깨물었다. 레트의 말이 또다시 머릿속에 되살아났다.

'그 여자는 당신을 사랑하고 있어. 그건 당신이 짊어져야 할 십자가지.'

멜라니의 죽음을 그린 마지막 장면이다. 멜라니가 죽기 전 가장 보고 싶어했던 사람은 스칼렛이었다. 스칼렛은 죽어가는 멜라니 앞에서 (내가 네 남편을 뺏으려 했다는) 죄를 고백하려고 한다. 하지만 아무 말 하지 못한다. 아무 의미 없었기 때문이다. 멜라니는 처음부터 다 알고 있었다. 처음부터 다 알고도, 단지 그저 스칼렛이 좋았기 때문에 넘어간 것이었다. 멜라니의 사랑에 이유나 조건은 없었다. 그는 사람을 미워할 수 없는 사람이었다. 멜라니는 그런 사람이었다.

사랑은 모든 걸 정복한다Love conquers everything. 진정한 사랑은 모두를 감복시키고 원수도 내 편에 서게 만든다고 말한다. 이 말은 전제가 잘못됐다. 멜라니가 모든 걸 정복하고 최후의 승자가 된 건, 사랑했기 때문이 아니라, 미워하지 않았기 때문이다. 사랑은 옵션이다. 핵심은 미워하지 않는 것이다. 사람들은 사랑과 미움이 한 몸이라는 사실을 간과한다. 미움은 사랑의 반대말이 아닌 사랑의 이면이다. 사랑하는 사람이 사랑만 하는 경우는 없다. 사랑을 하면 반드시 미워하게 된다. 그게 사랑의 생리다. 당신이 아는 사랑과 멜라니 같은 사람의 사랑은 근본부터 다르다.

「바람과 함께 사라지다」에는 멜라니와 같은 캐릭터가 한 명 더 있었다. 스칼렛의 어머니 엘렌이다.

스칼렛의 어머니 엘렌 오하라는 서른두 살이었다. 그 시대의 표준으로는 벌써 중년 부인이었다. 여섯 명의 아이를 낳았고, 그중 세 명을 잃었다. 키가 큰 부인으로, 남편과 나란히 서면 어깨 위로 머리 하나가 더 컸지만, 키가 큰 것이 눈에 거슬리지 않았다.

…

스칼렛은 어머니가 어떤 의자에 앉을 때 등을 등받이에 기대는 걸 보지 못했다. 스칼렛은 밤이나 낮이나 어머니가 근엄한 몸가짐을 흐트러뜨리거나, 옷매무새를 그르친 것을 한번도 본 적이 없었다.

어머니는 하룻밤 내내, 출산이나 임종하는 자리에 붙어서 간호를 하다가 아침에 돌아오면 여느 때와 다름 없이 아침 식탁을 돌보고 있었다. 검은 눈에는 피로가 깃들었지만 목소리나 태도에는 조금도 피로한 기색이 나타나지 않았다. 어머니의 위엄 있는 상냥함 속에는 모든 가족을 두렵게 하는 강철 같은 카리스마가 숨어 있었다. 남편 제랄드는 죽어도 아내를 두려워하고 있지 않다고 말하겠지만 그 역시 딸들처럼 아내를 두려워하고 있었다.

스칼렛이 유일하게 미워하지 않는 사람이 있었다면, 그건 어머니 엘렌이었다. (스칼렛은 애슐리도 재미없고 일 못한다고 미워했다.) 엘렌의 권위는 흐트러짐 없는 태도에서 나온 게 아니었다. 그의 권위는 두려움 없는 마음에서 나왔다. 엘렌은 아무도 미워하지 않았기에 두려워하지 않았고, 그러자 위에 묘사된 대로, 사람들이 그를 두려워했다. 사람들은 엘렌을 두려워하면서 존경했다. 노예 해방이 선포되고 전쟁이 발발했을 때, 다른 집 흑인들은 전부 도망갔지만, 엘렌의 흑인들은 도망가지 않고 집을 지켰다. 그들은 엘렌을 두려워했지만 사랑했다. 엘렌을 아는 모든 이들이 그랬다. 그는 눈알 한번 부라리지 않고 모든 사람을 굴복시켰다. 입 한번 벙긋하지 않고 적들을 충직한 자신의 심복으로 만들었다.

"사랑은 모든 걸 정복해" 클리셰가 떠오를 시점이지만, 안타깝게도, 작품은 엘렌이 사랑과 담 쌓은 사람임을 강조한다. 엘렌은 그만의 특수한 사정으로 인해 사랑과 절연한 사람이었다.

아무에게도 말하지 않는 하나의 비밀이 어머니에겐 숨겨져 있었다. 그녀보다 28세나 연상인 제랄드 오하라와 만난 그 해, 그녀의 나이 15세 때, 사촌인, 검은 눈의 청년, 필립 로비야르가 그녀의 인생에서 사라진 것이었다. 빛나는 눈과 제멋대로의 인생을 살던 난봉꾼 필립이 영원히 엘렌을 떠났을 때, 엘렌의 가슴 속에 들끓던 정열까지도 함께 떠나 버려, 그 뒤에 남은 것은 아름다운 그의 겉모습뿐이었다. 안짱다리 난쟁이 사나이, 제랄드 오하라는 껍데기만 남은 엘렌과 결혼한 것이었다.

…

엘렌의 생활은 안락하지도 않았고 행복하지도 않았다. 그러나 그녀는 생활의 안락을 기대하지 않았고, 불우한 인생을 여자의 운명으로 받아들였다. 이 세상은 남자들의 것이며, 그녀는 그걸 있는 그대로 받아들였다.

엘렌은 사랑과 절연했기에 미움으로부터 벗어난 경우였다. 애초에 사랑의 감정을 품지 않았기에 미움의 감정도 품지 않을 수 있었다. 사랑은 선택 사항이라고 했지만, 사랑을 선택하지 않아야 미움으로부터의 로그아웃도 쉬워진다.

「바람과 함께 사라지다」는 이야기 내내 엘렌과 멜라니의 유사성을 언급한다. 둘은 다른 종류의 사람 같아 보였지만, 비슷한 인생을 살았고, 같은 사회적 위치에 올랐다. 어머니처럼 되고 싶다고 생각했던 스칼렛이 마지막에 멜라니 앞에 머리를 조아리고 고해성사를 한 장면은 상징적이다. 두려운 사람은 두려움 없는 사람을 이길 수 없으며, 미워하는 사람은 미워하지 않는 사람 앞에 무릎 꿇을 수밖에 없다.

우리가 엘렌과 멜라니의 인생을 되짚어 볼 필요는 없다. 이들이 행복하게 살았는지, 원하는 걸 이뤘는지 여부도 생각해 볼 필요도 없다. 우리가 멜라니와 엘렌의 사례에서 알아야 할 건 하나뿐이다. 이들이 기적을 행했다는 사실이다. 예수의 오병이어 기적*은 사막 사는 유랑민족이 지어낸 허구였을지 몰라도, 멜라니의 이야기는 엄연히 우리 일상에서 일어나는 현실의 이야기다. 예수의 기적은 당신이 재현할 수 없지만 멜라니의 기적은 당신이 재현할 수 있다.

미워하지 않으면 된다. 단순하지만 어려운 기적이다. 어렵지만 효과는 크고 명백하다. 당신이 멜라니의 기적을 믿건 말건 현실은 언제나 현실 그대로다. 미워하지 않는 마음은 모든 걸 정복하고 당신의 멘탈을 강철보다 강하게 만든다.

미워하지 않는다

당신은 지금껏 미움이 정신 건강에 얼마나 큰 부분을 차지하고 있었는지 몰랐을 것이다. 미움은 당연한 것이고, 강철멘탈이라고 미움이 없을 수는 없다고 생각했을 것이다. 일견 맞는 말이다. 우리가 지금껏 예로 들었던 강철멘탈들 중에도 사람을 미워하고 분노하는 게 습관인 경우도 많았다. 이번에 이야기하는 강철멘탈 되는 법은 지금까지 해온 이야기와 다르

---

* 五餠二魚 奇蹟. 예수가 한 소년으로부터 빵 다섯 개와 물고기 두 마리를 취하여 5천 명의 군중을 먹였다는 기적.

다. 이번 편은 강철멘탈 '궁극의 필살기'이자 '최종 단계'다. 불가능해 보이지만 사실은 누구나 가능한. 당신이 나이를 먹고 노쇠할수록 가까워지는 궁극의 마음의 평화다.

누군가를 미워하는 것은 당연하고 자연스러운 일이다. 미움의 심리 역시 근본적으론 생존의 가능성을 높이기 위한 생리에서 발생한 것이다. 내 밥그릇을 훔쳐 가는 놈, 혹은 내 밥그릇을 뒤엎는 놈에게 적대적 태도를 취하기 위한 '사전 심리'다. 나의 권익을 침해하는 놈에게 공격적인 모습을 보여서 더 이상 내 권익을 침해하지 못하도록 하기 위함이다. 고양이의 하악질 같은 것이다. 나의 복지를 방해하는 놈에게 자동반사적으로 하악하고 이빨을 드러내 상대가 움츠러들도록 하는 것이다. 문제는, 법과 질서가 정착된 문명 사회에서는 이게 아무 이득을 보지 못한다는 점이다. 문명 사회에서 권익이 침해당하면 가까운 검경 사무소를 찾아가 법적 절차를 받으면 된다. 아니면 공동체·조직의 권위에 호소해 억울함을 풀 수도 있다. 문명 사회가 우리에게 준 최대 혜택 중 하나는 개인대 개인의 생존 다툼을 대신 해결해 준다는 것이다. 내 권익이 침해당했다면 그걸 사적인 문제로 만들지 말고 공적인 문제로 처리하는 것이 모든 문명 사회의 공통 원칙이다. 그러면 대부분의 문제는 해결된다.

현대 사회에서 미움은 문제 해결의 방식도 아니고 생존의 방식도 아니다. 자기 생존을 위한 고양이 하악질이었던 심리가 지금은 되려 생존을 방해하고, 인간 관계를 망치고, 멘탈을 병들게 하는 원인이 되었다. '강철멘탈 되는 법'은 강철멘탈의 습관과 유리멘탈의 습관의 차이에서 모티브를 얻는다. 지금 당장 당신의 경우를 되돌아본다. 당신이 누군가를 한없이 미치도록 미워할 때는 언제인가. 혹시 당신이 가장 불행할 때 아닌가? 당신이 가장 약해져 있을 때 아닌가? 누군가를 이유 없이 한없이 병적으로 목숨 걸고 미워하는 사람들을 떠올려 보자. 이들이 어떤 사람들인지 생각해 보자. 혹시 당신이 아는 가장 불행한 사람들 아닌가? 아주 오랫동안 가난하고 힘들고 정신적으로 피폐한 사람들 아닌가?

정신이 병들수록 미움이 강해지는 원리는 간단하다. 내 자신이 약하기에 (혹은 그렇게 느끼기에) 내 밥그릇의 안위에 집착하는 것이다. 멀쩡하게 가만있는 내 밥그릇에 불안감을 느끼고 내 밥그릇을 둘러싼 모든 것에 미움과 적개심을 품는 것이다. 혹시라도 내 밥그릇에 손댈까 봐, 혹시 내 밥그릇에 이미 손댄 건 아닐까 하는 의심에서. 결국 아주 작은 시비에도, 혹은 별것 아닌 피해에도, 목숨이 위협받은 것처럼 정신이 날뛴다. 사람은 정신이 약할수록 쉽게 위협을 느끼고 쉽게 인내심이 무너진다. 순간적으로 미운 마음이 드는 건 어쩔 수 없는 일이다. 하지만 미움에 집착하는 건 어쩔 수 없는 일이 아니다. 당신이 미움에 집착하는 건 명백히 당신의 정신에 병이 들었다는 뜻이다.

미움에 집착하는 미움 중독자들은 주변에서 쉽게 볼 수 있다. 누가 밉다고 눈 뒤집고 펄펄 뛰는데 이게 하루이틀 가는 게 아니라 일 년 이 년 십 년 평생 간다. 그런 모습만으로도 꼴사납지만, 정말 심각한 건 그렇게 펄펄 뛰면서 제 밥그릇을 제 발로 걷어찬다는 점이다. 미움 중독의 본질은 여기에 있다. 생존의 가능성을 높이는 게 아니라 몰락의 가능성을 재촉하는 것이다. 너 죽고 나 죽자 공멸의 지랄쇼. 증오와 미움의 칼부림. 끔찍한 자해와 저주의 굿판. 인간은 불행할수록 이런 심리에 중독된다. 인간은 불행에 몰리면 미워할 뭔가를 찾게 돼 있다. 자기 밥그릇이 박탈됐다는 생각은, 원인을 살피게 하는 대신, 막연한 미움과 증오에서 만족을 얻게 한다. 원인을 모르기에 대상은 특별히 존재하지 않는다. 대상이 없어도 특별히 상관없다. 만들어 내면 그만이니까. 미워하기 위해 미워하는 것이다. 미움 자체에서 만족을 얻는 것이다. 미움의 심리가 진짜 위험한 이유다. 문제를 해결하면 더 이상 미워할 수 없으니, 문제 해결을 외면한다. 미워하면 미워할수록 더욱더 미움에 빠져드는 이유다. 한번 미움에 빠지면 좀처럼 헤어나지 못하고, 어떤 문제도 해결하지 않은 채, 아주 빠르게 자멸해 버린다.

미움의 심리는 종종 사회의 문제로 확장된다. 사회 전체가 생산과 공존이 아닌 파괴와 공멸의 길을 걷는다. 우리가 아는 모든 반미 국가들이 그렇다. "독재자도 밉지만 미국은 더 밉다", "우리가 죽더라도 미국인 한 명 더 죽이겠다", 이게 지금까지 멸망했던 반미 국가 국민들의 공통 심리였다. 베네수엘라가 가장 생생한 사례다. 가진 자에 대한 민중의 증오로 대통령이 된 우고 차베스와 그의 동지들은 이 증오를 쉴 새 없이 확대 재생산해 권력을 유지하고 나라를 21세기 최악의 빈곤국으로 전락시켰다. 베네수엘라 국민들은 오늘도 살기 위해 쓰레기통을 뒤지며 주장한다. "우리가 굶어 죽는 건 가진 자들이 먹을 걸 내놓지 않기 때문이다"라고.

당신이 어떤 인생을 살고 싶은지는 상관없다. 당신은 스칼렛의 삶을 선택할 수도 있고, 멜라니의 삶을 선택할 수도 있다. 당신은 아무것도 선택하지 않고 아무것도 아닌 삶을 살다 갈 수도 있다. 하지만 어떤 경우든, 어디서 뭘 하며 어떻게 살든, 당신이 미움의 심리에서 벗어나야 하는 이유는 백만 가지도 넘는다. 미움을 버려야 대인 관계가 좋아지고 사람들에게 존경받고, 이런 건 부차적인 문제다. 여기선 선하게 사는 법을 가르치지 않는다. 이타적인 삶을 이야기하지 않는다. 그건 당신이 각자 알아서 할 일이다. 여기시 미워하지 않는 법을 이야기하는 까닭은 순전히 당신 개인에게 이익이기 때문이다.

당신이 미움의 심리에서 벗어나야 하는 가장 중요한 이유는 물론 당신 정신 건강에 이롭기 때문이다. 미움이 정신을 좀 먹기 때문이다. 미움에서 벗어나지 못하는 한, 아무리 물질적으로 풍요해도 정신이 거덜나기 때문이다. 아무리 행복해지고 싶어 애를 써도 마음이 피폐해지고 정신이 가난해지기 때문이다. 멜라니가 죽은 뒤 스칼렛은 궁금해한다. 돈을 많이 벌었는데, 하고 싶은 대로 다 하고 살았는데, 어째서 완전하게 행복해질 수 없는지 궁금해한다. 단지 잘살고 싶었을 뿐인데, 그래서 잘살았던 것인데, 왜 인생이 행복해지지 않는지 궁금해한다.

정신의 에너지를 행복을 위해 쓰는 게 아니라 미움과 저주를 위해 쓰기 때문이다. 나라의 돈을 쌀을 생산하는 데 쓰는 게 아니라 핵무기를 만드는 데 쓰는 북조선과 같다. 미움의 마음은 당신의 마음을 북조선으로 만든다. 미움의 수렁에 빠져 있는 한, 당신이 아무리 물질적으로 풍요해도, 당신의 마음은 북조선처럼 헐벗고 굶주린다. 정신 건강이 나빠질수록, 불행할수록, 누군가가 미워진다고 했다. 역으로 생각해 본다. 누군가를 미워하지 않을수록 당신의 정신은 건강해진다. 행복감이 높아진다. 나의 정신 에너지를 나의 행복을 위해 쓰기 때문이다.

고작 안분지족의 삶을 위해 미워하는 마음을 버리고 싶진 않을 수 있다. 나는 미워하기 위해 살며, 미움이 나의 삶의 에너지며, 미워하는 것으로 쾌감을 얻는다는 사람도 있을 수 있다. 스칼렛도 그렇게 살았고, 다른 많은 매력인들도 그렇게 살았다. 이 역시 누구도 비난할 수 없는 각자 삶의 방식이다. 하지만 그럼에도 불구하고 미워하는 마음을 버려야 하는 이유는 있다.

사례 1

케빈 리차드슨. '라이온 위스퍼러'로 유명한 사자 훈련사다. 사자와 애인처럼 부둥켜 안고 물고 빨고 뽀뽀하는 남자로 유명한데, 저중엔 물론 어릴 때부터 알고 지낸 사자들도 있지만, 처음 본 사자들과도 저렇게 쉽게 친구처럼 어울린다. 사자하고만 저러는 게 아니라 치타, 표범, 하이에나 등 다른 맹수와도 똑같이 저런다. 리차드슨은 거짓말을 하지 않는다. 자기 이러다 죽을 수도 있다고, 위험은 언제나 상존한다고 말한다. 그의 몸은 온통 맹수들의 이빨과 발톱 자국 투성이다. 몸 여기저기 구멍이 나고 찢어지고 난장판인 상태다. 그럼에도 그는 두려움도 없다. 미워하지 않기 때문이다. 그가 인간은 미워할지 모르겠다. 하지만 동물은 미워하지 않는다. 그는 말한다. 사람은 믿을 수 없지만 동물은 믿을 수 있다고.

출처: 라이온 위스퍼러(The Lion Whisperer) 유튜브

사례 2

아프리카 도로보 족의 사자 먹이 뺏기 동영상을 보자. 맹수들이 가장 사나워질 때가 자기가 잡은 먹이를 남이 훔쳐갈 때다. 미움이라는 감정이 발달한 근본 이유가 자기 밥그릇을 빼앗기지 않기 위함이라고 했다. 그런데 여기서 보는 것처럼 사자 열댓 마리가 비리비리 바짝 마른 인간 3마리에게 어이없이 먹이를 빼앗기고 도망가 버린다. 매번 이런 식으로 사자에게서 고기를 훔쳐 먹는 도로보 족장은 말한다. "두려움 없는 확신을 가지면 된다"고. 그러면 모두가 행복해진다고.

출처: 아프리카 헌터들의 흥미로운 영상

사례 3

유튜브에서 유명해진 아프리카 코끼리와 중년 남성의 '맞짱' 동영상이다. 아프리카 생태계 최강자는 아프리카 코끼리다. 코끼리는 평생 누구에게도 져 본 일이 없다. 코끼리가 저렇게 전속력으로 달려오면 어떤 생명체든 혼비백산 도망간다. 하지만 이 남성은 허허실실 웃으며 미동도 하지 않는다. 그러자 무섭게 달려와 위협하던 코끼리가 멈춘다. 잠시 멋쩍어하더니 비실비실 뒤로 물러나 도망가 버린다. "가장 두려운 존재는 두려워하지 않는 존재"라는 진리가 증명된 순간이다.

출처: MAN HALTS CHARGING ELEPHANT

지금 본 사례들은 멜라니의 사례와 동일하다. 모두 미워하지 않는 마음으로부터 나온 슈퍼 파워다. 단지 각자 사용법이 달랐을 뿐이다. 미워하지 않는 마음만으로 당신은 초능력을 얻을 수 있다. 멜라니의 사례는 허구의 이야기라고 생각할 것 같아서 현실 사례를 보여준 것이다. 저들이 미워하지 않는 마음으로 맹수를 굴복시킨 (혹은 친구로 만든) 것처럼 멜라니 역시 미워하지 않는 마음으로 사람들을 발 밑에 무릎 꿇리고 눈물 흘리게 만들었다. 당신이 개를 대하든 맹수를 대하든 사람을 대하든 범죄자를 대하든 원리는 동일하다. 미움 없는, 편견 없는, 우월한 마음도 없는, 완전히 천진무구한 마음이 되는 것이다. 케빈 리차드슨이 그랬던 것처럼, 도로보 족장이 말한 것처럼, 어떤 방법이나 기술이 존재하는 게 아니다. 그저 그런 마음을 먹느냐 그렇지 않느냐 그것뿐이다. 미움 제로, 두려움 제로, 편견 제로, 우월감 제로의 마음을 익히는 것이다. 누구는 멜라니처럼 자생적으로 그런 마음이 터득되기도 하지만, 누구는 아무리 해도 안 될 수 있다. 여기서 어떻게 하면 되는지 이야기한다. 다시 말하지만, 방법이나 기술이 아니다. 당신의 마음을 달리하는 것뿐이다. 지금 당장은 어렵더라도 당신의 행동과 사고방식을 하나씩 고쳐 나갈 때마다 그 마음의 느낌을 조금씩 이해할 수 있을 것이다. 지금 당장은 아니더라도 언젠가는 터득하게 될 것이다. 당신이 나이를 먹고 노쇠해질 때 더 쉽게 알게 될 것이다.

1. 사람을 자연물로 이해한다

우리는 멜라니가 살인자 아치를 대했을 때 마음을 배워야 한다. 당신이 「바람과 함께 사라지다」에서 얻어야 할 인생 교훈은 멜라니가 아치를 대할 때의 편견 없는 마음이다. '알고 보면 좋은 사람'이라는 전제는 틀렸다고 했다. 알고 보면 좋은 사람이라는 생각 자체가 편견이다. 당신은 당신이 알지도 못하는 사람에 대해 알고 보면 좋은 사람이라고 미리 가치 판단을 해 버린 것이다. 이런 편견부터 버려야 한다. 부정적인 편견도 상대에게 악영향을 주지만, 근거 없는 긍정적 편견 역시 나와 상대 모두에게 악영향을 준다.

리차드슨이 사자를 대할 때의 마음이 곧 멜라니가 아치를 대할 때의 마음이다. 지금 당신 앞에 사자가 있다고 가정해 보자. 당신은 본능적으로 '사자가 내게 달려들 것'이라고 생각할 것이다. 당신은 생존의 위협을 느낄 것이고 정상적인 사고와 행동이 불가능할 것이다. 신진대사에 곤란을 겪다 졸도하거나, 다리를 헛디디고 넘어져 사자에게 잡아먹힐 것이다. 생존의 위협을 느끼는 것. 여기서 모든 문제가 시작된다. 미움의 심리는 곧 내 생존의 위협에 대처하기 위한 방어 기제라고했다. 미움의 감정을 잠재우는 유일한, 근본적인 최선책은 생존의 위협을 느끼지 않는 것이다. 어떻게?

케빈 리처드슨이 맹수들에게 물리고 살점이 뜯겨나가면서도 생존의 위협을 느끼지 않았던 이유가 있다. 나 얘들한테 죽어도 괜찮아. 이 생각 때문이었다. 죽이면 죽지. 얘들한테 죽는 건 괜찮아. 자연으로 돌아가는 것뿐. 이는 케빈 리처드슨뿐 아니라 야생이 좋아 야생 동물과 함께 사는 거의 모든 직종의 사람들이 공통적으로 갖는 심리다. 이들은 모두 한결같이 야생 동물들에 대해 두려움이 없다.

앞서 예로 든 아프리카 코끼리와 중년 남성도 그렇다. 어떻게 그럴 수 있을까. 죽을지도 모르는 상황에서 어떻게 저렇게 태연할 수 있을까. 저 남성의 입장에서 생각해 보자. 혹시 아저씨는 코끼리를 사랑했던 게 아닐까? 리처드슨이 사자를 사랑하는 것처럼, 저 아저씨는 코끼리를 사랑한 게 아닐까? 그래서 코끼리가 자길 죽이려고 달려드는데도 '어, 그래, 괜찮아, 괜찮아, 너한테 죽는 건 괜찮아, 하나도 안 무서워.' 그랬던 건 아닐까?

어떤 이들은 이를 궁극의 사랑이라 말하고, 어떤 이들은 초월적 사고, 해탈이라고 말한다. 어떤 식으로 해석을 하든 그건 각자의 자유다. 중요한 건 죽음을 대수롭지 않게 여기는 것이다. 물론 당신의 머리는 그렇게 여겨도 당신의 오장육부는 그렇지 않을 것이다. 진짜 죽음이 임박하면 당신은 두려움을 느끼고 온몸이 격렬하게 반응할 것이다. 하지만 그럼에도 당신은 상대를 미워하지 않을 수 있다. 상대에게 분노하지 않을 수 있다. 내가 살기 위해 상대를 해치지 않을 것이다.

이 부분 중요하다. 내가 죽더라도 나는 상대에게 해를 끼치지 않겠다는 생각. 나는 이대로 죽어도 상관이 없고 내가 저 상대에게 죽는 것에 아무 원한이 없다는 생각. 이 순간 당신은 미움의 굴레에서 해방된다. "저 인간, 동물, 대상은 내 생존의 위협이 아니다"라는 생각을 하는 순간 당신은 그에 대한 미움에서 완전히 벗어난다. 설사 그 상대가 나를 죽이려는 의도를 갖고 있다 하더라도 당신이 '나는 괜찮아'라고 생각하면 당신은 그 상대에 대한 미움의 감정이 사라지며, 상대에 대해 어떤 두려움도 느끼지 않게 된다.

중요하니 다시 강조한다. 당신은 인간 심리의 근원을 숙지해야 한다. 미움과 두려움은 모두 생존에 대한 간절함에서 비롯된 것이다. 즉, 내가 죽고 사는 것에 대한 원망과 책임을 떠넘기지 않는 것이다. 내가 죽고 사는 것에 대한 집착은 자연의 부여한 본성이기에 어찌할 수 없지만, 이에 대한 원한을 갖는 것은 순전히 당신의 선택이다. 우리는 지금 이 선택의 문제를 논하는 중이다. 내 생존의 문제를 내 개인의 문제로 한정하느냐, 아니면 이를 타인의 문제로 만들어 미움과 증오와 원한의 감정을 갖느냐.

이해되지 않으면 사랑하는 이에게 죽임을 당한다고 생각해 본다. 당신의 어린 아들이나 딸이 어떤 불의의 실수든, 혹은 악령의 지시든, 당신을 죽이게 된다면, 당신은 자식을 미워하겠는가? 그에게 원한을 품겠는가? 아니면 당신이 애지중지하는 개나 고양이에게 죽임을 당한다고 생각해 본다. 당신의 개가 당신에게 급작스러운 병적 폭력성을 보이며 당신의 목덜미를 물었다면, 당신은 그 순간 개를 미워할 것인가? 당신의 고양이가 불의의 치명적 발톱질로 당신의 동맥을 끊었다면, 당신은 과다 출혈로 죽어가며 고양이에게 증오심을 품을 것인가?

같은 마음이다. 멜리니, 시저 훈련사 리처드슨 모두 동일한 마음이었다. 내가 죽고 사는 문제는 나의 문제일 뿐, 세상의 탓이 아니라는 마음. 사람이 아닌 동물에 대해선 그렇게 생각하는 게 쉬울 것이다. 특히 당신이 동물 애호가라면 당신은 지금 이 말에 절대적으로 공감할 것이다. 여기에 미워하지 않는 법의 모든 핵심이 있다. 왜냐하면 사람도 동물이기 때문이다. 동물이라는 카테고리를 확장해 보자. 사람은 동물이고, 동물은 자연이고, 자연은 지구이며, 지구는 우주다. 당신은 우주에서 떨어진 운석에 맞아 죽었다고 우주를 원망하진 않을 것이다. 당신은 지진으로 땅 속에 파묻혔다고 지구를 증오하진 않을 것이다. 당신은 해일에 쓸려가 죽었다고 자연을 미워하진 않을 것이다. 당신은 정글을 탐험하다 살인 개미의 먹이가 되었다고 개미에게 원한을 품을 수 없을 것이다.

결국 미움의 원인은 하나로 수렴한다. 당신이 사람을 대할 때 마음가짐. 당신은 지금껏 당신이 저 사람을 미워하는 건 저 사람에게 문제가 있기 때문이라고 생각했을 것이다. 그렇지 않다. 인간은 누구나 자신을 대하는 사람의 마음에 따라 자신의 '설정'을 바꾼다. 당신이 사람을 의심하고 경계하면 그 사람도 당신을 적대한다. 당신이 사람을 아무 생각 없이 중립적인 마음으로 대하면 그 사람도 당신을 아무 생각 없는 중립적인 태도로 대한다. 당신이 저놈은 문신을 했으니 인성에 문제가 있을 것이라고 생각하면 정말로 당신에게 문제 있는 태도를 보인다. 당신이 문신이 있으나 없으나 다 같은 인간이라고 생각하고 대하면 당신을 아무 문제 없는 다 같은 인간으로 대한다.

멜라니와 아치의 사례를 생각해 본다. 멜라니는 아치의 불량한 몰골을 보고도, 심지어 그의 전과를 알고도, 다 같은 사람으로 여겼다. 지금껏 평생 세상의 편견·의심·경계·적대감 속에 살아온 아치는 여기에 감동한 것이다. 아치 같은 사람을 자기 집에 재워주는 것까지는 권하지 않는다. 그런 과잉 친절까지 베풀 필요는 없다. 아치가 멜라니에게 충성하기로 한 것은 단지 멜라니의 편견 없고 미움 없는 순진무구한 마음 때문이었다.

이 마음이 모든 것의 핵심이다. 멜라니가 어떻게 그럴 수 있었는지, 어떻게 그렇게 할 수 있을지 지금껏 이야기했다. 멜라니가 아치를 사랑하진 않았을 것이다. 사랑은 옵션이며, 항상 가능한 일이 아니다. 멜라니는 아치를 다 같은 주님의 피조물로 보았던 것이다. 이제 케빈 리차드슨과 도로보 족과 코끼리 아저씨의 마음을 이해할 수 있다. 다 같은 주님의 피조물. 비와 바람과 파도와 용암. 사자도 코끼리도 아치도 다 그랬던 것이다. 모두 다 같은 대자연의 일부였던 것이다. 모든 건 당신의 마음가짐의 문제였던 것이다. 당신은 지금껏 세상을 당신의 옹졸한 시각으로 바라보았던 것이다. 당신은 지금껏 딩신과 당신 눈 바로 앞에 있는 사물밖에 보지 못했던 것이다. 그러니 당신의 모든 희로애락이 당신 눈앞 옹졸한 사물에 의해 결정됐던 것이다. 당신은 사물이 아닌 세상을 봐야 한다. 당신은 당신의 눈을 드론 위에 태워야 한다. 그리고 저

하늘 높이 띄워 아주 넓게 멀리 내다봐야 한다. 그러면 당신은 멜라니의 마음을 이해할 수 있다. 어떻게 아치에게 불안과 의심을 품지 않을 수 있었는지 알 수 있다.

당신은 사람을 사람으로 인식해선 안 된다. 당신은 사람을 대자연의 일부로 여겨야 한다. 자꾸 사람을 사람으로 여기기에 기대와 망상을 품게 된다. 미움의 감정을 갖게 된다. 이제야 진실을 말하지만, 당신의 멘탈에 가장 위험한 건 휴머니즘이다. 인간 세상이 당신에게 강요한 휴머니즘은 실제론, 아이러니하게도, 인간에 대한 적개심과 증오를 낳았다. 휴머니즘이 당신의 머릿속에 남긴 건 '인간이라면 응당 이래야 한다'는 편견이다. 이는 인간에 대한 비합리적 기대와 망상을 낳았고, 필연적으로 불안과 의심, 미움과 원망을 낳았던 것이다.

다시 말한다. 당신은 사람을 사람으로 인식해선 안 된다. 당신은 사람을, 그게 어떤 사람이든, 비와 바람과 파도와 용암 같은 자연물로 이해해야 한다. 당신은 그 사람이 어떤 말을 하고 어떤 행동을 할 때마다 비가 왔다 바람이 불었다 파도가 쳤다 용암이 끓었다고 여겨야 한다. 인간은 절대 인간이 아니며 당신은 절대로 '인간이라면 응당 이래야 한다'는 편견을 품어선 안 된다. 인간은 비와 바람이며 당신 앞에 존재하는 바위, 나무, 개, 새, 고양이와 다르지 않다는 사실을 기억해야 한다.

다시 문신으로 돌아가자. 문신에 대한 근거 없는 편견을 생각해 보자. 바위에 얼룩이 묻었다고 시비를 거는 꼴이다. 평판이 좋지 않은 사람을 생각해 보자. 그 사람에 대한 막연한 경계와 의심을 생각해 보자. 저 나무는 좋은 목재가 아니라는 말을 듣고 나무를 미워하는 것과 다를 바 없다. "세상에 나쁜 개는 없다"는 말처럼, 세상에 타고난 범죄자는 없는 법이다. 인간의 반사회적 행동은 타고난 것이 아니라 세상의 흐름에 의해 만들어지는 것이다. 멜라니는 그 사실을 선천적으로 터득했던 것이다. 사람은 그때그때 다르며, 어떤 상황에 처하느냐에 따라 다르게 행동하기 마련이라는 사실을 알고 있었던 것이다. 사람을 인간으로 대한 것이 아니라 개, 사자, 코끼리, 자연물로 대했던 것이다.

당신이 누군가에게 부당한 대접을 받았다면 당신은 풍수해를 입었거나 개에게 물린 것뿐이다. 피해가 발생했다면 당신은 사회적 권위에 어필해 보상을 받으면 된다. 법과 협약, 그리고 보험 등 전부 당신의 불필요한 원한을 방지하기 위해 만들어진 사회적 장치다. 당신이 자꾸 모든 걸 개인 대 개인 간의 문제로 끌고 오기 때문에 문제는 해결되지 않고, 쓸데없는 정신 에너지가 소모되고, 멘탈이 박살 나는 것이다. 미워하지 않는 법은 사적으로 받아들이지 않는 법의 궁극기인 셈이다.

과학자의 마음으로, 문학의 마음으로 인간을 바라본다. 야생 동물을 연구하는 자연 과학자의 마음으로, 인간을 야생의 한 부분으로 바라본다. 문학을 하는 작가의 마음으로, 인간을 당신 인생 문학의 등장인물로 바라본다. 당신이 연구 논문을 쓰든, 문학 소설을 쓰든, 그건 각자의 선택이고 나중의 일이다. 마음가짐이 중요하다. 그런 마음으로 사람을 대해야 당신의 세상이 달라진다. 미움의 굴레에서 벗어나고 두려움에서 해방된다. 당신을 대하는 사람들이 당신을 존경하고 두려워하게 된다.

다시 말하지만, 당신은 멜라니가 될 필요도 없고, 그와 같은 인생을 살 필요도 없다. 하지만 멜라니의 마음을 이해해야 한다. 당신이 강철멘탈 되는 법을 보기 위해 이 책을 구매했다면, 당신은 문학의 마음으로 사람을 보는 법을 익혀야 한다. 지금껏 당신이 보았던 문학 속 등장인물들을 생각해 본다. 영화 「조제, 호랑이, 그리고 물고기들」 주인공 조제를 떠올린다. 「러브레터」의 주인공 히로코의 마지막 대사 "잘 지내나요, 전 잘 지내요"를 떠올린다. 슬픈 일을 겪었지만 그들은 미워하지 않기로 한다. 그들의 마지막 모습이 아름다웠던 까닭을 생각한다. 그때 그 아름다웠던, 아무도 미워하지 않기로 한, 용감하고 당당한 여자의 마음을 돌이켜 본다. 어째서 그렇게 한없이 약하고 예민했던 여자들이 어떻게 그렇게 강철 같은 마음으로 아무도 미워하지 않을 수 있었는지 돌이켜 본다.

2. 업보는 없다 (올바른 삶의 방식도 없다)

미움의 문제는 근본적으로 '내 밥그릇 문제'라고 했다. 내 밥그릇과 관련 없는 것까지 내 밥그릇 문제로 비화시키는 버릇이, 세상 모든 문제를 다 사적으로 받아들이는 버릇이 당신의 미움 게이지를 높이고 멘탈을 파괴한다고 했다. 그래서 인간을 물과 바람과 땅의 흐름으로 이해하고 미움과 원망의 굴레에서 벗어나라고 했다. 밥그릇 문제는 법과 질서로 해결하고 사적 감정을 휘두르지 말라고 했다.

그러나 미움의 문제는 내 밥그릇에 머물지 않는다. 인간이란 너무나 바보 같은 존재라서 생존과 전혀 관련 없는 것까지 물어뜯으며 시비를 건다. 나의 사적 이해 관계와 전혀 하등 관계가 없는 것들에 이빨 드러내며 으르렁거린다. 그러면서 말한다. "인간의 도리를 지켜야 한다"고.

우리는 엄숙주의자, 검열주의자, 훈계충, 삼강오륜 도덕충들을 자주 본다. 이들이 1년 365일 하루 24시간 누군가를 욕하고 미워하는 꼴을 본다. 이들은 물론 자기 밥그릇 문제에도 눈이 뒤집혀 있다. 여기에 더해 '인간 도리' 문제까지 간섭하는 것이다.

우리 대부분은 남이 사는 방식을 '남이 사는 방식'으로 받아들이지 않는다. 우리는 남이 사는 방식을 훈계나 교정, 가치 판단의 대상으로 본다. 우리는 대부분 사회적 물의를 일으킨 누군가에게 돌을 던진다. 그 사회적 물의가 우리 인생에 추호의 영향도 주지 않음에도, 법적 규범을 어긴 것도 아님에도, 그래도 여전히 돌을 던진다. 다들 그러니까. 그게 재미있으니까. 문제는 아무리 신나게 돌팔매질을 해봐야 대부분 여전히 아무렇지 않게 잘산다는 점이다. 아무리 엄청난 물의를 빚었더라도, 심각한 범죄를 저지른 게 아니면 대부분 예전과 다름없이 잘나간다. 앞서 언급한 이현우나 한예슬의 사례를 떠올린다. 돌팔매질은 해소되지 않는 미움과 증오로 남는다.

"우리를 멸하는 것은 가치 판단이다It is judgement that defeats us." 영화 「지옥의 묵시록」 커츠 대령의 대사다. 당신이 누군가에 대해 가치 판단을 하는 순간, 당신은 미움의 굴레에 빠진다. 각자의 인생은 각자의 소관이며, 누구도 거기에 가치 판단할 권리가 없다. 이 사실을 깨닫지 못하는 한, 당신은 미움의 굴레에서 벗어나지 못한다. 당신은 누군가를 알량한 '인간의 도리'로 평가하고 그 알량한 평가 기준에 휘둘려 미움과 증오의 인생을 살게 된다.

다시 한번 우리는 자연의 섭리로 돌아간다. 근본적 삶의 원칙으로 돌아간다. 세상에 올바른 사람, 올바른 인생 따윈 존재하지 않는다. 세상엔 오직 생존하는 삶과 도태되는 삶만 존재한다. 문명은 생존의 문제가 유혈 사투로 전락하지 않도록 법과 질서라는 틀을 만들었다. 우리는 그 틀 안에 살면 된다. 당신은 그 틀 안의 삶에 대해 가치 평가할 권리가 없다. 당신이 아는 대부분의 가치와 도덕 관념은 가식이거나 미신이다. 태어난 데 이유 없고, 사는 데 옳고 그른 거 없다. 태어난 데 이유 있고, 사는 데 옳고 그른 게 있다고 믿는 이들은 결국 증오의 악귀가 된다. 인생의 에너지를 풍요와 행복을 위해 쓰는 것이 아니라 파괴와 저주를 위해 쓰게 된다.

자연계 그 어떤 동물도 남 사는 방식에 토를 달거나 증오심을 품지 않는다. 남이 어떻게 산다고, 남이 사는 방식이 마음에 들지 않는다고, 데굴데굴 구르며 괴로워하는 경우도 없다. 왜냐하면 이들은 '인간의 도리' 같은 미치광이 강박증을 갖지 않기 때문이다.

당신은 당신 눈앞의 상대를 자연물로 인식하는 법을 배웠다. 이를 이해했다면 당신 눈 밖의 상대를 자연물로 인식하는 것은 쉽다. 세상엔 이렇게 살다 죽는 나무도 있고, 저렇게 살다 죽는 나무도 있다. 어떤 나무도 누가 정해 놓은 '도리'에 따라 살지 않는다. 다른 사람의 사는 방식이 마음에 들지 않으면 그건 당신의 마음이 병들었거나 불행하기 때문이다. 당신의 멘탈이 건강하고 행복한 인생을 살고 있으면 당신은 절대로 남 사는 방식에 토 달거나 미움을 품지 않는다. 그 역도 마찬가지다. 당신이 남 사는 방식에 간섭하고 미움을 품으면 당신의 멘탈은 병든다. 안 그래도 불행한 인생 점점 더 불행해진다. 당신의 눈을 하늘 높이 띄워 보내자. 저 멀리 높은 곳에서 나무를 바라보고 인간을 바라보자. 어떤 나무는 곧게 자라지만 어떤 나무는 삐딱하게 자란다. 어떤 나무는 소나무와 같이 자라지만, 어떤 나무는 고사리와 같이 자란다. 어떤 나무는 꽃을 맺고 열매를 틔우지만 어떤 나무는 그러지 않는다. 모두 자연의 오만 가지 삶의 방식 중 하나다. 누구도 거기에 가치 판단을 하지 않는다. 누군가 자연물 사는 방식에 가치 판단을 한다면 그는 정신병자이거나 비생명체 '안티 자연물'이다.

3. 업보를 만들지 않는다 (베풀지 않는다)

멜라니 같은 사람들의 사례를 보며 가장 많이 착각하는 것이 무한한 친절과 배려가 사람을 감화시킨다는 것이다. 착각하지 말라고 다시 강조하지만, 멜라니가 위대해진 건 미워하지 않았기 때문이지 친절을 베풀었기 때문이 아니다. 당신이 멜라니처럼 타고난 사람이 아니라면, 당신이 애써 베푼 친절과 배려는 대부분 무서운 독으로 되돌아온다.

멜라니가 아치의 마음을 산 것은 그에게 과한 친절을 베풀었기 때문이 아니라, 그 어떤 동정이나 우월감도 보이지 않았기 때문이다. 멜라니 같은 사람이 친절을 베풀 때는 그 어떤 인간적 기대도 싸구려 동정심도 도덕적 자긍심도 자선에 대한 긍지나 희열 보람조차 내비치지 않는다. '거들먹대는con-descending' 내가 쟤보다 우월하다는 심리. 내가 쟤에게 친절을 베풂으로써 나의 고귀함을 증명하고 싶은 심리다. 우리 대부분은 아치 같은 사람에게 친절을 베풀 때 그러한 심리를 갖는다. 아무리 안 그런 척, 그런 생각 품지 않으려 애를 써도 드러나게 돼 있다. 그래서 사람을 상처받거나 열받게 만든다.

그런 심리는 결국 사람에 대한 사적 감정을 품게 만든다. '저놈에게 이렇게까지 해줬는데', '내 도움이나 구걸하던 놈이었는데' 이게 미움의 감정으로 발전한다. 처음엔 아무 생각 없이, 순수한 마음에서 자선을 베푼다고 생각했지만, 당신은 멜라니가 아니다. 당신은 보통 사람의 자연 심리를 따라가게 돼 있다. 그래서 말한다. 불필요한 친절은 곧 업보로 되돌아온다고.

당신이 진심으로 사람을 미워하지 않고 싶으면 경거망동을 중단해야 한다. 당신이 사람을 미워하지 않는 가장 효과적인 방법은 철저하게 중립적 자세를 유지하는 것이다. 당신 마음 속에 미움을 만들기 싫으면 애당초 사랑하지도 말고 자선을 베풀지도 말아야 한다. 당신이 사랑을 한다면 그건 미움을 각오하고 하는 것이다. 사랑과 미움은 불가분의 관계이며, 미움을 하지 않기 위해 사랑을 하지 않겠다는 사람은 없을 것이다. 하지만 불필요한 친절은 그렇지 않다. 당신이 생각없이 행한 헤픈 친절은 미움의 마음을 잉태한다. 그리고 대부분의 관계를 악화시킨다. 사람을 감화시키는 게 아니라 적대적으로 만든다. 애초에 이를 각오하지 않았다면 당신은 아무것도 하지 않는 것이 최선이다.

4. 더 이상 상대하지 않는다

앞서 말했던 "열 받으면 불을 끈다" 이야기가 여기 반복된다. "어두우면 불을 켜고", "열 받으면 불을 끈다". 놀라울 정도로 간단한 멘탈 강화법이며 인생 잘 풀리는 법이다. 그런데 대부분 그렇게 안 한다. 미움 중독의 경우 특히 더 그렇다. 한번 미움에 빠지면 대부분 중독된다. 정말 게임이나 도박에 중독된 것처럼 중독된다. 그래서 미워 죽을 거 같은 사람을, 마치 사랑의 열병을 앓는 것처럼, 스토커처럼 쫓아다니며 물어뜯는다. 유리멘탈일수록 미움 중독은 심해진다. 미움 중독이 멘탈을 파괴하고 인생을 비참하게 만든다는 걸 뻔히 알면서도 멈추질 못한다. 모든 건 당신의 선택이다. 당신은 누군가를 미워하는 게 삶의 희열이고 보람이라고 할지 모르겠다. 하지만 결과는 그렇지 않다. 앞서 언급한 대로 당신의 정신은 북조선이 돼 가는 중이다. 모든 에너지를 쌀이 아닌 핵무기를 만드는 데 써버리고 굶주린 좀비가 돼 가는 중이다. '미움의 한풀이 한번 시원하게 했다'고 자위하는 당신이 얻는 건 세상의 혐오와 경멸뿐이다.

당신은 누군가가 미워지는 순간, 관심을 끊어 버리는 습관을 들여야 한다. 보기 싫은 연예인이 나왔을 때 TV를 끄거나 채널을 돌리는 것처럼, 미운 사람이 있으면 미워하는 데 열 올리지 말고 그 사람에게 관심 끄고 멀어지는 데 열 올려야 한다. "미운 놈 떡 하나 더 준다"는 말도 안 되는 헛소리 변명하지 말고 그냥 더 이상 상대하지 말고 모든 접근을 차단 혹은 최소화한다. 다시 말하지만, 강철멘탈 되는 법 중 가장 쉬운 방법이다. 그냥 그렇게 하면 된다. 습관화하면 된다. 어두우면 일어나서 불을 켜듯이. 열받으면 조용히, 가만히, 잠자코, 불을 끄면 된다.

5. 인과율을 이해한다 (세상 모든 것엔 이유가 있다)

가끔 그런 말을 하는 사람들을 만나게 된다. "나는 세상 모든 것엔 이유가 있다고 생각한다"고. 이런 말을 하는 사람들의 공통점이 있다. 대부분 심신이 편안해 보인다는 것이다. 연예인 중에도 있다. 작곡자 윤상이다. 그는 방송에서 자주 그런 말을 한다. 세상 모든 것엔 이유가 있다고 생각한다고. 그렇게 생각하면 누군가를 미워하는 시간을 줄일 수 있다고.

당신은 살면서 권익이 침해당하는 경우를 겪는다. 뜻하지 않은 갈등을 겪게 되는 상황에 처한다. 그때마다 생각한다. '저 새끼는 어떻게 생겨 먹은 새끼길래 저런 짓을 하지? 너 부모 뭐하시노?' 당신은 누군가 당신의 밥그릇을 건드릴 때마다 (자동반사적으로) '저 새끼가 내게 악의를 품고 그러는 것'이라고 생각한다. 이 사실을 절대로 믿을 수 없는 사람들이 있다. 현실을 인정하지 못하고 미움과 증오의 북조선 세상에 사는 사람들이다. 계속 강조하지만, 현실은 다르다. 상대가 정말로 당신에게 악의를 품은 경우는 극히 드물다. 대부분은

1) 그런 행동을 하게 된 필연적 이유가 있었고,
2) 당신은 상대의 의도를 악의적으로 해석한 것이다.

이런 문제로 경찰서에 가면 자주 듣는 말이다. 두 분이 서로 오해하신 것 같다고. 상대는 그럴 수밖에 없는 상황이었는데, 선생님이 상대의 입장을 잘 모르고 오해한 거라고. 대부분의 미움과 적개심의 원인이 그렇다. 상대방이 어떤 상황인지 몰라서, 잘못된 해석을 하기 때문이다. 그래서 윤상이 말한다. 세상 모든 것엔 이유가 있다고 생각한다고. 그렇게 생각하면 누군가를 미워하는 시간을 줄일 수 있다고.

앞서 설명한 미워하지 않는 법은 미움의 감정을 초반에 차단·예방하는 법이다. 지금 설명하는 '인과율'은 미움의 시간을 단축시키고 미움 중독에 빠지지 않는 법이다. 미움이 너무 밝

아 불을 끄는 것이 여의치 않을 때 쓰는 방법이다. 미움의 마음은 일단 피하고 보는 게 최선이다. 지금껏 설명한 내용이 그렇다. 미움의 마음을 (미리) 피하는 법. 미움이 들면 이를 이해하려 하지 말고, 정당화하지 말고, 그냥 피하고 잊으라고 한 것이다. 하지만 그렇게 하기 어려운 경우가 있다. 사람을 자연물로 치환하기도 어렵고, 계속 피할 수도 없고, 어떤 식으로든 미움의 감정을 멀리하기도 어려운 상황이 있을 수 있다. 이럴 땐 이 방법이 최선이다: 상대방 입장을 이해하는 것이다. 세상 모든 것엔 이유가 있기 마련이라고, 저 사람이 저런 행동을 한 건 그럴 수밖에 없는 이유가 있었을 거라고.

덧붙임

인과율을 주제로 삼아 성공한 TV 시리즈가 있다. 「CSI(Crime Scene Investigation, 2000-2015)」다. 「CSI」가 성공한 건 범죄자의 범죄 행위에 대한 통찰 때문이었다. 범죄를 저지른 사람이 왜 그런 행동을 할 수밖에 없었는지 원인을 집요하게 역추적해 나갔고, 그 결과 시청자에게 심리적 카타르시스를 주었던 것이다. CSI 그리썸 반장은 윤상과 동일한 좌우명을 갖고 살았다. 세상 모든 일에는 이유가 있기 마련이라고. 그리썸 반장은 무수히 많은 범죄를 수사하면서, 좌절해도, 미움의 감정은 남기지 않았다. 그는 범죄 수사를 하면 할수록 미움이 쌓이는 대신 인간에 대한 이해가 쌓였다.

사회생활을 잘하는 법도 같다. 사람에 대한 무분별한 적개심부터 버려야 사회생활이 수월해진다. 타인 역시 나와 동일한 선의를 갖고 살기 마련이다. 만약 그런 선의를 배신하는 일이 발생하면 "왜 그랬을까" 이유를 생각하는 버릇을 들여야 한다. 범죄자조차 범죄를 저지르는 데 필연적 이유가 있는데, 전과 기록 하나 없는 평범한 시민이 그런 행동을 한 것에는 분명 그럴 만한 이유가 있을 것이란 전제를 가져야 한다. 이게 인과율을 이해하는 법이다. 무분별한 미움과 혐오를 줄이는 법이다.

왜 그랬을까. 어떤 사람들은 이걸 미움을 정당화하기 위한 '의문'으로 삼는다. 문제의 원인을 알고 싶은 게 아니라 "저 새끼는 어떻게 처먹은 새끼이길래" 이런 분노의 불쏘시개로 삼는다. 왜 그랬을까. 세상 모든 일엔 이유가 있는 법이다. 이는 누군가의 인성을 따지기 위한 의문이 아니라 문제의 원인을 찾기 위한 고찰이어야 한다. "세상 모든 것에는 이유가 있다"는 말은 남 탓을 하고 자기 책임 회피를 위한 자위성 원인 분석이 아니다. 내가 지금 당장 소매 걷어붙이고 문제를 해결하기 위한 원인 분석이다. 굳이 문제를 해결하는 것이 목적이 아닐 수도 있다. 그럼에도 문제는 해결되지 않을 수 있다. 중요한 건 정신 건강을 지키는 것이다. 눈앞의 문제에 좌절하지 않고 새로운 내일을 위해 몸뚱이를 움직이는 정신 연료를 주입하는 것이다.

문제 해결이나 원인 분석은 하지 않고 버릇처럼 남 탓 세상 탓에 매달리는 미움 중독자들은 공통적으로 자신의 문제만 특별하다는 착각 속에 빠져 산다. 자기 자신이 특별하다는 생각과 별개로, 지금 내가 겪고 있는 내 밥그릇의 문제가 천상천하 유아독존 가장 특별하다고 여긴다. 경찰서를 가도 법원을 가도 언제나 이런 사람들 천지다. "선생님의 그 문제는요. 우리나라 인구 절반이 다 겪는 일입니다. 생각하시는 것처럼 엄청난 일이 아니라고요." 아무리 설명을 해줘도 요지부동 자기 문제가 제일 특별하다고 데굴데굴 구르며 떼를 쓰고 억지를 부린다. 미움 중독의 전형적인 증상이다. 세상만사 이런 일 저런 일 중 자기 일 하나만 특별하다고 받아들이는 인지력 장애. 그런 일은 과거에도 있었고 지금도 있고 앞으로도 있을 수천억 가지 일 중 하나일 뿐이라는 사실을 인정하지 못하는 사고. 미움에서 벗어나려면 세상에 특별한 일은 아무것도 없다는 사실을 이해해야 한다. 나 역시 수천억 개 자연물 중 하나라는 사실을 이해해야 한다.

6장

스트레스를 방어하는 방법

뇌와 근육은 동일한 속성을 공유한다. 뇌도 근육처럼 특정 작업을 집중 훈련하면 해당 부위 신경 조직이 발달하고 더 많은 혈액이 공급된다. 해당 작업을 위한 지능이 높아지는 것이다. 언어도, 수학도, 과학도, (심지어 창작도) 하면 할수록 해당 작업을 위한 지능이, 마치 근육이 자라는 것처럼, 자라는 것이다. 근육의 발달 정도가 사람마다 다르듯, 뇌도 사람마다 다를 뿐이다. 근육과 뇌는 같은 방식으로 단련되고 같은 과정으로 발달한다.

근육 발달에 가장 중요한 요소는 스트레스다. 근육에 스트레스를 가하면 근육은 다음 스트레스에 대응하기 위해 강화된다. 뇌도 마찬가지다. 뇌가 스트레스를 받으면 뇌는 관련 문제를 해결하기 위해 자신의 신체 조직을 강화한다. 이에 따라 지능이 향상되고 정신 건강이 강화된다. 운동을 하지 않는 사람의 근육이 퇴화하는 것처럼, 스트레스를 (전혀) 받지 않는 사람의 뇌도 똑같이 퇴화한다.

우리는 세상을 살며 스트레스를 받지 않을 수 없다. 먹고 자고 관계하고 번식하는 모든 삶의 과정이 문제 풀이의 연속이자 스트레스의 연속이다. 스트레스 없는 삶은 존재하지 않는다. 스트레스는 우리의 몸을 강하게 만들어주는 자극이며, 인생을 앞으로 나아가게 하는 필수 불가결한 에너지다.

문제는 스트레스가 생체 조직을 발달시키는 게 아니라 파괴하는 경우다. 스트레스를 잘못 받아들이거나 잘못 다루는 경우 우리의 몸과 마음은 상처를 받는다. 이 상처로 인해 일상에 지장이 생기거나 인생이 좌절되기도 한다. 이번 장에서는 스트레스에 의해 상처 입지 않는 법을 이야기한다. 스트레스를 통해 심신을 강화하고 삶을 진일보시키는 방법을 배운다. 말하자면, 고통을 생존 자극으로, 역경을 도약의 에너지로, 실패를 전환의 계기로, 불운을 행운으로 바꾸는 법이다. 요즘 말로 '개운법*'인 것이다.

참고로, 지금 이야기할 스트레스 방어법은 원래 강철멘탈들은 누가 가르쳐주지 않아도 알아서 한다. 강철멘탈들은 미리 멘탈 방어 하지 않아도, 멘탈이 아무리 심하게 박살이 나도, 금방 다시 괜찮아지기 때문에 꼭 스트레스 방어가 필요치 않다. 그런데도 본능적으로 한다. 이미 강철멘탈임에도, 혹은 원래 강철멘탈이기에, 자기도 모르게 멘탈 방어를 한다. 재미있는 점은 유리멘탈은 안 한다는 거다. 누구보다 쉽게 멘탈이 박살 나고, 한번 박살 나면 다시 회복되지도 않는 주제에 방어조차 하지

---

* 開運法. 운명을 개선하는 방법.

않는다. 대부분 어떻게 방어하는 것인지조차 모르고 평생 고통받으며 산다. 빈익빈 부익부. 멘탈 건강도 그렇다. 강철멘탈은 점점 더 단단해지고, 유리멘탈은 점점 더 약해진다. 그러니 일단은 스트레스 방어법을 숙지한다. 회복이 어려우면 방어 기술이라도 익힐 일이다. 갑옷이라도 두텁게 입어야 할 일이다.

1. 절연

"나는 운이 좋았다"는 사람들이 있다. 인생이 잘 풀린 사람들, 남들보다 앞서 뭔가를 성취한 사람들이다. 운은 누구에게나 똑같이 작용한다. 처음 시작할 때만 다를 뿐, 인생 끝까지 다 살고 나면 운이란 누구에게나 다 똑같은 법이다. 운이란 아무 의미 없는 핑계다. 운이 좋았던 사람은 없다. 단지

1) '불운했던 일'을 잊고,
2) '운 좋았던 일'만 기억하는 것뿐이다.

쉬운 예를 들어 보자. 누구나 살면서 언젠가 한 번은 칭찬을 듣는다. 그리고 언젠가 한 번은 욕도 먹는다. "운이 좋았다"는 사람들은 칭찬만 기억한다. 아주 실낱 같은, 의례적인,

심지어 거짓말일 뿐인 칭찬에도 무한의 긍정 에너지를 얻는다. 10년 전, 20년 전 들었던 아주 짧은 칭찬이 평생 등 뒤를 밝혀주는 태양이 된다. 삶의 신조가 된다. 인생이 나아지는 원동력이 된다. 좌절 극복의 에너지가 된다.

작가 김동식이 좋은 예다. 그는 중학교도 졸업하지 못한 주물 공장 인부였다. 글을 써 본 경험은 없었다. 인터넷에서 다른 사람들이 올린 창작 글을 읽다가 문득 생각이 떠올라 자기도 하나 써서 올렸다. 그의 글에는 답글이 달랑 하나 달렸다.

"재미있었어요."

한국 출판 시장에서 각광받는 베스트셀러 작가가 된 김동식은 인터뷰를 할 때마다 그때 그 답글 이야기를 한다. 그때 그 답글 하나 때문에 이 자리까지 왔다고. 그때 그 짧은 답글 한 마디에 각성한 것 같다고. 김동식은 이후 재미없다 거지같다 때려치워라 등등 악플도 많이 받았지만 "재미있었어요" 그 답글 하나만 기억했다. (아무 작가' 김동식? 이야기꾼 김동식!, 동아일보 2020. 04. 24)

일본의 프로야구 선수 노모 히데오의 사례도 그랬다. 메이저리그 선수들과의 연습 경기에서 우연히 들은 칭찬 한 마디를 기억했다.

"미국으로 와라. 너라면 가능하다."

이 말 한마디에 노모는 모든 걸 희생하고 메이저리그에 갔다. 당시 1억 5천만 일본 국민 모두가 저 퇴물 선수 미국 가서

깡통 찬다고 비웃었지만 노모는 "너라면 가능하다" 이 말 한 마디에 모든 걸 걸었다. 그리고 메이저리그를 정복했다. 미국과 세계를 충격에 빠뜨렸다. 그는 미국에서 유명한, 성공한 일본인 야구선수가 되었다.

"운이 나빴다"는 사람들은 이러지 못한다. 완전히 반대다. 부정적인 코멘트만 기억한다. 아무것도 아닌, 잠깐 지나치는 아무 의미 없는 악평조차 평생을 옭아매는 족쇄로 만든다. 그동안 들었던 칭찬은 다 잊고 욕과 비난과 후려치기만 남는다. 어떤 누군가 열과 성을 다해 칭찬하고 지지해줘도 자고 일어나면 잊는다. 10년 전 들었던 실낱 같은 부정적 코멘트만 가슴 깊이 박혀 있다. 언세나 이런 식이니 아무도 칭찬해주려 하지 않는다. 스스로 긍정적인 말은 몽땅 다 외면하고 회피하고 폐기해 버린 주제에, 아무도 자기를 칭찬해 주지 않는다고, 모두 자기에게 나쁜 말만 한다고, 자기는 불운을 타고났다고 억울해한다. 염세주의 인생의 악순환이다. 유리멘탈이 정신병으로 가는 필수 과정이다.

'강철멘탈 되는 법'이라고 들었을 때 많은 사람들이 생각했을 것이다. 긍정주의 긍정왕이 되는 법인가? 그렇다. 긍정주의 긍정왕은 대부분 누구도 못 말리는 강철멘탈이다. 하지만 강철멘탈이 반드시 긍정적이라는 법은 없다. 강철멘탈 중에 염세주의자, 회의론자, 독설가들은 얼마든지 있다. 중요한 건 그럼에도 이들의 머릿속엔 언제나 좋은 기억만 남는다는 사실이다. 남보다 먼저 세상의 어두운 면을 보지만, 그럼에도 머릿속에는 좋은 기억들만 남는다. 나쁜 기억들은 걸러져 버려지고, 좋은 기억들만 살아 남는다. 강철멘탈의 특징은 그렇다. 긍정적으로 사는 게 아니라, 긍정적 기억만 남기는 것이다. 긍정적으로 살고 말고는 옵션이다. 그건 각자 삶의 방식이다. 하지만 머릿속에 남은 기억이 밝은 색이냐, 어두운 색이냐, 이것은 당신의 멘탈 건강을 가늠하는 결정적 기준이다.

평소 주둥이로 무슨 말을 지껄이든 어떤 세계관으로 살든 그건 그 사람의 스타일이다. 강철멘탈의 좋은 점은 당신이 평소 어떤 스타일 어떤 세계관으로 살든, 머릿속 기억만큼은 언제나 밝고 긍정적이라는 사실이다. 강철멘탈이 사는 세상은 유리멘탈이 사는 세상과 다르지 않다. 둘은 같은 환경에서 동일한 대접을 받고 살아도, 머릿속 기억은 정반대다. 강철멘탈은 긍정적인 걸 확대해석하고, 유리맨탈은 부정적인 걸 확대해석한다. 똑같은 걸 보고 똑같은 걸 경험했음에도 둘은 완전히 다른 기억을 갖는다. 강철멘탈은 자신에게 유리한 기억만 남기고, 유리멘탈은 자신에게 불리한 기억만 남긴다. 강철멘탈은, 입으로는 악담을 퍼붓고 다녀도 머릿속엔 온통 감사의 마음뿐이고, 유리멘탈은, 입으로는 감사하다며 굽신굽신 다녀도 머릿속엔 미움과 증오, 복수심이 들끓는다. 그래서 그들은 각자의 인생 말미에 말한다: 강철멘탈은 "나는 언제나 운이 좋았다"고, 유리멘탈은 "나는 언제나 운이 나빴다"고.

중요한 건 이게 현실화된다는 점이다. 강철멘탈의 '운 좋은 기억'은 머릿속 세상만 긍정주의 장미꽃밭으로 만들지 않는다. '운 좋은 기억'의 핵심은 "지금껏 뭘 하든 잘 풀렸다"는 믿음으로 이어진다는 데 있다. 이 믿음은 당신을 능동적인 사람으로 만든다. 지금껏 풀렸으니 이것도 잘 풀리겠지. 그래서 앞뒤 재지 않고 덤벼들게 만든다. 남보다 먼저 행동하게 된다. 남보다 공격적으로 살게 된다. 그리고 사람을 더 매력적으로 만든다. 눈에 띄게 만든다. 누군가가 관심 갖고 도와주게 만드는 것이다. 강철멘탈의 기억은 운이 좋다고 생각만 하는 게 아니다. 실제 운이 나아지는 것이다.

유리멘탈의 '운 나쁜 기억'은 반대 효과를 낳는다. "지금껏 잘 안 풀렸다"는 생각은 사람을 비관적으로 만든다. 어떤 일을 하든 몸부터 사리고 계산하게 만든다. 행동하지 않게 된다. 남보다 방어적으로 사는 것이다. 매력도 잃는다. 처음에 관심 가졌던 사람들도 관심을 잃고 도와주다 말게 된다. 눈 밖에 나고 잊혀져 버린다. 유리멘탈의 기억은 운이 나쁘다는 생각만 하는 게 아니다. 실제 운이 나쁜 인생을 살게 되는 것이다.

긍정적 사고관을 이야기할 때마다 사람들은 예외 없이 '긍정적인 면만 바라보는 습관'을 강요한다. 컵에 물이 반만 담겨 있으면 "반밖에 안 남았네 생각하지 말고 반이나 남았네 생각하라"는 틀니 딱딱 훈계질이 전부였다. 여기서 문제가 시작된다. 사람은 절대로 긍정적인 면만 보도록 설계되지 않았기 때문이다. 사람은 긍정적인 면과 함께 부정적인 면을 같이 보도록 설계됐다. 그래야 생존률이 높아지기 때문이다.

우리는 긍정주의 긍정왕들의 핵심 패턴을 본다. 긍정적인 걸 바라보는 게 아니다. 그보다 먼저, 자기에게 해로운 걸 피하는 것이다. 부정적인 게 보이면 자동반사적으로 도망가는 것이다. 여기 모든 게 있다. 긍정적인 사람이 되어 긍정의 마음을 장착하고 긍정의 에너지를 얻는 첫 번째, 그리고 마지막 방법은 '절연'이다. 나를 병들게 하는 것, 내 정신 건강에 해로운 것과 단절하는 습관이다.

강철멘탈 되는 법 초반에 말했다. 강철멘탈의 가장 중요한 특징은 '손해 볼 짓을 하지 않는 것'이라고. 나에게 피해 주는 모든 것으로부터 단절하는 것이 강철멘탈의 알파와 오메가라는 것이다. 다른 복잡한 생각할 필요 없다는 거다. 당신은 단지 당신에게 피해 주는 것을 멀리하는 것만으로도 강철멘탈이 된다는 것이다.

당신 머릿속에 나침반이 있다고 생각한다. 당신의 멘탈이 건강할수록 당신 머릿속 나침반은 당신에게 이로운 방향을 가리킨다. 해가 되는 것과 반대 방향을 가리킨다. 반대로 당신의 멘탈이 허약할수록, 당신 정신에 병이 깊을수록 당신의 머릿속 나침반은 당신에게 해로운 방향을 가리킨다. 이로운 것과 반대 방향을 가리킨다. N극과 S극이 반대로 설정돼 있는 것이다. 나침반이 반대로 돌아간 것이다. 남쪽으로 가야 하는데 북쪽으로 가는 것이다. 인생이 망하는 것이다.

누구나 쉽게 알 수 있는 사실이다. 당신의 정신이 건강할수록 당신은 열심히 산다. 잠도 제때 자고, 끼니도 제때 챙겨 먹고, 목욕도 청소도 빨래도 제때 다한다. 당신의 정신이 또렷할수록 당신은 꼬박꼬박 살게 된다. 왜냐하면 당신의 머릿속 나침반이 생존의 방향을 가리키기 때문이다. 하지만 정신이 병들면 그렇게 되지 않는다. 될 대로 되라는 생각으로 불성실하게 산다. 몸뚱이가 마음대로 통제되지 않는다. 잠도 제때 안 자고, 끼니도 멋대로 거르고, 목욕도 청소도 빨래도 하염없이 미루는 것 등은 사소한 문제다. 어쩌면 생존과 큰 관련이 없을지도 모른다. 하지만 이런 패턴은 반드시 생존을 직접 파괴하는 행동으로 이어진다. 줄담배를 피우고 알코올 중독에 빠진다. 마약 중독의 길을 걷는 경우도 있으며, 자해, 자살 시도를 하기도 한다. 어떤 식으로든 수명을 단축하고 죽음을 재촉하는 행동을 한다. 당신의 정신은 당신의 몸뚱이에 대한 통제력을 잃는다. 당신의 머릿속 나침반은 명백히 당신에게 해로운 방향을 가리킨다.

기준은 늘 그랬듯, '생존 아니면 죽음'이다. 당신의 몸뚱이에 이로우면 생존이고, 해로우면 죽음이다. 간단하다. 당신이 당신 몸뚱이에 이로운 행동을 많이 할수록 당신의 정신은 건강한 것이다. 반대로 당신이 당신 몸뚱이에 해로운 짓을 많이 할수록 당신의 정신은 병든 것이다. 당신의 나침반이 잘못된 방향을 가리키고 있는 것이다.

당신이 헤비메탈을 즐기든, 슬래서 공포 영화를 즐기든, 더러운 영상물을 즐기든 그건 취향의 문제다. 당신의 정신이 그런 '유독한 자극'을 견딜 수 있는 수용력을 갖추고 있거나, 그로 인해 쾌락을 얻고 있다면 당신은 몸뚱이에 해로운 행동을 하는 게 아니다. 문제는 명백히 자신의 심신에 해가 되는 행동이다. 어떤 식으로 봐도 도저히 쾌락이라고 할 수 없는, 누가 봐도 고통과 스트레스라고 할 수밖에 없는 행동을 방치하거나 반복하는 게 문제다.

폭력 남편에게 학대당하는 아내가 대표적이다. 폭력적인 남자를 만나 인간 이하의 대접을 받으며 꾸역꾸역 사귀다 결혼 뒤 더 심하게 학대당하며 사는 여자들이 있다. 이들 중 정신이 건강한 경우는 단 하나도 없다. 그런 남자와 결별을 하더라도, 이 여자는 또다시 전 남자와 별다를 것 없는 (혹은 더 악독한) 남자와 맺어져 자신의 생존을 파괴하게 된다. 왜? 머릿속 나침반이 그렇게 설정돼 있으니까.

머릿속 나침반 방향을 바꾸지 못하면, 어떤 극단적 방법으로도, 어떤 무서운 충격 요법으로도, 자기 파괴적 행동을 멈추지 못한다. 지금 당면한 문제로부터 벗어나는 게 중요한 게 아니다. 머릿속 나침반의 방향을 바꾸는 게 중요하다. 어떻게? 쉬운 것부터 하면 된다.

병든 것, 약한 것, 불쌍한 것들을 멀리하는 버릇부터 들인다. 자기 파괴적 인생을 사는 유리멘탈의 변치 않는 공통점 중 하나는 병자를 가까이 한다는 점이다. 대부분 자기보다 더 약한, 더 안 돼 보이는 병자를 가까이 한다. 싸구려 동정심인지, 알량한 우월감인지, 혹은 착한 사람 코스프레 공감 중독 중인지 알 수 없다. 원인은 우리가 알 바 아니다. 당사자인 본인도 알 필요 없다. 병든 자는 절대로 병든 자신의 심리를 이해하거나 분석하거나 정당화해선 안 된다. 그냥 정신에 병이 들었기에 병든 이를 가까이하고 있는 것뿐이다. 이걸 중단해야 한다. 여기서 벗어나야 한다. 약한 것, 병든 것, 불쌍한 것으로부터 과감하게 관계를 단절해야 한다. 주변에 아쉬운 소리 하는 사람들, 징징대는 사람들, 어떤 식으로든 나를 피곤하게 하는, '정신 좀 먹는 이들'과 관계를 끊어야 한다. 싫은 소리 하면 들어 주지 말고 그냥 끊는 것이다. 여기서부터 시작하는 거다. 듣기 싫은 소리가 들리면 그냥 당신 마음대로 귀막고 끊어 버리는 버릇을 들여야 한다. 혼자 있어도 마찬가지다. 기분 나쁜 뉴스, 싫은 인간 나오는 기사, 스트레스 주는 모든 종류의 존재를 다 기피하거나, 아예 처음부터 들여다보지 않는 버릇을 들여야 한다. 누구나 다 그러지 않나요? 누구나 그렇게 하지 않는다. 군이 보기 싫은 뉴스를 찾아 읽고 군이 스트레스 받을 일을 찾아 챙긴다. 호기심인지 동정심인지 스트레스 분노 중독증인지는 알 수 없다. 절대로 그런 심리를 분석하거나 정당화하지 말라고 했다. 그냥 버릇처럼 그러는 것이다. 자기 정신 좀 먹는 스트레스 요인에 자기도 모르게 끌려들어가 중독되는 것이다. 그리고 자기가 받은 스트레스를 다른 사람에게 전염시킨다.

대체 왜 맨날 저래, 왜 저 따위로 만들었어, 정치인 누구, 방송인 누구, 유튜버 누구, 인스타 누구를 죽여야 돼, 매장시켜야 돼, 왜 저런 걸 그냥 둬.

이게 대부분의 '멘탈 서민'들의 일상이다. 자기 머릿속에 나침반이 거꾸로 돌고 있다는 사실을 모른다. 자기 스스로 자기 멘탈을 망치고 있다는 사실을 인정하지 않는다. 자기 인생이 왜 불행한지, 왜 자꾸 "나는 운이 나쁘다"는 생각이 드는지 원인을 알고 싶어 하지 않는다. 당신의 운이 나쁜 원인은 놀라울 정도로 단순하다. 자신에게 해로운 걸 멀리하지 못하기 때문이다. 밥을 먹으면 배가 부르고 밥을 먹지 않으면 배가 고프다는 말과 같은 말이다. 자신에게 해로운 걸 온종일 1년

365일 붙들고 살면서 운이 좋아지길 기대하는 게 밥 안 먹고 배가 부르길 기대하는 것과 뭐가 다른가 생각해 보자.

우리는 지금 점집 무당들이 하는 말과 같은 말을 하는 중이다. 불운을 멀리하라고. 너에게 불운을 옮기는 것들을 멀리하라고. 우리는 어디로 가라는 말은 하지 않는다. 부적을 사라는 말도 하지 않는다. 단지 몸뚱이에 해로운 것들을 멀리하라는 것뿐이다. 그게 전부다. 여기서 모든 운이 갈린다. 당신은 굳이 당신에게 이로운 것, 긍정적인 걸 찾아볼 필요도 없다. 그냥 해로운 걸 피하기만 하면 된다. 처음부터 아예 들여다보지 않으면 된다. 지금이라도 당장 발 빼고 도망가 버리면 된다. 그러면 그때부터 당신의 운은 좋아지기 시작한다. 그때부터 당신의 멘탈은 건강해지기 시작한다. 당신의 나침반은 생존의 방향을 향하기 시작한다.

N극, S극을 정상으로 돌려놓는 것이다. 간단하다. 절연하면 된다. 회피하면 된다. 도망가면 된다. 해로운 적, 부정적인 것, 병든 것으로부터. 자꾸 이런 것에 관심을 가질 때마다 당신 머릿속 나침반이 반대로 돌아가고 있다는 사실을 인지한다. 나침반이 고장 났다. 나침반을 반대로 돌려야지, 지금 당신 몸뚱이에 스트레스 주는 대상으로부터 머리를 돌리고 되도록 멀리 떨어져야 한다. 당신이 하루 한 번씩 당신에게 해로운 인간 관계를 멀리할수록, 보기 싫은 TV 인터넷 콘텐츠

를 닫아 버릴수록, 스트레스 받는 것에 눈을 감고 귀를 닫고 관심을 끊을수록, 당신 머릿속 나침반은 0.1도씩 정상으로 향하게 된다. 내 몸에 해로우니까. 내가 불행해지니까. 내 정신이 피폐해지니까. 이런 생각으로 매일매일 하루도 빠짐없이 꼬박꼬박 끊고 버리고 회피하다 보면 당신 머릿속 나침반은 어느새 올바른 방향을 향하게 된다.

이쯤에서 생각해 본다. 평소 발암 물질에 대한 경각심이 그토록 병적이었던 인간이 어째서 진짜 발암인 것은 그렇게 초인적인 인내력으로 악착같이 껴안고 사는지. 그게 혹시 물질material이 아니기 때문인가? 사람이라서?? 무형의 콘텐츠라서??? 당신의 몸뚱이를 망치는 진짜 발암 물질은 인간 관계다. 해로운 콘텐츠다. 당신의 몸과 마음을 망치고, 당신의 인생을 불운의 구렁텅이로 끌고 가는 진정한 '발암 물질'이다.

당신 배 속에 아이가 있다고 생각한다. 임산부의 마음이다. 당신이 남자라도 상관없다. 남자도 의학 수술로 태아를 이식 받을 수 있다. 배 속에 아이가 있다고 생각하면 당신은 당신의 몸뚱이에 대한 자각이 커진다. 발암 물질은 단지 무생물·무기물에만 있는 게 아니라는 사실을 기억한다. 인간과, 인간에 연관된 모든 콘텐츠에 더 많은 더 심각한 발암 물질이 있다는 사실을 기억한다. 당신이 문명 사회의 일상에서 화학적 발암 물질을 접하게 되는 경우는 극히 드물다. 당신의 일상에서 가장 많이 접하게 되는 발암 물질은 바로 인간이라는 사실을 깨닫는다. 당신이 매일 보는 TV 인터넷이 제일 위험한 발암 물질이라는 인식을 갖는다.

셧다운을 습관화한다. 가장 먼저 주변에 병든 사람들과 관계를 끊는다. 항상 아쉬운 소리 하는 사람, 징징대는 사람, 무능한 사람, 처지가 딱한 사람, 언제나 도움을 갈구하는 사람, 언제나 도움이 필요한 사람, 아무래도 인생이 나아지지 않는 사람, 항상 불운하다는 사람, 운 좋은 사람을 부러워하고 질투하는 사람, 버릇처럼 남 욕하고 헐뜯고 저주하는 사람, 모두 당신의 멘탈을 병들게 하는 이들이다. 당신의 인생을 불운의 구렁텅이로 끌고 들어가는 사람들이다.

이 책을 처음부터 다시 보자.

사적으로 받아들이는 사람
몸뚱이는 안 움직이고 입만 나불대는 사람
자격 강박증에 빠진 사람
쓸데없이 미안해하는 사람
미움과 증오에 빠져 사는 사람

이런 사람들이 병든 사람들이다. 당신의 멘탈을 병들게 하고 당신의 인생을 불운하게 만드는 발암 물질들이다. 그레도 불쌍하니까, 알고 보면 착하니까, 쌓인 정이 있으니까, 서로 공유하는 게 많으니까, 오랜 친구니까, 이런 자기 정당화가 당신의 멘탈을 썩게 만든다. 당신의 운을 시궁창으로 몰아넣는다. 다시 말한다. 당신 머릿속 나침반을 당신의 생존을 위한 방향으로 돌려야 한다. 다시 말한다. 당신은 굳이 강철멘탈 인간들을 골라 만날 필요 없다. "사적으로 받아들이지 않는 사람", "입 나불대지 않고 몸부터 움직이는 사람", "자격 강박중 없는 사람", "쓸데없이 미안하지 않은 사람", "미워하지 않는 사람" 그런 건강한 사람들만 만나면 좋겠지만, 당신이 지금껏 '운 나쁜 인생'을 살아 왔다면 그런 사람들 주변에 없을 것이다. 굳이 그런 사람 찾아 쫓아다닐 필요 없다. 일단 병든 사람들과의 관계부터 단절하면 된다. 관계 단절까지도 필요 없다. 그냥 관계를 멀리하면 된다. 더 이상 병든 인간의 병든 소리를 들어주지 않으면 된다. 피하면 된다. 병든 소리다 싶을 때마다 까먹지 말고 꼬박꼬박 성실하게 회피하면 된다. 처음부터 차근차근 버릇을 들이듯 피하고 멀리하고 셧다운 해버리면 된다. 그러면 당신의 머릿속 나침반은 건강한 방향으로 향하게 된다.

동정심을 셧다운 한다. 당신의 멘탈을 병들게 하는, 당신의 인생을 불운의 구렁텅이로 몰아 넣는 가장 심각한 요인은 동정심이다. 병든 것, 약한 것, 불쌍한 것, 처지가 딱한 것들은 동정심을 불러 일으키기 때문이다. 동정심은 언제나 당신의 관심을 그쪽으로 향하게 만든다. 그래, 해로운 관계는 끊어야지, 이제 더 이상 보지 말아야지, 이래 놓고 결정을 번복하는 이유는 언제나 동정심이다. 그래도 어떻게 사람이 그럴 수 있어. 그래도 기회를 줘야지. 당신 멘탈이 나아지지 않는 이유다. 동정심은 언제나 당신 인생에 걸림돌이자 더 나은 미래로 가지 못하게 하는 제동 장치다. 동정심이 작동하는 한 당신은 아무것도 버리지 못하고 아무것도 끊어내지 못한다. 동정심이 작동하는 한, 당신은 불행의 짐을 덕지덕지 짊어지게 된다. 불행과 염려와 걱정의 짐이 머리 위에 산더미처럼 쌓이게 된다. 온몸이 사방팔방 불행의 악귀들과의 인연에 묶이게 된다. 평생 같은 자리에 발이 묶인 채 맴돈다. 당신이 동정했던 이들과 동화된다. 당신도 병들고 약해지고 불행해진다. 자신의 인생, 남의 인생, 그리고 세상을 저주하기 시작한다. 다른 이에게 불행을 옮기는 악귀로 변한다.

다시 말한다. 당신 배 속에 아이가 있다고 생각한다. 나를 위해서가 아니라 아이를 위해서다. 당신 배 속의 아이를 위해 불행의 요인들을 철저히 하나하나 다 버리고 모든 관계를 끊어야 한다. 당신의 멘탈이 곧 당신의 아이다. 당신의 미래다. 당신이 동정심을 버리지 못하면 당신의 아이도 함께 고통스럽게 살다 불행의 악귀가 된다. 그러니 다시 명심한다. '불운한 사람, 병든 사람'이라면, 그게 누구든 상관하지 말고, 그 즉시, 가차없이, 관계를 끊어야 한다.

이걸 다른 모든 해로운 것들에 적용한다. 글이든, 영화든, 게임이든, 드라마든, 인터넷 뉴스든, 연예인이든, 정치인이든, 유튜버든, 인스타그래머든 다 마찬가지다. 강철멘탈이 아니다—유리멘탈이다, 병들었다, 나를 병들게 한다, 내 몸뚱이에 해롭다, 내 정신을 갉아 먹는다, 내 마음을 힘들게 한다, 고통을 준다, 그럼 그 즉시 피하고 멀리하고 셧다운 한다. 까먹지 말고 꼬박꼬박 성실하게 버릇을 들이듯 한다. 그러면 당신의 머릿속 나침반의 방향은 반드시 언젠가 '운 좋은 쪽'으로 바뀌게 된다.

"나는 지금껏 평생 병든 것과 습관처럼 절연해 왔는데 불구하고 운이 나쁜 것 같다" 이런 사람들 있을 것이다. 걱정할 필요 없다. 당신은 나이가 들고 세상을 살면 필연적으로 운이 좋아지게 돼 있으니까. 젊어서는 이런저런 실수를 할 수밖에 없다. 세상을 모르고 자신을 모르기에 자신에게 해로운 짓을 할 수밖에 없다. 그래서 젊음이다. 시행착오로 배울 수 있기에 젊음이다. 당신은 당신 몸뚱이를 희생하며 배우는 것이다. 시행착오는 별것 아니다. 결국은 세월과 함께 경험으로 쌓이게 된다. 병든 걸 멀리하는 버릇만 있으면 된다. 나침반이 당신 몸뚱이에 이로운 방향, 생존의 방향으로 설정돼 있기만 하면 된다. 그게 전부다. 그게 당신의 평생 운을 가른다. 당장의 운은 아니라도, 당신 인생 말미에 "나는 운 좋게 살아온 것 같다"고 말할 수 있게 된다.

절연을 습관화한 당신에겐 언젠가부터 감사의 마음만 남는다. 증오와 미움과 복수심은 깨끗이 사라져 버리고, 그래 나는 운이 좋았지, 내 주변에 항상 좋은 사람들뿐이었어, 이런 감사의 기억만 남는다. 나이 들수록 행복해지는 사람이 있고, 나이 들수록 불행해지는 사람이 있다고 했다. 처음엔 막연한 무조건적 선의였을 것이다. 어쩌면 참을 수 없는 동정심, 무한한 인류애 때문이었을 것이다. 어쨌거나 당신은 스스로의 선택으로 불행한 것들과 관계를 끊지 않았다. 어떤 이유에서든 당신은 병들고 약한, 불우하고 비참한 이들과 관계를 끊지 않았고, 그럼으로 인해 나이 들수록 불행해지는 인간이 되기로 한 것이다. 다시 말하지만 여기서 운명이 갈린다. 그리고 나이 마흔 중반쯤 되면 깨닫는다. 왜 저 사람은 나이 들수록 행복해지고 왜 저 사람은 나이 들수록 불행해지는지. 왜 어떤 사람은 감사의 기억만 남고, 어떤 사람은 저주의 기억만 남는지. 그게 정말 타고난 성품 탓인지 돌아보게 된다. 혹시 본인의 선택 때문은 아니었을까, 지금껏 항상 그렇게 선택하고 살았기 때문은 아니었을까, 어렴풋이 깨닫게 된다.

덧붙임 1

당신이 동정심을 가져야 할 (가져도 되는) 대상은 그럴 만한 가치가 있는 것들이다. 생존 의지가 살아있는, 스스로 살고자 노력하는, 멘탈이 또렷하고 건강한 것들. 가까이할수록 나도 함께 건강해지는 것 같은, 내 정신 건강에 도움될 것 같은 것들.

건강한 자의 동정심은 자신에게 이로운 쪽으로 향하기 때문이다. 정신이 건강한 이들을 향한 동정심은 해롭지 않다. 당신의 멘탈에 이로운 동정심이다.

덧붙임 2

강철멘탈에는 두 가지 종류가 있다.

1) 아무나, 모두와 잘 어울리는 사람
2) 인간 관계에 소극적·방어적인 사람

1번은 기본적으로 인간 관계로 인한 스트레스에 면역·방어력이 강한 사람들이다. 이들은 사람들 사이에 생긴 갈등과 스트레스는 사람들 사이에서 푸는 편이다. 굳이 자신에게 피해를 주는 관계를 회피하지 않는다. 누가 자기를 뒤에서 욕한다고 별로 신경 쓰지 않는다. 자기 블로그에 누가 악플을 달아도 지우지도 않고 차단하지도 않는다. 그냥 읽어 보고 잊어버린다. 왜냐하면 다른 인간 관계로 풀어 버리면 되니까. 욕한 건 무시하고 칭찬만 기억하면 되니까. 세상만사 모든 인간 관계 마다하지 않는 편이지만 그럼에도 정신이 병든 사람들은 피한다. 절대 관계를 오래 유지하지 않는다. 안 그러면 멘탈을 건강하게 유지하기 어려우니까.

대부분의 사람들이 1번처럼 되기 어렵기 때문에 2번을 택할 수밖에 없다. 지금까지 설명한 '운 좋아지는 법'은 2번 유형의 이야기다. 인간 관계를 최소화하는 것이다. 내게 도움되는 인간 관계만 남기고, 그렇지 않은 관계는 버릇처럼 셧다운시켜 버리는 것이다. 2번 유형의 사람들은, 당연하게도, 세월이 갈수록 친구가 적어진다. 놀랍게도 많은 수의 강철멘탈들이 정말로 세월이 갈수록 친구가 적어진다. 세상만사 모든 인간 관계에 소극적이긴 하지만, 그렇다고 굳이 새로운 관계를 회피하진 않는다. 병든 관계를 회피하는 것이지, 새로운 관계는 회피하지 않는다. 누가 보면 히키코모리 같은 유형인 줄 착각할지 몰라도, 사실은 그렇지 않다. 병든 관계, 불필요한 관계만 셧다운 할 뿐이다. 세상으로부터 자신을 셧다운 하는 경우는 없다.

1번과 2번은 겉보기 완전히 다른 종류의 인간처럼 보이지만 사실은 근본적으로 닮았다. 공통점은 이렇다.

1) 병든 관계는 본능적으로 버릇처럼 끊는다.
2) 새로운 관계를 피하지 않는다. (오히려 환영하는 편이다.)

2. 수호천사

김연아와 손흥민의 부모가 성공한 까닭은 단지 자식이 눈앞의 공을 차는 데 몰두하게 만들었기 때문만이 아니었다. 그보다 더 중요했던 건 옆에서 같이 뛰었다는 거다. 자식이 겪는 모든 고난과 난관을 함께 겪었던 것이다. "너 이렇게 해"라고 시키기만 한 게 아니었던 거다. "너와 나는 같은 배를 탔다—우리는 같이 노를 젓는 관계"라는 믿음을 심어 줬던 거다.

자식 인생 망친 극성 부모들은 이렇지 않았다. 그들은 언제나 달성 불가능한 목표만 정해 놓고 자식을 채찍질했다. 자식에게 과정의 즐거움을 일깨워 주지도 않았고, 목표를 향해 함께 뛰어 주지도 않았다. 그저 뒤에서 편안하게 굿이나 보고 떡이나 먹으며 채찍질을 했을 뿐이다. 자식 인생이 망한 건 당연한 일이었다. 자식이 정신병원에 수감되지 않았다면 그게 유일한 행운이었다.

문제는 당신에게 김연아 손흥민 같은 부모가 있을 가능성은 제로에 가깝다는 점이다. 기적에 가까울 정도로 드문 경우다. 김연아 손흥민 같은 '천재'가 나올 확률이 낮은 게 아니라 이런 '천재를 만들 부모'가 나올 확률이 극히 낮은 것이다. 그러니 당신은 여지없이 자력갱생해야 한다.

당신은 가상의 멘토를 만들어야 한다. 당신이 한 걸음 한

걸음 멈추지 않고 전진하는 것이 어려울 때마다, 스트레스가 한계치가 도달해 더 이상 움직이고 싶지 않을 때마다, 그때마다 당신 상상 속 '가상의 러닝 메이트'를 등장시켜야 한다. 김연아와 손흥민은 '실물 러닝 메이트'가 있어서 성공한 경우다. 실물이 없으면 가상으로라도 만들라는 거다. 내 옆에서 같이 달리면서 내게 조언을 해주는 사람을 만들라는 거다. 격려나 위로 따윈 필요 없다. 단지 옆에서 같이 뛰면서 조언해 주는 사람, 나와 같이 고생하는 동병상련의 대상이 필요한 것이다.

어릴 때 천주교 성당에 다닌 사람들은 기억한다. 우리 모두에겐 '수호천사'라는 존재가 있다고. 사람이 엄마 배 속에서 태어나면 자비로운 하느님이 수호천사를 하나 붙여 준다는 얘기다. 그러니까 모든 인간에겐 수호천사가 하나씩 할당돼 있다는 거다. 여기엔 당신이 지금껏 알지 못했던 놀라운 사실이 숨겨져 있다.

1) 이 '수호천사' 이론은 멘탈을 강화하고 운을 향상시킨다.
2) 강철멘탈의 상당수가 이 '수호천사'의 존재를 믿고 있다.

지금 이야기하는 '가상의 러닝메이트'는 종교적 믿음에 기반한다. 강철멘탈의 상당수는 종교를 믿고 있다. 이들은 물론 종교적 관점에서 수호천사의 존재를 믿기도 하는데, 이게 반드시 종교적 관점일 필요는 없다.

만화『슬램덩크』주인공 강백호는 올해 처음 농구를 시작한, 필드 골 하나 제대로 넣지 못하는 또라이 주제에 자신을 천재라고 믿는다. 처음부터 그렇게 믿었고, 어떤 역경과 고난 속에서도 자신이 천재라는 믿음을 버리지 않았다. 그리고 말한다. 자기보다 5년 10년 더 오래 농구 한 베테랑 선배들 앞에서. "네놈들의 농구 상식은 나한테 통하지 않아. 너흰 풋내기니까."

아무도 강백호에게 너에게 재능이 있다거나, 앞으로 잘될 거라고 말해주지 않았다. 자기 혼자 그렇게 중얼거리고 다녔을 뿐이다. "난 천재니까." 그는 단지 그렇게 믿었을 뿐이었다. 나는 천재니까. 그는 종교가 가르쳐 준 '수호천사'의 개념을 스스로 재창조했다. 종교적 관점에서 '수호천사'는 신이 내려 준 수많은 은혜 중 하나였다. 신은 너희에게 이런 은혜를 베풀고 있으니 경거망동 말고 매주 나와서 감사의 헌금을 바치라는 거였다. 강백호는 신을 믿지 않았다. 그는 다만 스스로의 필요에 의해 스스로 자기 버전의 '수호천사'를 만들었다. "나는 천재"라는 믿음이었다.

수많은 강철멘탈의 소유자들이 슬램덩크를 보면서 이 강백호의 모습에 묘한 기시감을 느꼈다. 왜냐하면 대부분의 강철멘탈들은 어떤 식으로든 강백호와 비슷한 생각을 갖고 있기 때문이다. 나 자신에 대한 막연한 믿음. 그 막연한 믿음이 너무나 철저하고 굳건해서 '신성불가침'의 영역에 도달한 그런 믿음. 신을 믿지 않더라도 이들은 자신의 믿음에 신성한 당위성을 갖는다. 나는 천재이며, 여기엔 그 어떤 의심도 있을 수 없다는 확신. 이게 강철멘탈들이 공유하는 '수호천사'의 개념이다.

강철멘탈은 자기 멘탈의 생존을 위해 갖가지 요상한 존재들을 만들어 낸다. 자신이 어떤 비난 받을 짓을 저지른 경우 이들은 내가 잘못했다고 생각하는 게 아니라 1) 다른 사람 탓을 하거나, 2) "또 다른 자아evil twin" 탓을 한다. 자기 자신이 나서서 죄를 다 뒤집어쓰는 경우는 흔치 않다. 왜냐하면 그건 멘탈에 피해를 주니까. 내 몸뚱이에 해로우니까. 단지 티 내지 않을 뿐이다. 남들 앞에서 공공연히 변명하지 않을 뿐이다.

반대로 자기가 뭔가를 해냈거나, 칭찬받을 일을 했을 경우, '자아 신분 상승'을 위한 또 다른 존재를 창조한다. 바로 강백호의 '천재 자아'다. 앞서 강철멘탈들은 아주 극히 사소하고 실낱 같은 긍정적 코멘트로도 평생의 자존감 부스터를 가동시킬 에너지를 얻는다고 했다. 어떻게 그렇게 하는 건지 지금 설명한다. '천재 자아'를 창조하는 것이다. 아주 극히 실낱 같은 긍정적 코멘트만으로 "나는 천재니까" 신성불가침 믿음을 갖는 것이다. 이게 자신의 '수호천사'가 된다. 이 '수호천사'는 자신의 주군을 평생 따라다니며

1) 부정적인 상황, 좌절과 역경의 상황에서 멘탈을 방어해
   주고
2) 또다시 실낱 같은 긍정적 상황마다 무한의 원자력 에너
   지를 축적한다.

　이게 이 책이 말하는 '가상의 러닝메이트'다. 종교인들의 말하는 '나만의 주님', '수호천사'의 개념과 동일하다. 종교인들이 자살을 하지 않는 이유는 자살을 죄악시하기 때문이 아니다. 머릿속에 '가상의 러닝메이트'를 만들어 놓았기 때문이다. 교회에서 그렇게 어릴 때 우격다짐으로 주입해 놓은 걸 진짜로 믿었기 때문이다. 현실적·이성적으로 아무리 유치하고 어이없고 바보 같아도, 이게 당신의 목숨을 살린다는 거다. 당신의 멘탈을 강화하고 당신의 운을 좋게 만든다는 거다.
　대부분의 경우 나에 대한 믿음의 근거는 존재하지 않는다. 당신에게 어떤 공인된 업적이 존재하지 않는 한, 당신은 자신에 대한 믿음의 근거를 마련하지 못한다. 그래서 말한다. 가상의 러닝메이트', '수호천사', '강백호의 천재 자아'가 필요하다고.
　당신은 지금 당장 종교에 귀의해도 된다. 수호천사의 개념을 얻기 위해 지금 당장 천주교회를 찾아가 교리 공부에 매진해도 된다. 하지만 그보다는 그동안 당신이 들었던 실낱 같은 칭찬을 떠올려 보는 것이 좋겠다. 혹은 아주 우연히 운 좋게

이루었던 (사소한) 업적이나 성공 사례를 떠올려 보는 것도 좋겠다. 거기서 시작하면 된다. 당신의 '강백호 천재 자아'는 거기서 시작하면 된다. 지금 당장은 천재가 아닐지 몰라도, 나중에 결국 그렇게 될 것이기 때문이다.

예수가 말하길 "너에게 겨자씨만 한 믿음만 있다면 저 태산을 움직일 것"이라 했다. 유치원생도 안 믿을 헛소리지만, 이걸, 태산이 아닌, 당신 자신에 대입하면 더 이상 헛소리가 아니다. 당신에게 진심으로 겨자씨만 한 믿음이 있다면, 그리고 그 믿음을 결코 절대 저버리지 않는다면, 당신은 당신의 믿음대로 된다. 혹시나 변수나 불운에 의해 믿음대로 결과가 이뤄지지 않는다 해도, 그럼에도 당신의 멘탈은 강철처럼 태산처럼 단단할 것이다. 당신의 믿음이 당신의 몸뚱이를 이끌기 때문이다. 당신이 만들어 놓은 또 다른 자아가 당신을 역경과 좌절의 구렁텅이에서 끌어올릴 것이기 때문이다. 내가 거절당할 때마다, 목적 달성에 실패할 때마다, 기대를 충족시키지 못할 때마다, 당신의 천재 자아가 당신을 어깨를 감싸며 말할 것이기 때문이다: 괜찮아 넌 천재니까. 당신이 만들어 놓은 가상의 러닝메이트, 천재 지이는, 진실로 당신이 수호천사가 될 것이기 때문이다.

주의해야 할 건, 여기서 말하는 나 자신에 대한 믿음은 '나 자신이 특별하다'는 생각과 전혀 다르다는 점이다. 이쯤에서 확실하게 정리할 필요 있다. '나 자신이 특별하다'는 생각은 나 자신에 대한 신성불가침적 믿음에 기인한 것이 아니다. 다른 사람의 인정을 받고 싶은 불안감에 기인한 것이다. 나 자신에 대한 자신감도 만족도 사랑도 없기에 나 자신이 특별하다는 망상에 집착하는 것이다. 내가 스스로 나를 믿지 못하니, 내가 아닌 다른 사람에게서 만족을 얻고 거기에서 믿음을 찾는 것이다. 내가 특별하다고 생각하는 사람은 관종(관심 종자)이 될 수밖에 없다. 나에 대한 믿음이 자신으로부터 오질 않고 다른 사람들로부터 오니 관심 종자가 되는 것이다. 당신의 '수호천사'는 절대로 당신이 특별해서 오는 것이 아니다. 당신이 스스로를 특별한 존재라고 여기는 순간, 당신의 '수호천사'는 온데간데없이 사라진다. 왜냐하면 수호천사의 존재는 나 자신에 대한 굳건한 신성불가침적 믿음에 근거하기 때문이다. 내가 나를 믿지 못하고 다른 사람 눈치를 보는 순간, 당신은 당신의 수호천사를 잃게 된다. 가상의 러닝메이트도, 강백호의 천재 자아도 잃는다. 당신은 세상의 눈치밥을 먹고 사는 관종의 인생을 살게 된다.

지금까지 설명한 '가상의 러닝메이트'는 당신이 죽을 때까지, 당신의 인생을 이끌 '막연하고도 거창한 믿음'이다. 당신에겐 이런 믿음 필요 없을지 모른다. 그런 개념이 잘 머릿속에 들어오지 않을지도 모른다. 당신의 가상의 러닝메이트는 수호천사의 개념도 아니고, 강백호의 천재 자아의 형태일 필요도 없다. 그저 지금 당장 잠깐 힘들 때 멘탈을 받쳐주고 몸뚱이를 걷어차 줄 동기·자극이면 된다. 아래 인용문을 보자.

훈수 두는 사람을 영어로 'backseat driver'라고 한다. 부정적인 단어다. '참견쟁이', '재수 없는 새끼'라는 뜻에 더 가깝다. 세계 어디나 옆에서 훈수 두는 사람을 좋게 보는 법이 없다. 웃기는 건 옆에서 훈수 두는 사람의 말이 대부분 맞다는 거다. 하지만 사람들은 그 말이 맞았는지 틀렸는지 관심 없다. 그저 자기들 기분 나쁜 것만 중요하다. 어째서 훈수 두는 사람의 말이 그렇게 매번 기막히게 맞아 떨어지는 것인지 생각해 보질 않는다. 집착하지 않기 때문이다. 관조하기 때문이다. 내 일이라고 생각하지 않기 때문이다. 뇌 기능이 속박에서 해방됐기 때문이다… 나는 운전대에서 손 뗀다고 생각해야 한다. 더 이상 내 일이 아니라고 생각한다. 왜냐하면 당신은 이미 포기했기 때문이다. 운전석에서 벗어나 뒷좌석에 앉아 본다. 그리고 운전대가 어떻게 움직이는지 관조한다. 내가 할 일이 아니라 당신의 친구나 지인이 할 일이라고 생각한다. 당신과 아주 그렇게 친한 사람도 아니고 당신이 아주 그렇게 싫어하는 사람도 아니어야 한다. 당신이 평소 호감을 갖고 있던 사람이면 더 좋다. 당신이 한 수

가르쳐 주고 싶은 귀엽고 잘생긴 후배나 동기면 딱 좋다. 그런 사람 없으면 평소 동경하던 연예인이라도 괜찮다. 이제 그 친구가 당신 대신 운전대를 잡은 것이고 당신은 옆에서 훈수를 두는 것이다. 당신은 훈수 둘 자격이 있다. 왜냐하면 지금껏 운전대 잡고 충분히 굴러 봤으니까. 훈수 두기 사고 방식은 어디나 적용이 가능하다. 운전 면허 시험은 물론, 공무원 시험, 입사 시험, 면접, 창작, 창업, 연애, 게임, 도박에도 훈수 두기가 가능하다. 후배에게 조언한다고 생각한다. 당신 자신은 하던 거 다 때려치우고 후배가 대신한다고 생각한다. 그러면 안 보이던 것이 보일 것이다. 못 보던 수가 생각날 것이다. 왜냐하면 당신의 뇌는 해방된 상태기 때문이다.

(월간이드 36호 뇌기능 향상법 중에서)

이런 '가상의 러닝메이트'가 가장 흔히 이용되는 분야가 운동·스포츠다. 당신이 헬스장에서 가벼운 운동을 해도 옆에서 트레이너가 붙고 안 붙고의 차이가 어마어마하다는 사실을 알 수 있다. 닌텐도 스위치에 어째서 가상의 트레이너가 존재하는지 생각해 본다. 어째서 닌텐도 스위치 운동 게임에는 색깔별, 인종별, 복장별, 목소리별로 다른 트레이너가 존재하는지 생각해 봐야 한다. 이걸 당연하게 생각하면 안 된다. 똑같은 운동을 해도 이게 있고 없고의 차이가 엄청나기 때문이다. 직접 해 보면 누구나 깨닫기 때문이다.

그러니, 운동이든 공부든 창작이든 업무든 창업이든 연애든, 당신이 뭔가 단기간 최선의 성과를 내야 할 때, 지금 당장 목표 달성을 위해 전력투구해야 할 때, 당신은 '트레이너'를 머릿속에 떠올려 본다. 당신이 좋아하는 선배나 친구, 교사, 연예인을 당신 상상 속의 조언자, 트레이너, 조언자, 러닝메이트로 삼는 것이다. 되도록이면 존재감 강한 연예인 (혹은 정치인)이 최선이다. 존재감이 강한 사람일수록 정신 자극이 강해지기 때문이다. 나태하고 더러운 몸뚱이에 더 강한 채찍질을 할 수 있기 때문이다.

말하자면 이것도 또 다른 형태의 수호천사 개념이다. 나 자신에 대한 믿음이 부족하면 다른 이에게 의탁하는 수밖에 없다. '세상 어차피 혼자'라고 생각하지 말고, '연예인 수호천사' 하나 들이는 거다. 자존감 뭉개 가며 연예인 덕질 조공질 그만하고, 이제는 저 사람이 날 위해 뭔가 할 수 있게 기회를 주는 거다. 다른 사람 중심으로 세상을 사는 게 아니라 나를 중심으로 사는 거다. 가상의 러닝메이트, 수호천사의 개념은 여기서 시작된다.

3. 시뮬레이션

"프리솔로는 단 한 번의 실수가 죽음으로 이어집니다. 반드시 이에 맞는 정신무장이 필요해요. 저는 시각화를 통해 이를 해결했습니다. 머릿속에서 등반 전 과정을 그려보면서 맞닥뜨릴 수 있는 정신적 위기상황을 검토했죠. 무서울 경우, 피곤할 경우, 발을 못 쓸 경우, 심지어 등반을 도중에 포기할 경우까지 모든 가능성을 염두에 뒀습니다." ('최악이자 최고의 등반' 900m 대암벽을 맨몸으로 오르다!, 월간산 2019.07.05)

세계에서 가장 위험한 암벽 등정에 성공한 세계 최강의 클라이머 알렉스 호놀드Alex Honnold의 이야기다. 두려움을 죽이고 실수의 가능성을 극단적으로 낮추기 위해 호놀드는 시뮬레이션 기법을 활용했다. 경험이 인간의 정신을 만든다고 하지만, 경험이 지나칠 경우 인간의 정신을 굴복시키는 결과를 낳기도 한다. 특히 호놀드처럼 목숨이 오락가락하는 극단적 경험일 경우, 대부분은 한번 경험해 보자고 뛰어 들었다가 심대한 충격을 받고 도망가 버린다. 생존을 위한 '회피 본능'이 발동되는 것이다. 그래서 호놀드 같은 강철멘탈 장인들은 자신의 멘탈을 강철도 부숴버릴 금강 괴물로 만들기로 한다.

'시뮬레이션'을 통해.

저 기사에서 '노출 치료exposure therapy'라고 하는데, 저게 시뮬레이션 요법이다.

1) 주로 공포증 치료에 많이 사용되며,

2) 당신이 두려움·공포감을 느끼는 상황을 반복 상정해,

3) 그 상황에 무뎌지게 하거나,

4) 보다 익숙하게, 능동적으로 대처할 수 있게 하는 것이다.

대표적으로 무대 공포증 치료에 이 요법이 자주 사용된다. 머릿속으로 많은 사람들이 운집한 장소에 있다고 생각하고, 정말로 그 자리에 있는 것처럼, 강연, 연주, 개그쇼 등을 하는 것이다. 공포감을 최소화할 수 있는 상황에서부터 단계를 만들어 차근차근 '면역력'을 쌓아가는 치료법도 노출 치료의 또 다른 방식이다. 열 명 이상의 관중이 아닌 한두 명의 관객 앞에서 공연을 시작해 보는 것이다. 한두 명 관객 앞에서 공연이 익숙해지면, 서너 명의 관객, 대여섯 명의 관객, 이런 식으로 단계를 높여가는 것.

어떤 식이든, 당신이 실제 물리적 상황에 뛰어들거나 그런 상황을 세팅하기 어려우니까 시뮬레이션을 활용한다. 계속 강조하지만, 지금 여기 '강철멘탈 되는 법'에서 알려주는 기술

들은 웬만한 강철멘탈들은 가르쳐 주지 않아도 스스로 알아서 쓰고 있는 것들이다. 강철멘탈에는 여러 유익한 기능들이 많은데, 자가 방어 기능이 가장 극강의 성능을 자랑한다. 시뮬레이션은 강철멘탈들이 즐겨 사용하는 자가 방어 기능 중 하나로, 저거 내가 위험할 거 같은데, 상처받을 거 같은데, 하지만 피할 수 없을 거 같은데, 그러면 그 즉시 (자기도 모르게 자동으로) 시뮬레이션을 돌리게 된다. 해당 '위험 상황'에 적응하기 위해, 정신적 피해를 최소화하기 위한 '실드 기능'을 가동시키는 것이다. 김연아도 그랬다.

> 이번 올림픽에 나가기 전에도 그런 예상을 했어요. 그래서 상상을 많이 했어요. 제가 예상 못한 점수가 나오는 상상을요. 그래서 놀랍지도 않았어요. 프리스케이팅 때 제 차례를 준비하며 다른 선수들 점수가 높게 나오고 있다는 걸 이미 알고 있는 상태이기도 했고요. 그래서 점수가 발표되는 키스앤크라이존이나 시상대에서 표정이 의연했던 것 같아요. (김연아 인터뷰 "점수 나쁘게 나오는 상상 많이 했다", 월간조선 2014.05)

"자기 방어 기제"에 대해 많은 이야기가 있다. 강철멘탈과 유리멘탈은 자기 방어 기제에 관해 명확한 차이점을 보인다.

1) 강철멘탈은 꼭 필요한 때만 자연스럽게 발동시키는 반면,
2) 유리멘탈은 전혀 필요 없을 때 노골적으로 드러낸다.

강철멘탈은 자기 방어 기제라는 것이 거의 보이지 않는다. 왜냐하면 속으로 발동시키기 때문이다. 자기에게 손해 볼 짓을 하지 않기 때문에, 김연아처럼 스스로 이로운 쪽으로만 발동시키기 때문이다. '수호천사' 개념과 다르다. 수호천사는 드러난다. 강백호의 "나는 천재니까"처럼 보는 사람을 짜증 나게 만들기도 한다. 하지만 시뮬레이션은 그렇지 않다. 안으로만 돌린다. 필사적으로, 살아남기 위해, 내가 치명상을 받지 않기 위해, 마치 물에 빠져 죽지 않으려는 것처럼.

당신이 김연아 같은 강철멘탈이라면 여기서 가르쳐 주지 않아도, 누가 지금껏 알려주지 않았어도, 이미 그렇게 하고 있을 것이다. 만약 그렇지 않았다면, 당신은 지금부터 훈련해야 한다. 버릇을 들여야 한다. 두려움을 느낄 때마다, 공포감이 엄습할 때마다, 피할 수 없다면, 시뮬레이션을 돌려야 한다. 당신이 예상할 수 있는 모든 변수 상황을 골백번씩 반복해서 머릿속에 떠올려야 하다. 무대 공포증이라고 한다면, 다른 모든 돌발 변수를 모두 다 끌어내야 한다. 관객의 야유, 소음과 잡음, 무관심, 딴청, 딴짓거리, 돌발 질문, 조명 꺼짐, 마이크 고장, 대사 까먹음, 침묵, 심지어 지진 같은 천재지변까

지. 모든 자세하고 세부적인 변수를 하나씩 상정해, 그때마다 어떻게 반응하고 대처할 것인지 반복해서 시뮬레이션 돌려야 한다. 시뮬레이션 돌린 변수의 가짓수가 많을수록, 당신이 예상 못한 변수에 대처할 수 있는 폭이 넓어진다. 꼭 예상했던 변수가 아니라도, 그와 비슷한 돌발 상황이라면 당황하지 않고, 상처받지 않고, 쉽게 대처가 가능하다.

다양한 변수를 상정하는 것이 시뮬레이션의 폭과 넓이라면, 당신은 시뮬레이션의 높낮이, 강도도 같이 상정해야 한다. 처음 말한 대로, 무대 공포증이라고 한다면, 관객의 수를 점점 더 늘려 나가는 것이다. 처음엔 한두 명 앞에서 있다고 생각하고 공연을 하다가, 계속해서 관객 수를 늘려 나가는 식이다. 중요한 건 최대치까지 높이는 것이다. 당신이 평생 서 볼 수 있는 무대가 열댓 명 수준이라고 하면, 당신은 웸블리 스타디움의 6만 명 관객 앞에서 공연을 하는 시뮬레이션을 돌려야 한다. 아주 여러 번, 오만 가지 변수를 다 상정해서 돌려야 한다. 그래야 실제 현장에서 효과를 볼 수 있다.

김연아의 경우, 별것 아닌 잦은 실수에 대한 대처도 시뮬레이션 했겠지만, 훨씬 심각한 실수에 대한 시뮬레이션도 여러 번 돌려 봤을 것이다. 예상 점수보다 5-6점 정도 낮은 것도 예상해 보았겠지만, 10-20점 낮은 점수에 대해서도 수없이 여러 번 시뮬레이션 돌려 보았을 것이다. 그리고 그럴 때마다 그 다음에 어떻게 해야 할지, 어떤 마음을 먹어야 할지, 끊임없이 대처법을 머릿속에 구상했을 것이다.

말하자면, 가상의 경험을 쌓는 것이다. '수호천사' 개념이 가상의 조력자를 만드는 것이었던 것처럼, '시뮬레이션'은 가상의 경험을 미리 쌓는 것이다. 예상 밖의 부정적 결과에 대한 마음의 준비다. "나는 세상의 변수에 굴하지 않는다"는 마음가짐이다. 당신이 어떤 종류의 유리멘탈이라고 하더라도, 시뮬레이션을 골백번씩 돌리고 나면 당신은 어느새

1) 그 상황에 무뎌져서,
2) 두려움을 덜 느끼게 되고,
3) 실제 상황에서 익숙해져서,
4) 능동적으로 대처할 수 있게 된다.

덧붙임 1

앞서 "강철멘탈 되는 법"에서는 변수를 계산하지 말라고 했는데 지금은 완전히 반대의 이야기를 한다. 앞서 말한 대로, 당신이 직접 몸을 부딪칠 수 없는 극단적 상황, 너무 위험한 조건, (무대 공포증처럼) 이미 고질적으로 앓고 있는 특정 문제를 해결할 때 쓰는 방법이다. 즉, 시뮬레이션은 '치료'의 개념으로 접근해야 한다. 절대로 '일상'의 개념으로 활용하면 안 된

다. 어떤 특정한, 고질적인, 심각한 문제가 있을 때, 그 문제를 '치료'하기 위해 사용하는 자기 방어—자가 치유법이라는 사실을 기억해야 한다.

덧붙임 2

절대 과거의 문제에는 적용하지 말아야 한다. 지금 당장 대처해야 하는 현재, 혹은 가까운 미래의 문제에만 적용해야 한다. 심리학계에 보고된 노출 치료 맹점은 의외로 많다. 가장 흔한 것이 '외상 후 스트레스 장애PTSD'에 대한 것이다. 과거의 나쁜 기억은 절대로 시뮬레이션 돌려선 안 된다. 과거의 기억에는 대처할 수 없다. 과거의 기억은 과거의 일로 남을 뿐이며, 이것이 부정적 영향을 끼친다면, 최선을 다해 잊어야 한다. 그런데 과거의 나쁜 기억을 '극복'하겠다고 시뮬레이션을 돌리면 이 나쁜 기억은 전보다 당신의 몸과 마음을 더 강하게 지배한다. 시뮬레이션은 당신이 지금 혹은 미래에 '대처'해야만 하는 상황에 적용해야 한다. 반드시 지금 당장 '대처할 수 있는, 대처해야만 하는 대상'에 대해서만 시뮬레이션을 돌려야 한다.

덧붙임 3

무대 공포증 (혹은 대인 공포증) 같은 고질적인 증상에 대처하는 데에도 유용하지만, 시뮬레이션은 거절이나 불합격, 악평 같은 돌발적인 정신적 충격에 대처하는 데에도 유용하다. 김 연아가 그랬던 것처럼, 최악의 상황에 대해 항상 시뮬레이션을 돌리고 있어야 한다. 당연히 받아주겠지, 당연히 합격하겠지, 무조건 잘되겠지, 이렇게 막연하게 마음 놓고 있을수록 당신의 멘탈은 심하게 박살 난다. 상황 대처가 어려워지고 회복이 힘 들어진다. 부정적 상황, 최악의 상황을 미리 예상하는 것은 절 대로 염세적인 사고 방식이 아니다. 강철멘탈일수록 미리 마음 가짐을 준비한다. 유리멘탈일수록 마음가짐을 준비하는 데 서 투르다. 항상 돌발 상황에 멘탈이 박살 나고, 그러고 난 뒤에야 방어 기제가 발동된다. 시뮬레이션 같은 방어 기능이 잘 작동 하지 않으니 꼴사나운 사후 방어 기제에 매달릴 수밖에 없다. 당신이 쓸데없는 변명, 핑계, 하소연 같은 고질적인 방어 기제 문제를 노출하고 있다면 해결책은 시뮬레이션이다. 미리 최악 의 상황을 가정하고 시뮬레이션을 돌리는 습관을 들일수록 당 신의 추한 방어 기제가 발동될 가능성은 줄어든다.

4. 반격

우리가 가장 흔하게 겪는 스트레스의 원인은 사회 관계, 인간 관계다. 누군가 내게 피해를 주는 상황을 경험했거나, 혹은 그런 의도를 인지했을 때 우리는 스트레스를 받게 된다. 집단에서의 따돌림, 괴롭힘, 개인 간 갈등, 알력, 보복, 위협, 이해관계 충돌 등이 그것이다. 대부분은 일상적인 스트레스다. 살면서 누구나 겪을 수밖에 없는, 겪어야만 하는 필연적 스트레스. 도시에 살아도 시골에 살아도 우리가 살아 숨쉬는 한 감내해야 하는 스트레스다.

웬만한 스트레스는 삶의 일부로 받아들인다. 아무도 스트레스 없는 세상에서 살 수 없으며, 인간 사회 스트레스가 지긋지긋하다고 자연으로 가면 그보다 더한 죽음의 스트레스로 업그레이드 된다. 우리가 알아야 할 진실은 인간 사회의 스트레스는 야생 자연의 스트레스와 비교 불가능하다는 사실이다. 사람 사이 스트레스가 힘들다고 늑대, 여우, 독수리, 붕어, 가재 같은 야생 동물이 되고 싶다는 생각을 해 본 적 있을 것이다. 야생 동물들에겐 인간 세상 스트레스는 없을지 모른다. 하지만 이들에겐 생존 스트레스가 있다. 매일 매순간 죽음이 목덜미까지 치고 올라오는 스트레스. 굶주림, 질병, 상처, 염증, 고질적 통증, 가려움, 모기, 독충, 기생충, 포식자의 위협, 동족 간 살육 경쟁… 병원도 없고, 경찰도 없다. 주민 센터도 없고 상담 센터도 없다. 아무도 당신의 고통을 덜어 주지도, 들어 주지도 않는다. 사시사철 생존의 불안에 시달리는 것이다. 한 치 앞의 미래도 내다볼 수 없는, 결코 해소되거나 완화될 수 없는, 나 혼자 견뎌야 하는 끝없는 공포와 스트레스. 이것이 야생에서 겪어야 하는 지옥의 스트레스다.

다시 인간 세상으로 돌아오자. 웬만한 스트레스는 '최소한 죽을 일은 없으니까' 하고 받아들이고 이해한다. 모든 스트레스에 다 일일이 힘들다, 괴롭다, 죽고 싶다, 다 버리고 떠나고 싶다면 이는 본인의 삶을 사는 자세의 문제인 것이다. 하지만 강철멘탈 되는 법 첫머리에 이야기한 것처럼 이렇게 조언한다고 알아들을 사람은 아무도 없다. 누구나 자기 코앞의 문제가 세상에서 제일 막중한 법이다. 내일 지구 멸망이 온다 해도 자기 코앞 문제에서 해탈하지 못하는 게 인간의 심리다. "이래야 한다"고 자각만 해서는 아무것도 되지 않는다. 하라고 하면 안 하게 되고, 하지 말라고 하면 더 악착같이 하는 것이 인간의 몸과 마음이다. 스트레스를 아무리 이해하고 받아들이려 해도 정 그렇게 힘들다, 괴롭다, 죽고 싶다면 해결책을 찾아야 한다.

별것 아닌 일상의 스트레스가 죽고 싶은 재앙적 스트레스로 확대되는 이유는 피해자 마인드 때문이다. 피해자 마인드는 어떤 구체적인 '생각'이 아니다. 단지 그렇게 느끼는 것이다. 내가 피해자이고 사회적 약자로 전락했다는 느낌. 두려움. 이것이 스트레스를 증폭시킨다. 고통을 더 크게 만든다.

왜 하필 나에게 이런 일이! 이게 스트레스를 극대화하는 피해자 마인드다. 자기 연민, 피해 의식, 자괴감. 이것이 나를 더 상처받기 쉬운 존재로 만든다. 그냥 지나가 버릴 스트레스를 내 존재를 비하하는 '저주'로 삼는 것이다. 재수 없어서 똥 밟았다는 생각을 하는 게 아니라 지뢰를 밟아서 나 지금 죽을지도 모른다, 큰일 났다, 무섭다, 억울하다 이런 두려움에 자학과 좌절의 나선을 타는 것이다.

다시 말하지만 하지 말라고 하면 더 하고 싶은 것이 인간의 마음이다. 대신 다른 걸 해야 한다. '반격'이다. 피해자 마인드가 커지는 이유는 움츠러들기 때문이다. 움츠러들고 겁먹고 자기연민 피해의식에 빠지기 때문에 스트레스가 증가하고 고통이 확대 지속된다. 여기서 헤어나는 최선의 방법은 맞서 싸우는 것이다. 스트레스 원인을 두려워하고 피할수록 피해자 마인드는 강화되고 스트레스는 배가된다. 스트레스 원인을 직시하고 맞상대할수록 피해자 마인드는 약화되고 스트레스는 해소된다.

사내 성희롱을 예로 들어 보자. 회사 인사팀에서 문제를 해결해주지 않을 경우, 고소 등 공적인 조치를 취하기 여의치 않을 경우, 피해자 되기를 거부하는 것이다. 가해자에게 직접 대응하는 것을 상상해 보라.

1) 눈 똑바로 뜨고 노려보거나

2) 대놓고 소리 지르거나

3) 물건을 내동댕이치거나

4) 욕을 하거나

5) (조폭처럼) 큰 소리로 90도 인사를 하거나

어떤 식이든 그냥 '가만히 당하지 않겠다', '너랑 나랑 오늘 무덤 판다', 이런 생각만 갖고 있어도 효과를 본다. 내가 겁을 먹는 게 아니라 상대가 겁을 먹는다. 가해자에서 피해자로 입장이 바뀌는 것이다. 성희롱이든, 스토킹이든, 학원 폭력이든, 다른 종류의 괴롭힘이든, 어떤 경우, 어떤 상황, 어떤 상대든 마찬가지다. 당신은 직접 반격을 가할 필요도 없다. 진짜로 손에 피를 묻히고 무덤을 팔 이유 없다. 당신은 반격을 계획하기만 하면 된다. 어떻게 반격할까 복수할까 계획만 세워도 당신의 심리 상태는 반전된다. '이대로 당하지 않겠다', '피해자가 되지 않겠다', 그런 마음을 먹는 것이다. 이게 스트레스의 고통에서 해방되는 가장 빠른 방법이다. 스트레스의 고통을 분노와 흥분 에너지로 바꾸는 것이다. 스트레스가 고통의 원인이 아닌 정신 에너지의 연료가 되는 것이다. 다음 원칙을 숙지한다.

1) 반드시 하나의 대상만 정해야 한다. 집단 괴롭힘이라고 해도 그중 딱 한 명만 정해서 반격을 계획해야 한다.

2) 대상이 둘 이상이 되면 테스토스테론 수치가 크게 줄어들고 피해자의 두려움에서 벗어나기 어려워진다.

3) 다른 사람 혹은 외부의 도움을 크게 기대해선 안 된다. 나 혼자, 내 힘으로, 내가 직접 문제를 해결한다, 이렇게 생각해야 테스토스테론 수치가 증가하고 스트레스의 두려움에서 벗어날 수 있다.

4) 구체적인 반격 계획을 세우는 것도 좋지만, 아무 계획 없이 그냥 분노를 쌓는 것이 더 효과적일 수 있다. '너 죽고 나 죽는다'는 생각으로 혼자 분노와 공격성을 쌓으면 두려움의 심리 상태가 전환된다.

5) 분노와 공격성은 오래 쌓을수록 위력이 강해진다. 마블 코믹스의 '헐크'가 된다고 생각한다. '너 죽고 나 죽는다' 각오로 분노와 공격성을 쌓을수록 스스로 문제를 해결할 수 있다는 본능적 자신감이 높아진다.

6) 절대로 섣불리 반격하면 안 된다. 별것 아닌 상황에, 조바심에서, 두려움에서, 대충 어설프게 반격할 경우 상대는 피해자를 더 우습게 보고 역습을 가하게 된다. 반드시, 분노와 공격성이 아주 무겁게 쌓여, 두려움이 완전히 사라질 때까지, 아무것도 하지 말고 기다려야 한다.

5. 뇌 탈진

우리는 다시 한번 스트레스와 두려움의 원인에 대해 생각해 본다. 우리가 느끼는 스트레스와 두려움의 원인은 모두 생존과 연관이 있다. 나의 생존에 위협이나 장애가 발생했을 경우 문제 의식을 갖고 이에 대처하기 위한 '경보 장치'인 셈이다. 현대 문명은 대부분의 개개인의 절박한 생존 문제를 대부분 해결해 주었고, 따라서 당신의 머릿속에 울리는 경보는 대부분 허위일 수밖에 없다. 즉, 현대 문명을 사는 우리가 받는 스트레스와 두려움은 대부분 허위 경보인 셈이다. 이런 사실은 굳이 누가 말해 주지 않아도, 누구나 다 안다. 그래서 다들 같은 고민에 빠진다. 왜 이렇게 쓸데없이 스트레스를 받고 불안에 떠는 거지? 정신병인가? 정신병 아니다. 정신병일 수도 있지만, 일단은 아닌 것으로 판단한다.

당신이 쓸데없이 스트레스를 받고 두려움을 느끼는 건, 그만큼 당신의 마음이 여유롭다는 증거다. 당신의 머릿속이 너무나 유유자적 풍족하고 여유롭기에 받지 않아도 될 스트레스를 받고 있는 것이다. 자살이 가장 극단적인 예다. 자살은 대부분 먹고 살 만한, 잘사는 나라에서 발생한다. 한국, 일본, 싱가폴, 노르웨이, 스위스가 대표적인 자살 대국들이다. 하루하루 생존이 위급한, 오늘 당장 끼니를 해결해야 하는 절박한 나라에서 자살은 언감생심의 일이다. 먹고 살기 급급했던 70~80년대 한국에는 자살이 드물었다. 이제 좀 먹고 살 만하고, 풍족하다 싶었던 90년대부터 자살률이 급증했다. (자살률 OECD 1위 한국 VS. G7 1위 일본…같은 듯 다른 실상, 매일경제 2021.05.03)

우리는 공격적인 삶의 중요성을 강조한다. 눈코 뜰 새 없이 바쁜 삶이 사실은 당신의 생명에 이로운 법이다. 어딘가에 몰두한 정신occupied mind. 정신이 어딘가에 붙잡혀 있으면 당신은 절대로 죽을 생각을 하지 못한다. 오늘 당장의 끼니라든가, 자식의 생존이라든가, 아니면 지금 당장 반드시 이뤄야만 하는 목표라든가. 죽을 생각만 못하는 게 아니라 스트레스와 두려움도 허용하지 않게 된다. 왜냐하면 그럴 여유가 없기 때문이다. 정말로 목에 칼이 들어오지 않는 한, 당신은 불필요한 스트레스와 두려움에 면역 상태가 된다.

그래서 말했다. 쓸데없는 생각을 없애야 한다고. 뇌를 너무 느슨하게 놓아두면 안 된다. 생각을 없애기 힘들면 뭐 하나에 미쳐야 한다. 그러면 자의식도, 스트레스도, 두려움도 사라진다. 앞서 언급한 영화 「포레스트 검프」를 떠올린다. 포레스트는 여자에게 차인 뒤 인생 최악의 시기에 군대에 끌려갔지만, 아무 생각이 없었다. 그는 원래 바보 천치라서 아무 생각이 없었다. 그래서 군대에 적응했다. 그의 친구 버바는 새우에 미쳐서 적응했다. 새우잡이가 가업이라서, 제대하면 새우잡이 사업을 할 거라는 생각에 미쳐서 아무 고통도 받지 않았다.

당신이 지금 쓸데없는 스트레스, 걱정, 두려움, 자살 충동에 시달리고 있는 까닭은 이런 게 없기 때문이다. 몰두한 정신. 뭔가에 정신을 묶어 놓을 데가 없기 때문이다. 정신이 무한정 느슨하고 물렁물렁 푹 퍼져 있는 것이다. 당신의 마음이 풍선처럼 말랑말랑 붕 떠 있기에 외부 자극에 예민한 것이다. 아무것도 아닌 자극에도 나 죽는다 떼굴떼굴 미친 듯이 허위 경보를 발동시키는 것이다.

이에 대한 가장 '무식한', 가장 빠르고 직접적인, '원시적인' 해결책을 이야기한다. 당신의 뇌를 바보로 만드는 것이다. 쉽게 말해 무뎌지는 것이다. 당신은 지금 정신을 어디에 팔아 버릴 수도 없고 묶어 놓을 수도 없는 상태다. 아마 대부분 그렇게 하라고 이것저것 구체적으로 알려줘도 그렇게 못할 것이다. 왜냐하면 지금껏 한 번도 그렇게 해보지 못했으니까. 그러니까 석기시대 고인돌들의 원시적인 방법을 쓸 수밖에 없다. 당신의 뇌를 지치게 하는 것이다. 당신의 뇌가 웬만한 자극에는 자극받지 않도록, 완전히 무뎌진 상태, '정신없이 멍한 상태'로 만드는 것이다.

스트레스, 두려움, 불안감이 엄습한다. 그러면 당신은 일단 무조건 일어서야 한다. 앉거나 누워 있으면 당신은 정신 자극에 취약해질 수밖에 없다. 일어나서 두 발로 서는 순간 스트레스의 강도는 30% 줄어든다. 서 있는 시간이 길어질수록 당신은 피로감을 느끼고 당신의 자극은 둔화된다.

스트레스의 강도가 줄어드는 것 같지 않다면 당신은 그 즉시 당신의 뇌를 초주검 상태로 만들기 위한 하드 트레이닝에 돌입해야 한다. 최대한 빠른 시간 내 급격한 피로감을 느끼게 해주는 운동을 한다. 팔굽혀펴기, 턱걸이, 스쿼트 등이 대표적이다. 다른 운동도 괜찮다. 마음에 드는 걸로 하면 된다. 단시간 내 당신의 근육을 최대한 풀가동 할 수 있는 것으로 하면 된다. 온몸이 부들부들 떨리고 눈앞에 하얗게 될 때까지.

너무 빨리 급하게 하면 부상을 입을 수 있으니 천천히 한다. 이 운동의 목적은 당신의 뇌를 지치게 하는 것이지 몸뚱이를 박살 내기 위함이 아니다. 문제는 언제나 당신의 바보 같은 뇌다. 당신의 몸뚱이는 죄 없다. 천천히 조금씩 무리하지 말고 몸이 지치고 뇌가 멍해지는 과정을 느낀다. 더 이상 같은 동작을 할 수 없을 때까지 쭈욱 버틴다. 그리고 다시 선 자세로 돌아온다. 선 자세로 체력을 고갈시킨다. 오래 서 있을수록 몸이 지치고 뇌가 멍해진다. 스트레스 강도가 80% 정도 줄어들었을 것이다.

아직도 스트레스가 크게 줄어든 것 같지 않다면, 당신의 뇌는 아직 살 만한 것이다. 아직 풍선처럼 비대한 상태라 떼굴

떼굴 징징대고 엄살 부리고 있는 것이다. 당신은 이런 짜증나도록 예민한 뇌를 아주 탈진시켜 버려야 한다.

뇌에 올라가는 피의 공급을 차단해야 한다. 이번엔 다른 근육을 쓴다. 지금껏 팔 근육을 썼다면, 이번엔 다리 근육을 쓴다. 근육을 극한의 상태까지 혹사시켜 당신 피의 모든 산소와 영양 공급을 근육에 몰아넣는다. 산소와 영양 공급을 온몸의 근육에 빼앗긴 뇌는 그제서야 입을 닫기 시작한다. 당신의 몸에 더 많은 피로를 느낄수록 당신의 뇌는 더 둔감해진다. 당신의 몸뚱이가 더 많은 피의 공급을 받을수록 당신의 뇌는 더 적은 피를 공급받는다. 결과적으로 과묵해지는 것이다. 이 상태가 되면 뇌는 더 이상 시끄럽게 떠들지 못한다. 더 이상 근거 없이 졸렬하게 사람을 괴롭히지 못하게 된다.

이게 바로 몰두한 정신 상태를 강제로 만드는 법이다. 무식하고 원시적이지만 이게 최선이다. 가장 직접적이고 가장 빠른 효과를 얻는 법이다. 다른 일에 집중할 수 없다는 부작용이 있을 수는 있지만, 그만큼 당신의 체력은 강해진다. 말하자면, 당신의 정신 고통을 근육으로 바꾸는 것이다. 당신이 스트레스를 더 많이 받을수록, 더 많은 정신적 고통에 시달릴수록 당신의 근육은 늘어나는 것이다. 그리고 당신의 수명도, 당신의 생존률도, 건강한 인생의 가능성도 늘어나는 것이다.

7장

좌절을 극복하는 방법

강철멘탈의 가장 중요한 특징은 "손해 볼 짓을 하지 않는 것"이라고 했다. 그러면 그 다음 중요한 특징은? "금방 회복된다"는 것이다. 강철멘탈은 아무리 황당한 일을 겪고 심대한 대재앙을 겪어도, 놀랄 정도로 금방 아무 일 없었다는 듯 원래의 멘탈로 돌아온다.

이 부분이 유리멘탈들에겐 가장 힘든 부분이다. 손해 볼 짓을 하지 않는 건 본인이 깨달으면 된다. 어떻게 하면 되는지 지금껏 자세히 설명했다. 그냥 따라 하면 된다. 강철멘탈들이 하는 행동 보고 그대로 따라 하면 된다. 그런데 회복되는 건 따라 할 수가 없다. 왜냐하면 회복은 노력으로 되는 것이 아니라 저절로 되는 것이기 때문이다. 강철멘탈의 회복력은 대부분 타고난다. 이들의 멘탈은 자가 치유 슈퍼파워와 같다. 유리멘탈은 한번 마음에 상처를 받으면 생채기조차 평생 피 흘리는 죽음의 흉터로 남는데, 강철멘탈은 그냥 시간 지나면 아문다. 이걸 따라 할 수는 없을 것처럼 보인다. 아무도 슈퍼파워를 따라 하면 된다고 가르치진 않는다.

앞서 인간의 뇌와 근육은 동일한 속성을 공유한다고 했다. 회복도 마찬가지다. 회복되지 않은 근육에 스트레스를 가하면 부상을 입고 더 이상 근육을 쓰지 못하게 되는 것처럼, 정신도 그렇다. 상처받고 회복되지 못한 정신에 또 다른 스트레스를 가하면 정신은 망가진다. 더 이상 정상적인 기능이 불가능하게 된다. 우리의 모든 신체 기능이 다 그렇다. 병이 나는 것도, 암에 걸리는 것도, 회복되지 않은 상태에서 스트레스를 가하기 때문이다. 만화가들처럼 마감에 시달리는 직종의 암 발생률이 높은 까닭은 반복되는 스트레스 상황에서 회복할 시간을 얻지 못하기 때문이다. 암 환자들 태반이 비정상적인 수면 패턴을 오랜 세월 유지한 것도 같은 맥락이다. 우리 몸이 가장 많이 회복되는 때가 잠 잘 때인데 잠으로 충분한 회복이 이뤄지지 않으니 암 발생률이 높아진다. 밤샘 교대 근무를 하는 인력의 암 발생률이 높은 것도 해가 떠 있는 동안의 수면이 회복에 장애가 되기 때문으로 추정된다.

중요한 건 회복이다. 회복되지 않기 때문에 병이 된다. 몸이든 마음이든, 회복이 되지 않으면 건강도 없고 정상적인 일상도 없다. 강철멘탈은 상처받지 않는 사람이 아니다. 회복되는 사람이다.

'회복 탄력성resilience'이라는 표현을 쓴다. 서양에서 쓰는 표현이다. 동양인들에겐 생소한 표현이다. 서양에는 '회복 탄력성'이 비즈니스다. 일종의 산업이다. 많은 사람들이 안 좋은 일을 겪고 정신적 고통에 빠지면 회복 탄력성 클래스를 찾는

다. 왜냐하면 그렇게 하지 않으면 술이나 마약에 빠지기 때문
이다. 사회 하층 서양인들은 기쁘고 즐거울 때도 술과 마약을
찾고, 우울하고 괴로울 때도 술과 마약을 찾는다. 이 때문에
회복 탄력성이 중요 산업이 됐다. 술과 마약을 대신할 대체재
가 없으면 너무 많은 사람들이 죽으니까.

　하지만 이들이 제공하는 회복 탄력성 서비스는 대부분 이해
할 수 없는 뜬구름 잡는 소리가 많다. 아래 미국 심리학 협회에
서 이야기한 멘탈 회복을 위한 조언들을 보자. 다 이런 식이다.

몸뚱이를 건강하게 유지하라

바쁘게 살아라

술, 담배, 마약을 끊어라

다른 사람을 돕고 살아라

인생의 목표를 정하고 매진하라

나무를 보지 말고 숲을 보라

변화와 역경을 받아들이라

긍정적인 미래를 그리라

과거에서 교훈을 얻어라

출처: American Psychological Association
https://www.apa.org/topics/resilience

　이들의 멘탈 회복 서비스 중 유일하게 의미 있는 건 같은

고통을 겪고 있는 이들과 유대 관계를 갖는 것이다. 미국 드라마·영화에서 자주 봤을 것이다. 자식을 잃은 부모, 연인을 잃은 사람, 알코올 중독에 빠진 사람, 그런 도탄에 빠진 사람들끼리 둥글게 모여 앉아 서로의 고민을 털어 놓는 장면. 이게 대표적인 회복 탄력성 클래스 중 하나다. 가만히 혼자 골방에 틀어 박혀 고통을 감내하면 죽고 싶다는 생각밖에 들지 않으니 이렇게 사람들 간에 유대 관계를 강제하는 것이다. 정신이 건강해지는 가장 전통적인·일반적인 방법은 사람들과 어울리는 것이다. 이게 그 가장 직접적 답변이자 해결책이다. 정신이 피폐할수록 사람들과 어울려야지 혼자 고립될수록 멘탈은 더 쉽게 무너진다.

가족의 죽음이나 범죄 피해 같은 '재해'를 겪은 사람들은 이런 게 필요하다. (한국에도 이런 멘탈 회복 서비스가 있다.) 하지만 우리는 지금 여기서 그런 청천벽력 재해급 좌절·멘탈붕괴를 위한 치료법을 이야기하지 않는다. 그런 건 전문의의 치료를 받아야 한다. 당신이 전설적 영웅 강철멘탈이 아닌 한, 한동안은 타인 주도에 의한 치료와 약물에 의존하는 것이 더 나을 수 있다.

우리는 여기서 낙방, 탈락, 해고, 이별, 상실, 경제적 몰락 등 우리가 일상적으로 겪는 좌절에 대한 해결책을 이야기한다. 그런 것까지 일일이 거창한 심리 치료를 받을 수는 없다.

일상에서 받는 일상적인 좌절은 스스로, 혼자서 해결하는 수밖에 없다. 수호천사의 개념을 도입할 수도 있고, 종교에 귀의해 신에게 자아를 의탁할 수도 있다. 그게 잘 안 되는 경우도 있다. 이것저것 다 손 쓸 수도 없고, 통하지도 않는다면, 그럴 땐 어쩔 수 없이 자가 치유법을 쓰는 수밖에 없다.

1. 나는 선택받지도 않았고 버려지지도 않았다

우리가 좌절감을 느끼는 가장 큰 요인은 자격 강박증이다. '나는 선택받은 사람—이럴 자격이 있는 특별한 존재'라는 생각도 자격 강박증이고, 반대로 '나는 원래 바보—이렇게 살 수밖에 없는 비천한 존재'라는 생각도 자격 강박증이다. 둘 다 멘탈을 파괴하고 인생을 불행하게 만드는데, 전자는 쉽게 좌절에 빠지게 하고, 후자는 한번 겪은 좌절에서 회복되지 못하게 만든다. 유리멘탈일수록 자격 강박증에 쉽게 빠진다고 했다. 멘탈 병자들은 남에 대해서만 자격증을 남발하는 게 아니다. 자기 자신에 대해서도 그런다. 그리고 이게 사람을 습관처럼 좌절에 빠지게 하고 멘탈을 죽음으로 몰고 간다.

앞서 이런 말을 했다: '우리가 (일상에서) 겪는 좌절의 근본 원인은 예상했던 것과 다른 결과를 보기 때문'이라고. 강철멘탈이 세월이 갈수록 강해지는 이유는 매번 예상한 것과 같은 결과를 보기 때문이고, 유리멘탈이 세월 갈수록 병드는 이유는 매번 예상한 것과 다른 결과를 보기 때문이라고 했다. 그러니 좌절의 문제를 해결하는 방법은 2가지다.

1) 올바른 예상을 하거나,
2) 예상을 하지 않거나.

당신이 올바른 예상을 하는 방법은 없다. 당신은 신이 아니며, 신이 물려준 초능력을 타고났다고 해도, 절대로 올바른 예상을 할 수 없다. 자기 예상이 다 들어맞는다는 사기꾼들의 진실은 언제나 똑같다. 맞춘 것만 얘기하는 거다. 맞추지 못한 건 얘기하지 않는 것이다. 50 대 50 확률 게임에 절반도 맞추지 못한 주제에, 자기가 어쩌다 맞춘 것만 얘기하는 것이다. 당신에게 주어진 옵션은 2번뿐이다. 예상을 하지 않는 것뿐이다. 강철멘탈의 정신이 세월 갈수록 강해지는 이유는 예상이 맞아 떨어지기 때문이 아니라, 예상을 하지 않기 때문이다.

백전노장 세계랭킹 1위였던 김연아조차 자신에 대해 아무것도 예상하지 않았다. 아무리 훌륭한 연기를 하고 들어왔어도 자기 점수를 예상하지 않았다. 당연히 금메달이고 은메달이고 아무것도 예상하지 않았다. 그가 예상한 것은 뜻하지 않은 불운뿐이었다. 최악의 경우에 대비해 시뮬레이션을 돌렸다. 김연아와 같이 나왔던 류현진도 그랬다. 올해 몇 승을 한다, 오늘 몇 점만 준다, 삼진을 몇 개 잡는다, 이런 생각 아예 하지 않았다. 그는 시뮬레이션조차 돌리지 않았다. 그냥 공을 잡고 던졌다. 그게 전부였다. 아무것도 예상하지 않는 삶, 아무것도 기대하지 않는 삶. 바로 좌절하지 않는 삶이다. 강철 멘탈의 삶이다.

멘탈 병자일수록 "어떻게 살아야 한다"는 강박 관념이 강하다. 가치 있는 삶이란 무엇인가, 성공한 인생이란 무엇인가, 꿈이란 무엇인가, 이상이란 무엇인가, 이런 남이 정해 놓은 망상적 기준에 빠져 나는 그렇게 살고 있는지, 왜 그렇게 못 살고 있는지 불안에 떤다. "나는 이런 대접을 받아야 한다"는 강박증도 같이 나타난다. 나는 어느 대학을 나왔으니 연봉은 얼마를 받아야 하고, 이 정도 회사는 들어가야 하고, 이런 일을 해야 하고, 이런 직장 상사를 만나야 하고… "나는 이런 사람이니 이런 대접을 받아야 한다"는 자격지심. 자기 자신에 관한 모든 것에 기준과 규정과 틀을 만들어 놓고 "이렇게 되어야 한다"고 예상하는 것이다. 예상 중독이다. 이게 좌절의 근본 원인이다. 예상 중독은 필연적으로 좌절을 부른다. 왜냐하면 예상은 틀릴 수밖에 없기 때문이다. 세상엔 예상할 수 없는 변수가 너무 많기 때문이다.

몇 가지 사례를 보자. 직장인 P씨는 직장 내 승진 시험을 봤다 떨어졌다. 자기 혼자만의 망상에 빠져 "나는 반드시 될 것"이라고 예상했던 게 아니었다. 주변의 모든 사람들이, 그에 대해 더 잘 아는 사람일수록 그의 합격을 더욱 당연하게 예상했다. 왜냐하면 그보다 더 '적합했던' 인재는 없었으니까. 그런데도 불합격했다. '아무것도 예상할 수 없으며, 아무것도 예상하지 말라'는 강철멘탈 내면의 조언을 P씨는 무시했다. 그래서, 삼십 평생 그렇게 착하고 신사적으로 살았던 사람이 한순간 멘탈이 붕괴돼 미치광이가 돼 버렸다. 자해에 가까운 광란의 소동으로 그는 다음 해 시험을 보지 못했다. 앞으로의 합격 가능성도 스스로 망쳐 버렸다.

비슷한 사례가 하나 더 있다. 서울대 다니던 O씨는 영어를 잘했다. 그는 지하철에서 만난 미국인들과 자유자재로 대화를 나눌 수 있을 정도로 영어에 능통했다. 카투사 시험을 봐서 미군 부대에 배치됐는데, 원래 카투사 군부대 배치는 영어 시험 성적 순이었다. 그런데 O씨가 입대한 그 해만 유독 시험 성적대로 부대 배치를 하지 않고 제비 뽑기로 했다. 그래서 O씨 같은 영어 능통자들이, 다른 해였으면 용산 미8군 본부에 배치됐을 텐데, 경기도 시골 전투 부대로 랜덤 배치돼 버렸다. O씨는 당연히 용산으로 갈 줄 알고 있었다. 그래서 용산에 가면 주말에 외박을 해야지 여자도 사귀어야지 생각하고 있었는데, 주말 외박은커녕 추석 휴가도 받지 못하는 최악의 근무지로 발령이 나버린 것이었다. 그는 군 생활 내내 고통받았다. 쓰레기 같은 미군에 말도 안 통하는 무식한 선임들 사이에서 속된 말로 '빵이 치다' 멘탈이 망가져 버렸다. 그는 군 생활 내내 자격지심에 시달렸다. 내 성적이면 용산에 가서 융숭한 대접을 받으며 군생활 했어야 하는데. 자격 강박증에서 헤어나지 못하던 그는 결국 병장 때 사고를 친다. 주말에 무리해서 무단 외박을 나갔다 불시 검문에 걸린 것이었다. 그는 한국군 규정에 의해 15일 영창 신세를 졌고, 말년 휴가도 취소된 채, 사실상 불명예 제대를 해야 했다.

세상에 당연한 건 어디에도 없다. '당연히 그래야지', '당연히 그럴 거야'라는 예상을 하는 순간, 당신은 스스로를 좌절의 구렁텅이로 몰고 간다. 당신은 아무것도 예상할 수 없으며, 아무것도 예상하지 말아야 한다. 그래야 좌절하지 않는다. 그래야 이번에 겪은 좌절을 앞으로 다시 겪지 않는다. 성적, 합격, 승진, 발령 같은 당신이 좌우할 수 없는 불가항력의 결과는 절대로 아무것도 예상할 수 없다고 미리 머릿속에 못 박아야 한다. '아무것도 예상할 수 없으며 당연히 그래야 하는 건 어디에도 없다.' 이 생각이 당신이 세상을 사는 기본 원리가 되어야 한다.

남이 정해 주는 결과만 그런 게 아니다. 당신 스스로 정해 놓은 삶의 기준도 마찬가지다. 행복에 대한 욕구가 대표적이다. 행복 강박증도 예상 중독 증상의 하나다. 행복하고 싶은 욕구가 정신의 병을 야기한다. 사람을 좌절에 빠지게 만든다. 사랑받고자 하는 욕구가 매력을 망치는 것과 같다. 행복하고 싶다는 생각 자체가 '내가 그만큼 특별하기에 이렇게 되어야만 한다'는 자격지심의 결과다. 나는 나 자신이 특별하다는 생각을 해본 적이 없다고? 그저 남들처럼 소박하게 살고 싶었을 뿐이라고? 어떻게 살고 싶다, 어떻게 살아야 한다, 이런 생각이 행복하게 살고 싶다는 생각과 뭐가 다른가? 어떻게 살고 싶다, 어떻게 살아야 한다, 이게 모든 자격 중독의 첫 번째 증상이라고 강조했다. 앞서 예로 든 P씨와 O씨도 마찬가지다. '나는 이렇게 살고 싶다, 이렇게 살아야겠다'는 생각 때문에 그런 자격지심에 빠졌던 거다. 애당초 '나는 이렇게 살고 싶다, 이렇게 살아야겠다'는 생각을 하지 않았으면, 그런 좌절을 겪을 일은 없었다.

사람 사는 데 이유 없다. 어떻게 살아야 한다는 생각이 당신을 불행하게 만든다. 당신의 멘탈을 파괴하고 인생을 끝없는 좌절로 몰아넣는다. 내가 특별하다는 생각을 버리기 어려워도, 자격 강박증은 버릴 수 있다. 아무것도 예상하지 않으면 된다. 사람 사는 데 이유 없으며, 어떻게 살아야 한다는 건 미신일 뿐이다. 우리는 '아무도 미워하지 않는 법'으로 돌아간다. 당신의 눈을 드론 위에 태워 아주 멀리, 아주 높이서 내려다본다. 당신은 숲에 사는 나무와 벌레와 다람쥐와 다를 것 없는 무수히 많은 생명체 중 하나다. 나무와 벌레와 다람쥐에게 삶의 방식은 존재하지 않는다. 아무도 그들이 어떻게 살아야 한다고 정해 주지 않는다. 아무도 그렇게 생각하지 않는다. 인간도 다르지 않다. 당신은 그냥 살아 있기에, 살아야 하기에 살 뿐이다. 안 되면 안 되는 대로 사는 것이고, 막히면 막힌 대로 사는 것이다. 사람 사는 데 이유 없으며, 어떻게 살아야 한다는 생각은 불행하고 미개한 인간들의 망상일 뿐이다. 그래서 안 되면 안 되는 대로 살 뿐이다. 막히면 막힌 대로 돌아갈 뿐이다.

'나는 특별한 존재'라는 생각을 하는 사람일수록 '나는 원래 바보이고 이렇게 살 수밖에 없는 존재'라는 양극단적 비관론에 빠진다. 자격 강박증은 언제나 동전의 양면을 갖는다고 했다. 자격 강박증은 절대로 인생을 긍정적으로 만들지 않는다. 자신에 대해 낙관만 아니라, 어느 한 순간 무서울 정도로 비관적이 된다. 왜냐하면 예상을 하기 때문이다. 예상은 빗나가고 좌절이 일상화되기 때문이다. 아주 사소한 변수에도, 별것 아닌 역경에도 좌절감을 느끼고 자존감이 추락한다. '나는 원래 바보'라는 또 다른 자격 강박증에 빠지는 것이다.

어떤 종류의 좌절을 겪든, 어떤 유형의 자격 강박증이든, 다 마찬가지다. 유리멘탈들은 언제나 자기가 과거에 저지른 바보 짓들을 하나하나 고이 수집해 두는 경향이 있다. 이걸 갖고 자기 자신에 대한 판결을 내린다. '나는 타고난 골칫덩이에다 행복할 자격이 없는 놈'이라고. 하루종일 머리 싸매고 자기가 왜 과거에 그런 짓을 했는지, 도덕적으로 순결한 인생을 살았는지, 자격이 있는지 없는지, 장관 인사 청문회 하듯 하나하나 물어뜯는다. 자격 검증은 사람의 인생을 나아지게 하지 못한다. 사람의 오류나 단점을 고치지도 못한다. 자격 검증의 유일한 기능은 사람의 멘탈을 파괴하고 좌절에 빠지게 하는 것뿐이다.

그보다 무서운 기능은 멘탈 회복을 무력화하는 것이다. 자격 검증은 사람을 패배와 좌절의 운명론으로 몰고 간다. '나는 원래 그런 놈이다, 나는 그래도 싸다'는 생각에 사람을 묶어 두는 것이다. '원래 그런 놈'이라는 죽음의 무기력증에 빠져 회복 의지 자체를 짓밟아 버리는 것이다.

2. 내게는 또 다른 자아가 있다

이를 위한 해결책이 있다. 앞서 말했다. 강철멘탈은 멘탈 생존을 위해 갖가지 요상한 개념을 만들어 낸다고. 그중 하나가 '또 다른 자아' 분신술이다. 내 안에 여러 개의 자아가 존재하는 것이다. 당신은, 싫든 좋든, 다중 인격을 갖고 있는 것이다. 그래서 어떤 상황에서는 우성 인격이 튀어나오고, 어떤 상황에서는 열성 인격이 튀어나오는 것이다.

당신은 이 관점에 주목해야 한다. 내게 여러 개의 자아가 존재한다는 거. 분신술. 서양인들은 흔히 그런다. 그때 그건 내가 아니었다고—나의 evil twin, 악마 같은 쌍둥이였다고. 어제 술 먹고 바지에 똥 싼 것도 내가 아닌 나의 모자란 쌍둥이였고, 어제 고백했다 차인 것도 내가 아닌 나의 못난 쌍둥이였고, 프리젠테이션을 하다 개망신을 당한 것도 나의 못난 쌍둥이였고, 부정 행위를 하다 적발된 것도 나의 못된 쌍둥이였고, 가게 물건을 훔치다 경찰에 잡혀간 것도 나의 못된 쌍둥이였다는 식이다. 일반적인 보통의 모범 시민 입장에선 절대로 이해할 수도, 상상할 수도 없는 황당한 소리지만, 사실은 많은 강철멘탈들이 실제 쓰는 수법이다. 특히 범죄자들, 강철멘탈 범죄자들은 늘 그런 식이다. 내가 그런 게 아니었다고. 내가 아닌 다른 누군가의 사주에 의해 (악령에 의해) 저지른 짓이라고.

시뮬레이션과 비슷하다. 수호천사 개념과도 비슷하다. 멘탈을 방어하기 위한 자구책이다. 내가 과거에 저지른 그 모든 끔찍한 행동에 하나하나 일일이 자책감 느끼면 멘탈이 박살 나니까 멘탈 방어를 위한 핑계를 대는 것이다. 저지른 행동에 거짓말을 하고 자기 정당화 하는 것이지만 그보다는 시적이다. "내가 아니라 나의 어둠의 영혼이 저지른 짓"이라고 믿는 것이다. 현실성이 있거나 말거나, 다른 사람이 믿어 주거나 말거나, 그건 중요한 게 아니다. 중요한 건 내가 그렇게 믿는 것이다. 당신이 당신만의 수호천사의 존재를 믿듯, 당신은 당신의 또 다른 자아의 존재를 믿는 것이다. 나의 멘탈 건강을 위해.

자책하지 않는 것이다. 자책할 필요 없는 것이다. 당신은 문제에 대한 책임을 질 뿐이다. 이미 벌어진 문제를 해결하면 그만인 것이다. 그에 대해 정신적 고통까지 짊어질 필요 없다는 것이다. 당신은 표면적으로 사회적 책임만 다하면 그만이지, 눈에 보이지도 않는 자책과 죄의식과 자기 학대 때문에 멘탈을 일부러 깨부수고 고통받을 필요 없다는 것이다. 비겁한 책임 회피? 황당한 자기 기만? 다시 말한다. 더러운 동정심과 '양심'이 당신의 멘탈을 병들게 만든다. 멀쩡한 사람을 불행의 악귀로 만들어 세상을 저주하게 만든다. 더러운 동정심, 허울뿐인 도덕 관념부터 버려야 한다. 그래야 정신이 건강해진다. 세월이 갈수록 행복하고 선량해진다.

「바람과 함께 사라지다」 스칼렛의 명대사를 떠올린다. 내일은 새로운 태양이 뜰 거라고. 이걸 당신의 또 다른 자아 시나리오에 대입한다. 내일은 새로운 자아가 눈 뜨는 것이다. 내일이 되면 오늘의 자아는 사라지고 내일의 자아로 새 출발하는 것이다. 어제의 나, 오늘의 나, 내일의 나, 전부 따로인 것이다. 어제의 일은 어제의 자아에 덮어 씌우고, 내일 할 일은 내일의 자아에 미루는 것이다.

무슨 말을 하려는지 감이 올 것이다. 과거와 결별하는 것이다. 절연 이야기를 했다. 버리는 습관에 대해 이야기했다. 좌절 극복의 궁극의 스킬은 과거의 나를 버리는 것이다. 자책하지 않는 것이다. 그거 그때 내가 그랬지만 그건 그때 과거의 내가 저지른 짓이고 지금의 나와는 상관없다고. 당신은 자고 일어날 때마다 허물을 벗는다. 어제의 나로부터 탈피한 새로운 나로 태어나는 것이다. 그러니까 어제의 일은 더 이상 내 책임이 아닌 것이다. 양심의 가책 따위 없는 것이다. 왜냐하면 어제의 나는 이미 죽어 사라졌으니까. 꼭 자고 일어날 필요도 없다. 매시간 마음 먹을 때마다 새로운 자아로 재탄생할 수 있다. 내가 그렇게 마음 먹으면 그만이다. 내가 지금 "과거의 내가 마음에 들지 않아, 나는 이제 새로운 나로 살겠어" 하면 당신은 과거의 나와 결별한 것이다. 과거의 나는 죽어 없어지고 새로운 나로 태어난 것이다. 책임 회피가 아닌 자아 계발인 것이다. (물론 책임 회피여도 상관없다 왜냐하면 책임 회피는 당신 멘탈에 이로우니까.) 매순간 더 나은 내가 되겠다는 다짐인 셈이다. 과거의 바보 같은 실수를 더 이상 반복하지 않겠다는 결심이자, 문제 해결책인 셈이다.

당신의 더러운 과거가 당신의 멘탈을 괴롭힐 때마다 당신은 생각한다. 그건 과거의 나이고 그놈은 이미 죽었다고. 당신은 더 이상 과거의 당신과 현재의 당신의 연속성을 생각하지 않는다. 과거의 당신과 현재의 당신은 완전히 다른 존재다. 왜냐하면 당신이 그러기로 마음먹었으니까. 당신은 더 이상 구질구질한 과거사를 줄줄이 발에 달고 다니는 좀비 꼴로 살지 않는다. 당신이 과거의 당신과 연속성을 인정한다면 당신은 또다시 과거의 자아로 돌아가 똑같은 짓을 저지를 것이다. 그런 일이 일어나지 않도록 해야 한다. 앞으로 다시는 그런 바보 같은 짓을 저지르지 않기 위해 과거의 나를 삭제하는 것이다. 현재의 나와 떼내어 버리는 것이다.

3. 잘못된 선택은 없다

인생은 선택의 연속이며, 어떤 선택을 하느냐에 따라 인생이 달라지고 운명이 결정된다고 한다. 인생이 선택의 연속인 건 맞지만 선택에 따라 인생이 달라지고 운명이 결정된다는 건 인생 망한 루저들의 푸념이다. 당신이 1930년대 독일 유태인이었으면 그럴 수 있다. 아프리카 무정부 국가의 난민이면 오늘 선택으로 내일 운명이 달라지는 게 실화일 수 있다. 하지만 당신이 한국에 사는 한국 시민권자일 경우 오늘의 선택으로 내일의 운명이 달라지는 경우는 없다. 오늘의 선택으로 내일이 망한 게 아니라 망할 짓을 해서 망한 것뿐이다.

흔히 70-80년대 이민자들 이야기를 한다. 그때 한국이 못 살아서, 전쟁의 위험 때문에, 아르헨티나 혹은 필리핀으로 이민을 선택한 사람들이 있었다. 지금 와서 보니 그 사람들의 선택이 잘못됐던 것이라고 한다. 그 사람 괜히 이민 가는 바람에 쫄딱 망했다고 한다. 아르헨티나 필리핀 지금 거지 나라 됐으니 이민 간 사람들도 거지 꼴을 면치 못했을 거라고. 사실을 말하자면, 여기서 잘살았을 사람은 아르헨티나 필리핀 가서도 잘살고 있다. 많은 수의 아르헨티나 필리핀 한인들이 일찍이 이역만리 낯선 땅에서 크게 성공해 무장 경호원을 고용한 부촌에서 유유자적 여유롭게 살고 있다. 다만 나라 돌아가는 꼴이 마음에 좀 들지 않을 뿐.

내가 그때 다른 선택을 했더라면. 그때 그 선택만 했더라면. 그랬으면 인생이 달라졌을 거라는 생각. 어이없고 한심하기 짝이 없는 비현실적 환상이다. 당신이 필리핀에서 불우한 인생을 살고 있다면 그건 당신이 필리핀 이민을 선택했기 때문이 아니라 당신이 필리핀에서 무능하고 무책임한 인생을 살았기 때문이다. 당신이 공무원을 해서 힘든 인생을 살고 있다면 그건 당신이 공무원이라는 직업을 선택했기 때문이 아니라 당신 스스로 힘들게 살고 있기 때문이다. 당신이 정말로 공무원이란 직업 때문에 불행하다면 다른 직업을 선택하면 그만이다. 당신이 불행하고 힘든 건 당신이 그렇게 살고 있기 때문이지 선택을 잘못했기 때문이 아니다. 지금 선택이 정말로 잘못된 선택인 거 같으면 당신은 지금 당장 다른 선택을 하면 된다. 지금과 다르게 살면 된다.

반대의 경우도 마찬가지다. 당신이 그때 공무원을 그만두고 후회하고 있다면 당신은 다시 공무원 시험을 보면 된다. 당신은 어디서 무슨 직업을 택하고 무슨 직업을 그만두든, 살아만 있다면, 제2, 제3의 기회를 재차 얻을 수 있다.

이성 관계도, 결혼도, 마찬가지다. 이거 정말 잘못된 결정이었던 것 같다는 생각, 충분히 그럴 수 있다. 당신은 정말로 잘 모르고 최악의 선택을 한 것일 수 있다. 그러면 다시 선택하면 된다. 헤어지고 이혼하면 된다. 그리고 다른 선택을 하거나, 다시 선택하지 않으면 된다. 그때 다른 사람을 잡지 못해서, 그 사람이랑 잘되지 못해서, 지금 불행하다는 생각은 당신의 인생을 파괴하는 가장 말도 안 되는 멍청한 생각이다. 더 나은 사람 만나면 된다. 이것저것 다 아니면 그냥 혼자 잘 살면 된다. 당신은 그때 그 선택 때문에 지금 바보가 된 게 아니라 그때 그 선택에 집착하고 후회하는 삶을 살기 때문에 바보가 된 것이다.

내 과거의 선택 때문에 지금 이 모양 이 꼴이라는 생각은 멘탈을 짓밟고 인생을 지옥의 구렁텅이로 몰아넣는 최악의 자학 행위다. '내가 그때 그런 선택을 하지만 않았더라도', '그때 그 선택만 했더라면', 자꾸 이런 생각에 빠지는 이유는 당신이

1) 지금 불행하기 때문이며,
2) 지금 인생을 개판으로 살고 있기 때문이며,
3) 세상을 모르기 때문이다.

우리 대부분은 '인생사 새옹지마'라는 말의 뜻을 모른다. 무슨 뜻인지는 안다고 우길 것이다. 하지만 장담컨대, 이 말의 참뜻을 이해하는 사람은 천 명 중 한 명도 안 된다. 1,000명 중 999명의 사람들은 지금 코앞에 일어난 일에 인생이 망했다 흥했다 널뛰기 설레발을 친다. 인생에는 오만 가지 변수가 있으며, 그 변수가 언제 어떻게 당신 인생에 영향을 끼칠지 눈곱만큼도 예상할 수 없다. 기회를 놓쳤다는 생각에 통탄할 것이 아니라, 그때 지나간 기회를 잡았다면 지금의 온전한 인생이 어떻게 불행해졌을지 모른다는 생각을 해야 한다. 그리고 무엇보다 지금 이렇게 온전히 살아 있는 한, 앞으로 기회는 언제든 다시 온다는 사실을 기억해야 한다.

이쯤에서 영화 「나비 효과(The Butterfly Effect, 2004)」를 보기로 한

다. 이 영화는 과거의 '잘못된 선택'에 집착하던 어느 남자가 과거로 돌아가는 능력을 획득, 과거의 잘못된 선택을 하나씩 바꿔 나가는 내용이다. 그래서, 주인공은 자신의 의도대로 '더 나은 세상'을 살게 되었는가? 영화는 그렇지 않다고 단정 짓는다. 주인공이 더 나은 세상을 만들기 위해 과거의 선택들을 하나씩 바꿀 때마다 예상치 못한 변수가 생겼고 현재는 상상도 못했던 극악의 상황으로 돌변한다. '이때 이것만 바꾸면 되겠지'라는 순진 멍청했던 생각이 대재앙을 부르고, 주인공은 미칠 듯한 후회와 절박함에 수백 번 넘게 과거로 돌아가 '선택 되돌리기 삽질'을 한다. 그는 자신의 아버지가 정신병원에 감금된 것이 지금 자기가 하고 있는 '선택 되돌리기 게임'에 손댄 결과라는 사실을 깨닫는다. 아무리 최선의 선의로 과거를 바꾼다 해도 결과적으로 상상초월 비극을 부를 수 있다는 사실을 깨달은 주인공은 과거로 돌아가는 능력을 완전히 삭제해 버린다.

이 영화는 원래 일반판과 감독판 2가지로 제작되었는데, 일반판에서는 비현실적 해피엔딩으로 끝나는 반면, 감독판의 결말은 보다 어둡고 현실적이다. 수천 수만 번씩 어떻게 어떤 식으로 선택을 바꾸어도, 과거에 손을 댈 때마다 생지옥으로 뒤바뀌는 현실에 좌절한 주인공, 결국 근원적 해결책을 찾는다. 애당초 지옥이 시작된 근원 싹을 잘라 버리는 것. 바로 태아로 돌아가 어머니의 탯줄로 자기 목을 감아 자살해 버리는 것.

영화의 주제는 명확하고 확고하다. 세상에 '잘못된 선택'이
란 없으며, 당신이 그 선택을 어떻게 바꾸든 결과는 전혀 예
상치 못한 방향으로 가 버린다는 것. '그때 이렇게 했으면 행
복했을 것'이란 생각은 정말로 근거 없는 무서운 착각이다.
반대로, '과거에 그런 선택을 한 덕에 지금 이렇게 행복한 인
생을 살고 있다, 운이 좋았다'는 생각도 전혀 근거 없는 무서
운 착각이다. 지금 행복하고 풍족하게 사는 사람은 과거에 어
떤 선택을 했든 결국 (지금과 다르게) 행복하고 풍족하게 살게 돼
있다. 왜냐하면 그 사람의 삶의 방식과 마음가짐이 지금의 삶
을 만들기 때문이다. 과거에 완전히 다른 선택을 했더라도,
그 선택에 맞춰 더 나은 인생을 살기 위해 분투했을 것이기
때문이다.

당신은 '인생사 새옹지마'의 진실을 이해해야 한다. 세상에 '잘
못된 선택' 따윈 존재할 수 없다는 사실을 깨달아야 한다. '나비
효과'라는 영화의 주제를 당신의 인생에 대입해 본다. 당신은

1) 과거의 선택을 바꿀 수 없으며,
2) 과거의 선택 때문에 불행해진 것도 아니고
3) 과거의 선택 때문에 행복해진 것도 아니다.
4) 당신은 지금 당신이 사는 방식, 당신의 마음가짐 때문에
   지금 그렇게 살고 있는 것뿐이다.

당신은 아무것도 예상하지 않는다. 당신은 아무것도 예상하지 않으며, 닥치면 닥치는 대로 살 뿐이다. 사람 사는 데 이유 없으며, 어떻게 살아야 할 당위성도 없다. 당신은 그저 닥치면 닥치는 대로 살 뿐이다. 당신의 괴로운 기억은 과거의 자아가 저지른 짓이니 더 이상 연연하지 않는다.

4. 나는 기계다, 눈앞의 축구공을 찰 뿐이다

사례 1

KFC의 창업자 커널 샌더스(1890-1980)의 인생 역정을 보면 무슨 개그 드라마에 나오는 "인생 망한 사람" 이야기 수십 개를 짜깁기 해놓은 것처럼 보인다. 1) 해운업에 뛰어 들었더니 자동차가 보급돼 아무도 배 안 탐, 2) 주유소를 차렸더니 대공황 시작, 3) 식당을 차렸더니 화재로 잿더미, 4) 모텔업을 시작했더니 2차 대전 발발로 가스 공급 중단, 5) 닭 튀김집을 차렸더니 도로 변경으로 폭망. 이 모든 불운을 한번의 인생에 다 겪었다는 게 믿어지지 않을 정도. '아유 그래 이제 다 포기하고 살아야겠다', '나는 사업하면 안 되는 인간인가 보다', 이러는 게 보통 사람들의 사고 패턴이지만 커널 샌더스는 그럼에도 불구하고 60대의 나이에 또다시 사업을 시작해 세계에서 가장 큰 닭집 프랜차이즈 창업자가 되었다. 막판에 갑자기 운이 좋아진 것도 아니었다. 그는 60대의 나이에도 여전히 끔찍한 불운에 시달렸지만 포기하지 않고 될 때까지 한 것뿐이었다. 천 번 넘게 거절당했음에도, 당연하다는 듯, 매번 처음 하는 것처럼 다시 시작했던 것뿐이었다. 그가 마지막에 직접 경영을 포기하고 프랜차이즈 경영으로 진로를 바꾼 것은 순전히 예순 넘은 나이로 인한 체력의 한계 때문이었다. 단지 몸이 허락하지 않아서 직접 나서지 못했을 뿐, 나이 90으로 사망하기 직전까지 그의 정신은 20대 처음 사업을 시작했을 때와 다름없는 강철멘탈 그대로였다.

사례 2

카페베네 창업자 김선권은 커널 샌더스와 다른 인생이었다. 그는 시작부터 대박이었다. 20대에 처음 사업을 시작해, 오락실, 삼겹살, 감자탕… 손대는 것마다 전부 성공했다. 그리고 카페베네를 차렸다. 당시 "카페 시장은 이미 포화 상태"라는 염세주의가 지배적이었지만 그는 개의치 않고 밀어붙였다. 사업 시작 2년 만에 스타벅스를 제치고 업계 1위에 올랐다. 전국에 카페베네 매장이 1천 개에 육박했다. 미국과 중국에도 진출했다. "미국의 심장 뉴욕에 태극기를 꽂았다"고 광고도 했다. 그는 마이더스의 손이었다. 프랜차이즈 업계의 신화, 자수성가 사업가의 전설의 레전드였다. 그의 성공 사례는 하버드 경영 대학원의 논문으로 쓰여졌다. 그는 책을 썼고(『꿈에 진실하라 간절하라』), 조선일보에 젊은이들을 위한 열정의 일장 연설을 놓기도 했다. (청년들이여, 안녕하지 못하다고? 도전하라!, 조선일보 2014.01.07) 그리고 사업은 몰락했다. 그의 카페베네 사업은 심각한 적자 누적으로 허덕이고, 언제 망할지 모른다는 회의론에 휩싸였다. 하지만 그는 그럴수록 더욱더 지독하게 사업을 몰아붙였다. 파스타 전문점 블랙스미스, 제과점 마인츠돔, 드럭스토어 디셈버24 모두 카페베네를 운영 중에 설립한 카페베네 자매 브랜드였다. 그는 이것조차 부족했던지 바리스텔라라는 저가형 카페 브랜드도 내놓을 참이었는데, 이때 마침 회사가 파산 위기에 몰리게 되면서 그의 '창업 폭주극'은 (잠시) 중단된다. 김선권은 사업체의 부채 비율이 900%에 육박하면서 갖고 있던 모든 자산을 팔아야 했으며, 카페베네를 함께 설립했던 동업자가 빚에 몰려 자살하는 참극을 겪었다. 카페베네의 모든 지분을 넘기고 무일푼으로 돌아간 김선권은 그럼에도 불구하고, 당연하다는 듯, 이번엔 햄버거 프랜차이즈 토니버거를 설립했다.

한때 전국 매장 수 70개까지 늘리며 또다시 성공신화를 쓰나 싶었지만, 매장 수가 40여 개로 쪼그라들었고, 또다시 자본 잠식 상태에 빠진 그는 살던 집을 경매로 넘겨야 했다. (카페베네' 두 남자, 불운을 피하지 못한 이유는?, 월간조선 2017. 11. 29.)

이런 '무모한 도전' 스토리를 보면 사람들은 두 가지 관점으로 나뉜다.

1) 그래 될 때까지 하는 거지! 포기란 김치 셀 때 쓰는 말! 될 때까지 하면 되는 거잖아!
2) 사업병도 병이다. 그러게 적당히 살지 못하고 왜 저 고생을 해.

당신들이 이런 반응을 보이는 건 이들의 '삶'이 아닌 '사업'에 초점을 맞추기 때문이다. 이런 이야기를 들으면 사람들은 (뭔가 대단한 걸 안다는 듯) 간섭에 훈계질을 한다. 마케팅이 아닌 제품의 질에 집중했어야 했다는 둥, 그때 적당히 손 털고 나왔으면 강남에 집이 세 채였을 거라는 둥, 그때 이렇게 저렇게 했으면 성공했을 거라는 둥… 평생 아등바등 사는 서민들의 사고 방식이자 인생 공식이다.

우리는 당신들에게 어떻게 살라고 이야기하지 않는다. 당신이 커널 샌더스처럼 살든, 김선권처럼 살든, 손정의처럼 살든, 그건 순전히 당신의 삶의 방식일 뿐이다. "커널 샌더스처럼 살아야 존경받는 삶이지", "김선권처럼 살면 실패한 삶이지", 다른 사람 인생에 이런 가치평가 지적질에 여념이 없는 사람이야말로 진정 실패한 삶이다.

다시 말한다. 당신의 멘탈을 가장 심하게 병들게 하는 가장 무서운 병균은 "어떻게 살아야 한다"는 강박증이라고. 그래도 사람인데 이 정도 살아야지, 어딘가에 이름 석 자는 남겨야지, 자식은 낳아야지, 행복하게 살아야지, 서울에 집 한 채는 갖고 있어야지… 이런 생각이 당신을 실패한 인생으로 만든다. 당신의 멘탈을 다시 회복하기 어려운 지경으로 몰고 간다. 하루하루 죽음밖에 답이 없는 좌절뿐인 인생으로 만들어 버린다.

사례 1부터 다시 보자. 커널 샌더스도 당신들이 말하는 '실패한 삶'이었다. 막판 구사일생으로 기회를 얻은 것뿐이지, 그 전에 몸져 누웠거나 교통사고로 죽었으면 그는 평생 실패만 하다 끝난 삶이었다. 김선권이 지금 뭐라고 욕을 먹든, 그도 커널 샌더스처럼 막판 뒤집기로 권토중래할 수 있는 것이고, 아니면 남들처럼 평범한 인생으로 잘살 수도 있는 것이다.

인간의 삶의 방식은 날씨와 다르지 않다. 물려받은 유전자에 따라, 가정 형편에 따라, 사회 환경에 따라, 그때그때 달라질 수밖에 없다. 당신은 한국에 태어날 수도 있지만, 북한에 태어날 수도 있고, 러시아에 태어날 수도 있고, 북아프리카 유목민으로 태어날 수도 있다. 한국이 아닌 미국에 태어났더라면, 우리 부모가 아닌 쟤네 부모 밑에 태어났더라면, 그때 그쪽으로 가지 말고 이쪽으로 갔더라면, 그때 그러지 말고 저렇게 했더라면, 그랬다면 내 인생은 달라졌을 텐데. 당신들 대부분이 이런 생각을 한다. 남의 인생에 훈계하고 지적하고 손가락질하는 것처럼, 자신의 인생에 대해서도 똑같은 짓을 한다. "이렇게 살아야 한다"고, "이렇게 살았어야 한다"고.

사실을 말하자면, 당신이 어디에 태어났든, 과거에 어떤 선택을 했든, 사는 방식은 달라졌을지 몰라도, 멘탈은 달라지지 않는다. 우리가 커널 샌더스와 김선권의 인생에서 얻는 교훈은 하나뿐이다. 어떤 상황 어떤 인생이라도, 그 사람의 멘탈은 언제 어디서나 똑같은 모습으로 똑같이 작동한다는 사실이다. 커널 샌더스는 실패하고 거지가 됐을 때도 똑같이 집에서 닭을 튀겼고, KFC 창업주로 전국구 재벌이 됐을 때도 똑같이 매장에서 닭을 튀겼다. 그는 젊어서도 불굴의 멘탈이었고, 늙어서도 변함없이 불굴의 멘탈이었다. 힘겨운 일들을 수없이 많이 겪었지만 그의 멘탈은 90년 동안 단 한 번도 달라지지 않았다. 김선권은 땡전 한 푼 없던 20대 때도 미칠 듯한 창업 폭주극을 벌였고, 스타벅스를 이기고 업계 1위가 됐을 때도 미칠 듯한 창업 폭주극을 벌였으며, 다 말아 먹고 땡전 한 푼 없는 거지가 된 지금도 여전히 변함없이 아랑곳하지 않고 미칠 듯한 창업 폭주극을 준비 중이다.

우리가 이들의 삶에서 얻는 교훈은 하나뿐이다. 이렇게 저렇게 살아야 한다는 게 아니라, 어떻게 살든 멘탈이 건강해야 한다는 것이다. 둘의 사는 방식은 달랐지만, 둘의 멘탈은 비슷했다. 둘 다 똑같이 미련 없는 삶을 살았거나 살고 있다. 어떻게 사느냐가 아니라, 어떤 멘탈을 유지하느냐, 이게 당신 인생에 유일하게 의미 있는 것이다.『강철멘탈 되는 법』궁극의 목표가 이제 이해된다. 어떻게 살기 위함이 아니라, 어떻게 살아도 건강히 살아남는 것이다. 어떻게 살든 건강히 행복하게 살기 위해 멘탈을 다스리는 것이다.

다시 강조한다. 우리는 각자 사는 방식에 간섭하거나 가치 평가하지 않는다. 각자 사는 방식은 각기 다른 지역의 날씨일 뿐이다. 각기 다른 지형의 물길일 뿐이다. 여기에 가치 평가를 하는 사람은 실패한 인생이다. 긍정주의 강철멘탈의 삶이란 '사는 방식'이 아니다. 당신이 뭘 이루고 어떤 업적을 세웠는지, 뭘 만들고 어떤 걸 남겼는지에 관한 것이 아니다. 강철멘탈의 긍정주의 삶은 그런 것들부터 철저히 해방된, 완전히 독립된 '자유의 삶'이다.

우리는 이제 커널 샌더스의 심리를 이해해 본다. 그가 어떻게, 모든 걸 다 잃고, 가진 건 흰색 양복 한 벌뿐인 상황에서, 그렇게 오래, 1천 번 넘는 굴욕을 당하며, 아무렇지 않게 당연하다는 듯 계속 사람들을 만나고 다닐 수 있었는지. 그때 그 심리를 이해한다. '타고난 강철멘탈이겠지'라는 생각을 하는 순간 당신은 실패한 것이다. 그가 뭘 타고났는지는 아무도 모른다. 알 필요도 없다. 우리가 알아야 할 것은 대체 그가 어떤 심정 어떤 마음가짐이었기에 그런 '행동'이 가능했느냐는 것이다.

지금껏 설명한 대로다. 아무것도 예상하지 않은 것이다. 아무것도 기대하지 않았던 것이다. 그저 "달리 할 게 없어서 한 것"이었다. 이거 말고 뭐 달리 할 게 뭐 있어? 나 지금 할 게 이것뿐! "지금 눈앞의 축구공"에 집중한 것이다. 내가 이 행동을 해서 어떤 결과를 보고 싶다는 기대도, 어떤 결과를 보게 될 거라는 예상도 하지 않은 것이다. 그저 다만 지금 당장 이 행위를 하는 것 자체에 만족감을 느꼈던 것이다. 지금 당장 눈앞의 축구공을 차는 걸 즐겼던 것이다.

윔블던 공식 유튜브에서 게재한 "Biggest Wimbledon Upsets of the Decade(윔블던 최고의 이변승 모음)"라는 제목의 동영상이 있다. 이길 확률이 3%도 되지 않던 최하위 무명 선수가 최상위 랭킹 톱3 레전드를 이긴 경기들이다. 이들의 승자 인터뷰에서 항상 나오는 질문이 있다: "이길 수 있을 거라 생각했습니까?" 이들의 대답은 항상 똑같다: "그런 생각하지 않았다. 공 하나하나에 집중했을 뿐이다.” 당신들은 아마 지금 껏 이들이 겸손을 떨기 위해, 예의상, 교과서적 대답을 했다고 생각했을 것이다. 이제 이들의 대답을 다시 읽어 보자. “공 하나하나에 집중했다.” 이게 무슨 의미인지 지금껏 우리가 본 강철멘탈 사례들과 함께 생각해 보자.

사람들은 흔히 이런 승리의 요인을 ‘이길 수 있다는 긍정적 사고’라고 주장한다. 그래! 할 수 있어! 힘들지만 할 수 있어! 하면 되지! 이런 ‘희망의 파이팅’이 잠재력을 극대화한다고 생각한다. 지금껏 이야기했다. 이런 긍정주의는 잠깐 반짝하는 마약 효과일 뿐이라고. 사실 이는 긍정주의도 아니다. 보상에 대한 탐욕일 뿐이다. 사람 눈앞에 당근을 달아 놓으면 갑자기 육백만불의 슈퍼맨이 될 줄 아는 멍청이들이 있다. 계속 말했듯이, 결과를 기대하는 순간 멘탈은 무너진다. 가야 할 길이 예상보다 멀거나, 중간에 지치거나, 변수가 생기면, 그 순간 멘탈이 바스러지고 더 이상 몸이 움직이지 않게 된다고. 기대치가 어긋나는 순간, 부풀었던 기대가 터져 버리기 때문이다. 눈앞의 당근에 더 이상 흥미를 느끼지 못하기 때문이다. “저 당근 안 먹고 말지”라는 생각으로 바뀌기 때문이다. 그래서 말했다. 변수를 계산하지 말고, 결과를 기대하지 말라고. 미래에 대한 기대야말로 당신을 중도 포기하게 만드는 가장 큰 원인이라고.

윔블던 대회에서 레전드들을 물리친 언더독(underdog: 무명 플레이어)들이 정말 "이길 수 있다"는 기대를 갖고 그런 경기를 했을지 생각해 보자. 분명 이길 수 있을 거라고 생각하다 상대의 송곳 리턴으로 다 이긴 세트를 잃고 나면 과연 "이길 수 있다" 기대가 처음 같을까? 기대감으로 타올랐던 집중력이 계속 유지될 수 있을까? 수많은 아마추어들이 이 지점에서 좌절하고 경쟁에서 낙오한다. 긍정주의와 기대감, 그리고 맥락 없는 자신감에 의존하면 더 이상 위로 올라가지 못한다. 나달과 페더러 같은 테니스 레전드들이 레전드가 된 까닭은 아마추어들의 긍정주의에서 탈피했기 때문이었다. 2008년 윔블던 결승에서 페더러를 이기고 생애 첫 윔블던 우승을 한 (그리고 스페인인 최초 윔블던 우승을 한) 나달의 우승 인터뷰를 보자.

포인트 하나하나에 집중할 뿐입니다. 생각을 많이 하는 건 불가능해요. 생각이 많으면 플레이가 되질 않아요. 그냥 한 포인트, 그리고 다음 포인트, 그리고 다음 포인트, 이렇게 가는 거예요. 우승에 대한 생각도 하지 않아요. 그러면 더 힘들어지거든요. (2008년 윔블던 결승 우승자 인터뷰 중)

"우승에 대한 생각도 하지 않아요. 그러면 더 힘들어지거든요." 우리는 이 말에서 프로와 아마추어의 진짜 차이를 알 수 있다. 어째서 테니스 레전드들이 매번 불가능한 상황에서 기적적인 역전승을 거둘 수 있었는지 진짜 원인을 알 수 있다.

우리가 진짜로 극복해야 할 것은 두려움이 아니라 '기대'라는 사실을 깨닫는다. 우리에게 진짜로 필요한 것은, 긍정주의나 자신감이 아닌, '눈앞의 축구공'이라는 사실을 깨닫는다. 인간이 불가능을 극복하고 기적의 잠재력을 발휘할 수 있는 것은, 장밋빛 미래나 보상이 아닌, 눈앞의 축구공에 대한 어린이의 마음 때문이었다는 사실을 깨닫는다. 단지 축구공이 차고 싶어서 축구공을 찼던 그때의 순수하고 맹목적 마음이었음을 깨닫는다. 우리는 김연아와 류현진을 기억한다. 부상, 슬럼프, 실패, 역경, 관중, 여론, 가족도 마음에 담지 않았던 그들의 스포츠맨십을 기억한다. 평생 자신의 눈앞에 놓인 축구공에만 집중했던 그들의 한없이 바보 같던 마음을 생각한다.

덧붙임 1

강철멘탈에 대한 이야기를 하면 할수록 매번 같은 이야기로 회귀한다.

1) 사는 데 이유 없다.
2) 우리 사는 방식에 원칙도 자격도 가치도 없다.
3) 우린 그저 살아야 하기에 살 뿐이다.

이 단순한 진리가 당신의 멘탈을 구한다. 당신의 인생을 죽음의 구렁텅이에서 끌어 올린다. 어떤 환경 어떤 상황에 처하더라도, 아무리 힘든 일을 여러 번 겪더라도 무너지지 않게 해 준다. 그냥 살면 되는 것이다. 커널 샌더스 같은 막판 뒤집기 대박 인생 역전극은 아닐지라도, 최소한, 도탄에 빠진 인생, 죽는 게 나은 인생은 되지 않는다.

우리는 커널 샌더스의 마지막 불꽃 인생을 되짚어 본다. 그가 자신의 레시피를 팔기 위해 아침마다 하얀 양복을 차려 입고 하얀 콧수염과 머리를 다듬을 때, 오늘은 꼭 성사되겠지, 오늘 만날 사람은 내 레시피에 관심 갖겠지, 이런 생각을 했을까 생각해 본다. 그런 생각을 매번 하면서 1천 번이 넘는 거절을 감내할 수 있었을지 생각해 본다. 우리는 이제 강철멘탈에 대한 미신과 환상을 버린다. 강철멘탈이라고 상처 받지 않는 게 아니다. 강철멘탈은 "손해 볼 짓을 하지 않는 것"이다. 커널 샌더스는 그런 생각 자체를 하지 않았던 것이다. 처음부터 아무 기대도 예상도 하지 않았던 것이다. 왜냐하면 그럴수록 멘탈이 쉽게 부서지기 때문이다. 그는 그저 매일 아침 어디론가 갈 데가 있는 게 좋았을 뿐이다. 매일 아침 하얀 양복을 차려 입고 하얀 콧수염과 머리를 다듬는 것이 좋았을 뿐이다. 그렇게 밖에 나가 누군가를 만나 자신의 이야기를 하는 걸 즐겼을 뿐이다.

우리는 여기서 한발 더 물러나 본다. 커널 샌더스의 레시피는 과연 완벽했을까 생각해 본다. 지금 다들 KFC 특허 양념을 격찬하는 이유는 혹시 그게 잘 알려진 '성공 신화'였기에 그런 건 아닌가 생각해 본다. 파파이스랑 비교해 과연 KFC 양념이 더 우월한지 생각해 본다. 그리고 혹시 KFC보다 훨씬 우월한 닭 튀김도 존재하지 않았을까 생각해 본다. KFC보다 우월한 닭 튀김은 많았지만 투자자를 만나지 못하고 사장된 경우도 많지 않았을까 생각해 본다.

세상 물정 모르는 멍청이들의 가장 흔한 착각 중 하나가 "진짜 잘 만들면 절대 외면받지 않는다"는 거다. "진정한 노력은 배신하지 않는다"와 자매품이다. 한번도 세상에서 뭐 하나 제대로 만들어 본 적이 없기에 이런 착각에 빠진다. 커널 샌더스가 KFC를 창업한 건 그의 레시피가 완벽했기 때문이 아니다. 세상의 눈에 띌 때까지 몸뚱이를 움직였기 때문이었다. 그의 레시피가 완벽했을 거란 착각의 근거는 어디에 있는가? 본인이 아무리 자신의 모든 걸 갈아 넣어 완벽하게 만들었다고 자부해도, 그건 본인 혼자 생각 아닌가? 세상 사람 취향과 입맛이 모두 각자 다른데, 본인 혼자 완벽하다고 주장한다면, 그게 무슨 개소리인가? 내가 아무리 잘나고 내 작품이 아무리 세계 최고급이라고 해도, 그건 누구의 기준이란 말인가? 설사 당신의 작품이라는 것이 테니스나 스키 점프 같은 명백한 '기준'이 존재하는 종목이라고 해도, 자고 일어나면 당신보다 더 잘하는 인간이 나타나기 마련 아닌가? 그리고, 지금 당장 객관적 기준에서 세계 최고라고 해도, 내일 되면 또 어떻게 될지 모르는 것 아닌가? 부상이나, 병이나, 혹은 이유 없는 기량 저하는 언제나 발생하는 법 아닌가? 대체 '세계 최고'라는 표현은, 당신의 인생에, 무슨 의미가 있는 것인가? '논쟁의 여지가 없는 최고급'이라든가, '최고 잘 만든 명품'이라는 말은 '진정한 노력'이라는 말과 대체 뭐가 다른 것인가? 어째서 아무 기준도 의미도 근거도 없는 '환상'에 당신의 인생을 걸어야 하는 것인가?

덧붙임 3

"사는 데 이유 없다"는 진리는 또 다른 진리를 낳는다. "꼭 그게 아니라도 상관없다"는 진리다. 만약에 커널 샌더스처럼 일생일대의 닭 튀김 양념을 만들어 이걸 1천 명이 넘는 투자자들에게 소개하겠다는 사람이 있다면 주저없이 이렇게 조언할 것이디: "그것 말고 다른 것도 만들어 보라"고.

커널 샌더스는 단지 그거 말고 달리 더 할 게 없었던 것이다. 죽기 전에 하고 싶은 일이 그거 하나였던 것이다. 당신이 아직 건강하고, 살 날이 더 많이 남아 있다면, 당신은 이런 짓을 해선 안 된다. 당신의 작품이나, 업적이나, 커리어나, 능력, 기술, 삶의 목표 하나에 모든 걸 걸어선 안 된다. 당신이 아무리 타고난 강철멘탈이라도 일생일대 '작품' 하나에 인생을 거는 순간, 당신의 멘탈은 병들고 박살 난다.

믿음은 나에 대한 믿음으로 그쳐야 한다. 멘탈이 허약할수록 나에 대한 믿음을 '내 작품'에 대한 믿음으로 전이하려는 경향이 강하다. 나에 대한 믿음이 약하기에 다른 사람의 인정을 받으려는 관종의 심리와 다르지 않다. "이거 말고 다른 것도 잘할 수 있다"는 생각을 하지 못하는 것이다. 젊고 세상 경험이 없을수록 이런 심리가 두드러진다. 나이가 어릴수록 정말 아무것도 아닌 바보 같은 작품이나 업적에 인생을 건다. 그래서 아주 쉽게 좌절한다. 나에 대한 믿음이 없기 때문이다. 나는 없고 내 알량한 자아를 투영한 싸구려 '환상의 트로피'만 있기 때문이다.

당신이 설사 만화『슬램덩크』와 같은 역대급 마스터피스를 완성했더라도, 당신은 절대로 여기에 인생을 걸지 않는다. 좋은 작품이긴 하지만, 마음에 들긴 하지만, 이게 꼭 세상의 인정을 받을 필요는 없다고 생각한다. 다시 말하지만 당신은 아무것도 기대하지 않고 아무것도 예상하지 않는다. 당신은 그저 좋은 작품을 썼다는 것에 보람을 느낄 뿐이다. 당신은 그저 앞으로도 계속해서 이런 좋은 작품을, 혹은 더 나은 작품을 쓸 것이라고 생각할 뿐이다.

이노우에 다케히코 역시 슬램덩크가 성공하지 못했더라도, 작품이 세상의 외면을 받았더라도, 금방 다시 다른 역작을 썼을 것이다. 지금처럼 슬램덩크가 세계적 베스트셀러가 된 이후에도 금방 또 다른 역작을 쓰게 될 것이다. 커널 샌더스가 그랬듯, 이노우에 다케히코의 멘탈도 언제나 꾸준할 것이다. 그가 어떤 성공을 거두든, 어떤 실패를 하든, 어떤 상황 어떤 환경에서나 여전할 것이다. 왜냐하면 아무것도 예상하지 않기 때문이다. 그저 눈앞의 축구공을 차는 것에 만족하기 때문이다. 어떻게 살아야 하는 법은 없으며, 사는 데 이유는 없기 때문이다. 그저 눈앞의 축구공을 차며 사는 것만으로도 충분히 좋은 인생이기 때문이다.

덧붙임 4

좌절 극복의 비결은 알고 보면 단순하다: "살다 보면." 이 한마디 말에 모든 극복과 회복, 회생과 부활의 비결이 있다. 살다 보면 그렇게 되는 것이고, 더 이상 살지 않으면 그렇게 되지 않는 것이다. 당신이 좌절에서 벗어나지 못하는 이유도 이것이다. 더 이상 살지 않기 때문에 좌절에서 벗어나지 못하는 것이다. "좌절을 겪었으니 이제 몸 사리고 살겠다, 더 이상 진심으로 살지 않겠다" 이러면 당신에겐 더 좋은 기회도 더 나은 미래도 없다.

우리는 이쯤에서 동물들도 좌절을 겪는지 생각해 본다. 동물도 슬픔을 느끼고 실망을 한다. 예상치 못한 결과를 겪을 경우, 물리적 피해를 입을 경우, 그들도 정신의 타격을 입는다. 하지만 그렇다고 살기를 중단하는 경우는 없다. 정신적 타격을 꿀떡꿀떡 삼킨 채, 예전과 다름 없이 꾸역꾸역 살아간다. 그들이 겪은 '좌절'로 인해 그들의 생이 달라지는 경우는 없다. 좌절이란 인간에게만 존재하는 개념이다. 인간 문명은 야생 자연으로부터 너무 먼 길을 와 버렸다. "살아야 한다"는 본능 대신 체면과 명분이 웃자랐다. 사는 데 이유와 변명을 갖다 붙인다. 인간들이 유독 그렇게 쉽게 좌절하고 사는 걸 포기하는 이유다. 자연계 생명체들에게 좌절은 존재하지 않는다. 왜냐하면 좌절을 겪더라도 그로 인해 인생이 달라지진 않기 때문이다. 그냥 그대로 살기 때문이다. "살아야 한다"는 본능이 모든 걸 압도하기 때문이다.

살고자 하는 본능은 환경의 변화에 영향받지 않는다. 살고자 하는 본능이 생명의 몸뚱이를 지배하는 한 좌절은 존재할 수 없다. 실연, 거절, 병환, 죽음, 재난… 그 어떤 격렬하고 충격적인 환경 변화를 겪어도, 몸뚱이가 온전히 숨 쉬는 한, 예전처럼 살게 돼 있다. 왜냐하면 그게 생명이기 때문이다. 자연이 생명을 그렇게 만들었기 때문이다.

우리는 자동차 사고로 끔찍한 전신 화상을 입은 이지선의 사례를 떠올린다. ('지선아 사랑해' 전신화상 입었던 이지선 씨 힐링캠프 출연… 시청자들 "감사해", 조선일보 2013.09.10) 혹자는 이지선의 사례를 보고 그렇게 말한다. "나 같으면 죽었을 거라고." 인간만 할 수 있는 최악의 바보 같은 말이다. 자연계에선 그런 말을 하지 않는다. 그런 생각조차 하지 않는다. 왜냐하면 그건 생명이 할 수 있는 생각이 아니기 때문이다. 자연계의 생명들은 누구나 이지선처럼 산다. 그저 살아야 하기에 산다. 그 어떤 재앙적 격변을 겪고 나락에 빠지더라도 다시 툭툭 털고, 아무 일 없었다는 듯, 예전처럼 산다. 아무도 이걸 초월적 의지라고 생각하지도 않고 위대한 강철멘탈이라고 칭송하지도 않는다. 왜냐하면 자연이기 때문이다. 당연한 '생명의 순리'이기 때문이다.

가난한 부모에게 태어난 것도, 병에 걸리고 사고를 당하고, 다시 또 가난의 구렁텅이로 굴러 떨어진 것도, 알고 보면 자연계에 시도 때도 없이 일어나는 환경의 변화일 뿐이다. 마찬가지로, 좋은 데 취직된 것도, 이상적 배우자를 만난 것도, 로또에 당첨된 것도, 사실을 알고 보면 자연계에 시도 때도 없이 발생하는 무수한 환경의 변화일 뿐이다. 환경은 시도 때도 없이 변화하며 당신의 위치도 이리저리 바뀌기 마련이다. 어떤 환경의 변화, 운명의 장난에도 절대 변치 않는 것이 있다면 그건 '살고자 하는 의지'다. '생존을 향한 마음가짐'이다. 당신이 영원히 소유할 수 있는 유일한 자산은 부모도 학벌도 재산도 아파트도 몸뚱이도 아닌 오직 '생존을 향한 의지'뿐이다. 젊고 어리석은 이들은 어느 날 갑자기 백억 원이 뚝 떨어지길 간절히 바라지만, 백억 원은 당신의 영구 자산이 될 수 없다. 왜냐하면 백억 원이 생겨도 당신의 마음가짐과 행동 패턴은 바뀌지 않기 때문이다.

당신은 환경의 변화를 예상할 수 없다. (만약 그렇다고 주장하는 사람이 있다면 그 사람은 사기꾼이다.) 당신은 내일 당장 당신과 당신의 가족에게 무슨 일이 일어날지 알 수 없다. 당신은 아무것도 알지 못하며 아무것도 예상할 수 없다. 당신은 그저 살아갈 뿐이다. 대자연이 부여한 본능에 따라, 눈앞의 축구공을 차며, 하루하루 진심을 다해 살아갈 뿐이다. 그게 전부다. 그게 당신을 앞으로 나아가게 만든다. 당신이 지금 어떤 일을 겪었더라도, 그게 어떤 종류의 불운이든 행운이든 아랑곳없이, 당신의 삶을 앞으로 견인하며 더 많은 기회를 가져올 것이다.

강철멘탈 vs. 유리멘탈 진단법

이 책은 학술적 목적으로 쓰이지 않았으며, 현상의 기원이나 원리를 설명하지 않는다. 이 책은 논문이나 연구 자료가 아닌 지침서이며, 당신의 인생에 직접 도움이 되기 위해 쓰였다. 그래서, 처음에 설명해야 했던, 강철멘탈의 정의, 유리멘탈과 정신병의 정의 같은 기본적인 사실을 지금 여기 제일 마지막 장에서 설명하고자 한다.

강철멘탈이란 성공하는 마인드도 아니고 좋은 사람 되기 위한 정신 자세도 아니다. 강철멘탈이란 사람들에게 인기가 많은 것도 아니고 존경받는 것도 아니고 사회적 평판이 좋은 것도 아니다. 강철멘탈의 정의는 마음의 평화, 즉 '고통 없는 삶'이다. 정신병에 대한 기준과 동일하다. 고통받느냐 고통받지 않느냐. 당신의 정신이 고통받으면 당신의 정신에는 병이 있는 것이고, 그렇지 않으면 병이 없는 것이다.

좀 더 구체적으로 말하면, 강철멘탈이란, 정신의 고통이 지속되지 않는 것을 말한다. 정신의 고통이 빠르게 해소되고 마음의 평화가 오래 지속되는 것을 말한다. 그래서,

평생 무능하고 한심하게 살아도

천대받고 무시당하고 살아도

부도덕한 인생을 살며 온갖 손가락질과 지탄을 받아도
고통받지 않고 마음의 평화가 지속되면 강철멘탈이다.

반대로,
평생 유능하고 모범적으로 살아도
존경과 사랑을 받고 살아도
성인군자의 인생을 살며 역사에 길이 남는 업적을 세워도
마음 속 고통이 지속되면 강철멘탈이 아니라 유리멘탈이다.

사람들은 흔히 선하고 매력적인 사람이 강철멘탈이라고
착각한다. 강철멘탈은 그런 것과 관련이 없다. 강철멘탈은 사
회적 평판과 상관이 없다. 강철멘탈은 나 자신의 정신 상태를
말한다. 나 자신이 고통받지 않는 것을 말한다.

강철멘탈은 곧 건강이다. 정신 건강 정점의 상태를 일컫는
말이다. 건강이란 철저하게 자기 중심이다. 다른 사람들이 아
무리 멋지다 훌륭하다 건강해 보인다 칭송해도, 나 자신이 아
프면 건강하지 못한 것이다.

다시 한번 정신병의 기준을 되새긴다. 정신병에 대한 흔한
착각이, 당사자가 아닌, 주변 사람이 고통받으면 정신병자라
는 것이다. 도널드 트럼프를 예로 들어 본다. 사람들은 트럼
프를 정신병자라고 욕한다. 트럼프 하는 짓이 너무 미치광이

같으니까. 도널드 트럼프 주변 사람들이 고통받으니까. 트럼 프는 분명 '미치광이, 정신병자 같은 놈'이라고 욕을 먹을 수 있다. 하지만 실제론 트럼프는 정신병자가 아니며 정신의 병이라고 할 만한 부분도 없다. 트럼프 주변 사람들이 트럼프 때문에 정신병자가 될 수 있을지는 몰라도 자기 자신이 그렇게 되진 않다. 왜. 자기 자신은 고통받지 않기 때문이다. 주변 사람들은 고통받지만, 자기 자신은 멀쩡하기 때문이다.

강철멘탈과 유리멘탈을 구분하는 기준은 본질적으로 하나다. 고통. 불교에서 말하는 가치 판단의 기준과 같다. 강철멘탈 되는 법은 고통에서 벗어나는 법이고, 정신 고통을 받지 않는 사람이 강철멘탈이다. 남이 아닌 내가 고통에서 해방되는 것이지 내가 아닌 남의 사정은 관련 없는 것이다.

정신의 고통을 결정짓는 두 가지 인자factor가 있다. 하나는 항상성이고, 다른 하나는 회복력이다.

1. 항상성

정신 건강한 사람의 특징으로 가장 많이 떠올리는 것이 '안정적 성격'이다. 안정성stability. 기계적/물리적 신뢰도가 높다는 의미이기도 하지만 정신 건강의 의미로 쓰이기도 한다. 생물학에선 '항상성homeostasis'이라고 한다. 환경 변화에 의해 신체 기능이 저하·중단되는 걸 막는 오장육부의 기본 시스템이다. 우리 몸은 날씨가 춥다고 마비되지도 않고 날씨가 덥다고 녹아 내리지도 않는다. 항상성 때문이다. 날이 춥거나 덥거나 습도가 높거나 낮거나 바람이 불거나 천둥이 치거나 상관없이 변함없이 몸뚱이가 정상 작동하는 것이다. 그래야 언제 어떤 상황이든 몸뚱이를 움직여 먹이를 먹고 똥을 싸며 생명을 유지할 수 있기 때문이다. 우리가 노력하지 않아도 변함없이 숨을 쉬고 심장이 뛰는 것도, 심각한 실의에 빠져도 다시 배가 고파지는 것도, 모두 항상성의 작용이다. 우리의 몸이 변함없이 안정적으로 기능하도록 하는 것. 항상성은 생존을 의미한다. 건강함을 뜻한다. 항상성이 유지되기 때문에 당신은 건강한 것이며 항상성이 유지되고 있기에 당신이 살아 있는 것이다. 항상성이 무너지는 순간, 당신의 몸은 더 이상 기능하지 못한다. 생명 유지의 루틴이 어긋나거나 중단된다. 당신은 죽음에 이르게 된다.

신체의 항상성과 정신의 안정성은 동일한 의미를 갖는다. 어떤 혹독한 상황에서도 몸과 마음이 제 기능을 하도록 하는 것이다. 환경 변화에 굴하지 않는 것이다. 어떤 변수와 악재와 고난에서도 생존케 하는 것이다. TV쇼 「나는 자연인이다」를 보면 이런 에피소드가 나온다. 자식이 사고로 죽었는데, 더 이상 살 이유가 없는데, 변함없이 배가 고파 밥을 먹는 게 너무 화가 나 모든 걸 다 버리고 산 속으로 들어왔다는 부모의 이야기. 아무도 생명의 항상성에 가치 평가하지 않는다. 자식을 잃은 부모 입장에선 그럴지 몰라도, 자연은 그렇지 않다. 자식을 잃었음에도 변함없이 숨을 쉬고 심장이 뛰고 밥을 먹는 것이 곧 생명이고 자연이고 인생이다.

JTBC「효리네 민박」에 나왔던 소녀시대 윤아가 좋은 샘플이다. (2018년 2월 방송) 이 방송에서 효리네 집에 화재경보기가 울리는 장면이 나온다. 이효리는 벌떡 일어나 어쩔 줄 모르고 허둥대는데 윤아는 가만히 앉아서 침착하게 사태 파악을 한다. 문제의 원인을 발견하고 해결한다. 인덕션 전기를 끄고, 창문을 열어 연기를 빼고, 인덕션에 눌어붙은 찌꺼기를 닦는다. 윤아의 정말 놀라운 점은 이렇게 모든 문제를 스스로 해결한 뒤에 별다른 표정이나 자세·태도 변화가 없다는 점이다. 윤아는 화재 경보기가 울리기 전이나 후나 달라진 게 없다. 심지어 윤아는 내친 김에 효리네 집에 오랫동안 막혀 있던 변기까지 뚫어주고도 별다른 내색하지 않는다. 효리가 그걸 어떻게 뚫었느냐고 깜짝 놀라 호들갑 떠는 동안 윤아는 그저 조용히 웃을 뿐이다.

윤아에 대한 호불호는 사람마다 다를 것이다. 하지만 윤아의 안정적이고 차분한 행동이 마음에 들지 않는 사람은 없다.

이른바 '만장일치 매력'이다. 안정적 성품·행동이 곧 건강이자 생존이기 때문이다. 항상성. 지속성. 한결같음. 우리의 생명을 유지시키는 필수불가결한 성질이기 때문이다.

이 부분에서 많은 사람들이 착각을 한다. 강철멘탈이란 감정 동요가 없는 사람이라고. 윤아가 강철멘탈인 이유는 침착하기 때문이라고 생각한다. 성격이 차분하고 쉽게 흥분하지 않아야 멘탈이 좋은 것이라고 생각하는 것이다. 우리는 강철멘탈의 본질을 자주 잊는다. 생존에 유리하기에 강철멘탈이라고 했다. 어떤 환경의 변화와 역경과 고난에서도 마지막까지 살아 남는 자질이 강철멘탈이다. 윤아가 강철멘탈인 까닭은, 화재 경보기가 울리는데 호들갑 떨지 않았기 때문이 아니라, 문제를 해결했기 때문이다. 해야 할 일을 했기 때문이다. 윤아는 겉보기 성격이 그랬을 뿐이다. 차분하고 침착한. 겉보기 성격은 생존과 관련이 없다. 생존과 관련 있는 건 '문제를 해결하는 것'이다. 어떤 상황이든, 어떤 감정이든, 누구와 함께 있든, 그럼에도 불구하고 해야 할 일을 하는 것이다.

또 다른 예가 김연경이다. 김연경은 쉽게 흥분한다. '식빵 언니'라는 별명이 붙을 정도로 욕을 잘하는 것도 그렇지만, 화를 낼 필요가 없는 상황에서도 쓸데없이 화를 잘 낸다. 예능 방송에 나온 김연경은 자주 폭주한다. 자기보다 나이 많은 남자들에게 삿대질은 기본이고 신경질 난다고 그들 눈앞에서 물건을 내던지기도 한다. 하지만 아무도 김연경을 유리멘탈이라고 하지 않는다. 이렇게 자유분방하게 감정을 마구 드러내고 사는데도 아무도 김연경을 욕하지도 싫어하지도 않는다. 다들 김연경의 눈치를 보거나 시원시원하다고 박수 치며 좋아한다.

사람들은 말한다. 김연경 같은 사람이 욕을 먹지 않는 이유는 본업을 잘하기 때문이라고 말한다. 중요한 말이다. 이것이 강철멘탈에서 말하는 항상성의 핵심이다. 아무리 힘들고 짜증 나고 싫어도 해야 할 일은 하는 것이다. 그것도 최선을 다해 최선의 결과를 만드는 것이다. 반대의 경우를 생각해 본다. 일이 힘들어졌다고, 서운하다고, 기분이 나쁘다고, 날씨가 (너무) 좋다고, 혹은 나쁘다고, 시도때도 없이 해야 할 일을 안 하거나 나자빠져 게으름 피우는 사람들. 이 사람들 멘탈이 건강한 것인지 생각해 본다. 아무리 평소 성격이 밝고 침착하고 긍정적이었더라도 이런 사람들을 강철멘탈이라고 할 수 있을지 생각해 본다.

김연경은 아무리 불같이 화를 내고 사람들과 격렬하게 싸워도 자신을 잃지 않는다. 절대로 선을 넘지도 않고 집착하지도 않는다. 김연경은 언제 어떤 상황에서도 항상 똑같은 김연경이다. 화를 내든, 욕을 하든, 박명수 앞이든, 유재석 앞이든, 김연경은 언제나 항상 동일한 성품 그대로 해야 할 일을 한다. 그런 성품이, 그런 항상성이 그를 세계 최고 배구 선수 자리에 올려 놓았다. 윤아가 소녀시대로 데뷔한 지 십몇 년 뒤에도 여전히 최고 스타인 이유도 그렇다. 화재경보기가 울리든, 폭풍우가 몰아치든, 이효리 앞이든 박보검 앞이든, 부엌에서든 화장실에서든, 언제나 항상 동일한 성품 그대로였기 때문이다. 어떤 상황 어떤 기분이든 여전히 똑같이 해야 할 일을, 똑같이 잘했기 때문이다.

우리는 항상성의 의미를 되새긴다. 내 고유의 성품이 변치 않는다는 거. 어떤 경우에도 평소의 내가 무너지지 않는다는 것. 아무것도 포기하지 않고 예전 그대로 변함없이 해야 할 일을 한다는 거. 그래서 사람들이 신뢰할 수 있다는 거. 윤아가 그렇게 오래 인기를 얻은 이유도, 김연경이 세계 최고 배구 선수로 롱런한 것도 같은 이유였던 것이다. 하나는 물 같은 삶을 살았고, 다른 하나는 불 같은 삶을 살았지만, 그럼에도 둘이 모두 강철멘탈, '모두가 신뢰하는 사람'이 된 까닭이다.

강철멘탈은 감정 동요가 없는 사람이 아니다. 감정 동요가 있어도 할 일을 하는 사람이다. 다시 강조한다. 성격은 각자의 겉모습일 뿐이다. 본질은 건강이다. 아무리 심각한 일을 겪어도 그래도 여전히 심장이 뛰고 밥을 먹고 잠을 자는 항상성이 유지되는 것이 건강인 것처럼, 겉보기 아무리 한없이 가볍고 불안해 보여도 언제나 변함없이 해야 할 일을 하는 것이 강철멘탈이다. 감정 동요는 일시적 현상일 뿐이다. 중요한 건 사는 것이다. 삶이 변함없이 유지되는 것이다.

2. 회복력

정신 건강한 사람 특징으로 또 많이 이야기하는 것 중 하나가 '상처받지 않는 것'이다. 강철멘탈에 관한 가장 흔한, 그리고 가장 나쁜 착각이다. 세상에 상처받지 않는 사람은 없다. 상처받지 않는 사람은 싸이코패스뿐이며, 심지어 싸이코패스조차 다수의 사람들에게 버림받거나 비난당하면 상처받는다. 상처받지 않은 척, 의연한 척, 강철멘탈인 척하기 때문에 멘탈이 더 심하게 상처받는다. 별것도 아닌 것에 상처 받는 나 자신에 좌절하고 자책하기에 더 고통받는다. 상처받지 않기 위해 발버둥을 치기 때문에, 현실적으로 불가능한 짓을 내게 강요하기 때문에 고통이 지속된다.

다시 말한다. 강철멘탈도 상처받는다. 강철멘탈이 강철멘탈인 까닭은 상처받지 않기 때문이 아니라 상처받아도 회복하기 때문이다. 중요한 건 상처받지 않는 게 아니라 회복하는 거다. 상처받고 회복이 되면 정상 혹은 강철멘탈이고, 그렇지 않으면 유리멘탈이다.

누군가의 말 한마디에 상처받는 건 창피한 일이 아니다. 누구나 별것 아닌 것에 상처받고 분노할 수 있다. 누구나, 강철멘탈에게도, 우리에게도 있을 수 있는 일이다. 이걸 그냥 잊느냐, 아니면 물고 늘어지느냐, 여기서 사람의 운명이 갈린다. 강철멘탈과 유리멘탈의 삶이 나뉜다. 상처를 잊지 못하고 물고 늘어지면 원래 유리멘탈인 것이고, 안 그래도 유리였던 멘탈이 더 부서지기 쉬운 유리로 퇴화한다. 이런 패턴이 얼마나 무서운 악순환인지 깨닫는다. 이런 패턴이 반복될수록 정신은 점점 더 회복하기 어려워진다. 중요한 건 커리어가 아니라 인생이다. 이 패턴을 끊지 못하면 멘탈은 자극을 받지 않아도, 그냥 가만히 있어도 혼자 깨져 버리는 극한의 불안 상태에 이르게 된다. 더 이상 정상적인 사회생활이 불가능한 지경에 놓이게 된다.

강철멘탈은 상처받지 않는 사람이 아니다. 상처받아도 회복되는 사람이다. 상처받는 것을 당연히 여기고 받아들여야 한다. 누구나 다 상처받고 산다. 누구나 상처받고 좌절하고 부끄러워하며 산다는 사실을 기억해야 한다. 중요한 건 잊는 것이다. 더 이상 연연하지 않는 것이다. 유리멘탈 악순환을 끊는 것이다. 상처를 잊고 무시하는 순간 유리멘탈의 악순환은 중단되고 당신의 정신 신경계는 건강한 가지에 싹을 틔운다.

3. 나 우선

'강철멘탈 되는 법'은 방법론이다. "이렇게 해야 멘탈이 강화되고 정신이 건강해진다"라는 지침들이었다. 이 마지막 장에서는 강철멘탈의 정의를 이야기한다고 했다. 가장 중요한 두 가지 정의를 이야기했다. 항상성과 회복력. 이것이 사실상 전부다.

1) 항상성이 유지된다.
2) 어떤 상처도 회복된다.

이 2가지면 강철멘탈의 완성이다. 이것이 강철멘탈의 생물학적 정의이자 본질이다. 여기 추가되는 강철멘탈의 특징은, 그보다는 덜 본질적이지만, 강철멘탈인지 아닌지 구분하기 훨씬 용이한 특징들이다. 항상성과 회복력은 지금 당장 확인이 불가능하다. 오래 관계를 유지해야 확인이 가능한 특징들이다. 때문에 이 기준만으론 정말 어떤 사람인지 분간하기 어렵다.

지금 당장 구분 가능한 강철멘탈의 특징은 '내가 먼저me first' 행동 패턴이다. 남이 아닌 내 입장을 우선하는 것이다. 불이익을 피하고 내게 이로운 쪽을 택하는 것이다. 강철멘탈 되는 법 첫머리에 강철멘탈의 가장 중요한 특징을 이야기했다. '손해 볼 짓을 하지 않는 것'이라고. 강철멘탈의 정의이자 본질이다. 손해 볼 짓을 하지 않는다는 말은 곧, 다른 사람보다 나를 먼저 챙긴다는 말이기도 하다. 그럼 이기적인 사람이냐, 이기적인 사람이면 강철멘탈인 것이냐, 현실적으로 그런 경향이 강하다. 이타적인 사람보다는 이기적인 사람이 강철멘탈일 가능성이 더 높다. 희생하는 삶은 몸과 마음의 건강 상태를 지속하기 어렵다.

물론 다른 해석도 가능하다. 건강하고 풍족하기에 남에게 베풀 수 있다는 주장. 내가 먼저 건강하기에 이타적일 수 있다는 주장. 아프고 쪼들리면 남에게 베풀 수 없다는 주장도 가능하다. 하지만 현실은 이렇다. 평소 남을 먼저 챙길수록 세월이 갈수록 몸과 마음이 쪼들리고, 평소 나를 먼저 챙길수록 세월이 갈수록 몸과 마음이 풍족해진다. 대부분의 사람들은 이걸 반대로 안다. 나를 희생하고 남에게 베풀어야 정신이 풍족해진다고. 베풀지 않고 이기적으로 살면 정신이 쪼들리고 불행해진다고. 찰스 디킨스 소설 『크리스마스 캐럴』의 스크루지 논리다. 안타깝게도 『크리스마스 캐럴』은 동화다. 현실과 거리가 먼 동화적 훈계를 위한 이야기다.

현실 사례를 보자. 배우 김혜자다. "혜자롭다"—사람의 이름이 너그럽다 은혜롭다 라는 의미로 쓰일 정도로 김혜자는 이타적인 삶을 살았던 것 같다. 하지만 실제 김혜자의 삶은 이타적인 것과 거리가 멀다. 김혜자의 자식들은 말한다. 그들은 자신의 어머니가 자신들에게 맛있는 걸 먼저 먹여 주는 걸 한 번도 본 적 없다고. 맛있는 게 있으면 본인 입에 먼저 가져가는 어머니였다고. 다른 아이들이 집에서 보는 당연한 어머니의 모습을 거의 보지 못했다고. 김혜자는 남편과의 관계도 그랬다. 철저하게 자기 위주였고, 남편이 철저하게 맞춰줬다. 김혜자는 이기적인 사람이었다. 자신이 아닌 주변 사람들이 희생해 줘야 했다. 스스로도 말한다. 자기는 아무것도 할 줄 몰랐는데, 아무것도 모르고 자기만을 위해, 오직 연기자 김혜자의 인생만 살았는데, 그래도 이렇게 많은 사랑을 받았다고. 실제로 그랬다. 김혜자는 남편에게도, 자식들에게도, 친구들과 모든 국민들로부터 넘치는 사랑을 받았다. 왜. 내가 먼저 행복했기 때문이다. 내가 스스로 손해 볼 짓을 하지 않기에, 내게 이로운 행동을 우선시했기에 내가 먼저 행복했던 것이다. 인간은 누구나 행복한 사람 곁에 있고 싶은 법이다. 불안한, 고통받는 사람 곁에 있고 싶은 사람은 아무도 없다.

미안해하지 않는 법에서 이야기했다. 남보다 내가 먼저라고. 내가 먼저 방독면을 쓰지 않으면 나도 죽고 동료들도 죽는다. 내가 먼저 산소 마스크를 쓰지 않으면 나도 죽고 내 아이도 죽는다. 내가 죽으면 아무도 도울 수 없다. 내가 죽는 게 모두에게 최악이다. 내가 죽는 것보다 더 큰 재앙은 없다. 같은 이야기다. 내가 먼저 행복해야 주변 사람들도 행복하다.

내가 불행하면 주변 사람도 불행하다. 내가 불행해지면 아무도 내 곁에 있고 싶지 않다. 불행한 나는 사람들에게 기피 대상, 불행 종자, 불행 바이러스의 감염원이 된다.

나의 생존을 우선시하는 것은 강철멘탈의 필수 조건이다. 내 생존이 우선이어야 강철멘탈이 존재할 수 있다. 내 생존이 보장받지 못하는데 강철멘탈이 존재할 리 없다. 강철멘탈은 내게 불리한 선택은 하지 않는다. 내게 불리한 상황이 지속되거나 강요되면 깨끗이 그만둔다. 과감히 뒤로 물러나 모든 연을 끊는다. 강철멘탈은 이게 본능이다. 따지고 계산하고 생각해서 그러는 게 아니라 본능적으로, 오장육부가 자동적으로 자신에게 불리한 상황을 빠르게 적극적으로 회피한다.

유리멘탈은 이게 안 된다. '내 생존'이 우선시되는 게 아니라 '남의 입장'이 우선시된다. 내 기준은 접어 두고 다른 사람 입장·주장·기준에 휘둘리게 된다. 내게 불리한 상황을 자기도 모르게 멍청히 받아들이거나 별 생각 없이 감내한다. 그렇게 인생이 어려워지고 생존에 위협을 받는다. 아프고 쪼들린 정신이 돼 세상을 저주하고 사람을 미워하게 된다. 남에게 아무것도 베풀 수 없는, 고통과 혐오만 주는 인생으로 전락한다.

강철멘탈은 이타적인 사람이 아니다. 스스로에게 이로운 행동을 하는 사람이다. 스스로에게 이로운 행동을 하는 사람이 행복해진다. 내 마음이 먼저 너그러워져야 다른 이에게 너

그러움을 베풀 여유를 갖는다. "헤자롭다"라는 단어의 의미는 그런 의미다. 내가 먼저 행복하기에 헤자로울 수 있는 것이다. 내가 먼저 건강하고 평온하면 타인에게도 마음이 전이된다. 당신의 건강하고 평온한 마음은 정신적으로, 물질적으로, 필연적 자선 행위로 이어진다.

4. 자의식 없음

지금 당장 구분 가능한 강철멘탈의 또 다른 특징은 자의식이다. 자의식self-consciousness이란 '내가 관찰당하는 것 같은 거북한 기분', '모두가 나를 바라보는 것 같은 기분'이라고 정의한다. 수줍음, 편집증, 피해망상과 밀접한 심리로, 간단히 말하면 두려움이다. 상대의 (혹시나 모를) 위해harmful 행위에 대비한 방어 심리. 사전 경보. 본능적 움츠러듦. 그런 것들이 두려움으로 나타나는 것이다.

멘탈이 건강하면 자의식이 잘 드러나지 않는다. 스스로 강하기에 (내가 다른 이들보다 강하다는 무의식적 확신 때문에) 두려움이 없는 것이다. 세상 눈치를 볼 필요가 없는 것이다. 멘탈이 약하면 자의식이 과도하게 드러난다. 약하기에 (내가 다른 이들보다 약하다는 직감 때문에) 두려움이 많은 것이다. 나도 모르게 세상 눈치를 보는 것이다. 건강할수록 손해 보는 짓을 하지 않는 것과 비슷한 맥락이다. 건강하면 자동으로 내게 이익인 행동을 우선하는 것처럼, 자의식을 죽이고 드러내지 않게 된다. 약하면 나도 모르게 내게 손해인 행동을 하게 되는 것처럼, 자동적으로 자의식 과잉 상태에 빠지게 된다.

자의식 과잉으로 인한 행동은 수없이 많다. 무대 공포증, 낯가림, 불편한 태도, 부자연스러운 표정, 과도한 리액션 등. 여기서 중요한 건 나에 대한 강박증이다. 나 자신에 대한 과도한 의식, 관심, 언급, 생각하고 말하고 행동할 때 '나는 이런 사람'이라고 강조하는 것이다. 부자연스러운 말과 행동은 정신 건강과 큰 관련이 없다. 낯설어서, 익숙하지 않아서, 원래 성격이 수줍어서 그런 것을 유리멘탈이라고 하지 않는다. 사람이 내성적이고 숫기가 없는 것은 정신 건강 관점에서 의미 없는 특징이다. 정신 건강에 직접 영향을 주는 것은 나에 대한 집착이다. 나는 이런 사람이라고 다른 사람들에게 강요·강조·주입하고 싶은 욕구다.

자기 변명, 자기 방어, "나 이런 사람이야!" 안물안궁 자기 선언. 정신에 병이 깊은 사람들의 흔한 특징이다. 내가 너무 소중한데, 너무 약하니까, 너무 보잘것없으니까, 불안하니까, 시끄럽게 짖는 것이다.

나 이런 사람이야! 무시하지 마! 때리지 마!

사람은 정신의 병이 깊을수록 나만의 세상에 과몰입하게 된다. 이 때문에 세상과의 소통이 어려워진다. 공감할 수 없는 자기 주장만 하게 된다. 친밀한 관계는 거부되고 사회적 관계는 좁아진다. 스스로를 고립시킨 채 정신의 병은 빠르게 악화된다. 해결 방법은 간단하다. 나에 대한 과몰입을 중단하는 것이다. 내게 관심을 끊고, 내가 어떤 사람인지 알려 하지 않는 것이다. 대신 할 일에 집중하는 것이다. 세상에, 업무에, 목적에, 눈앞의 축구공에 집중하는 것이다.

나 자신에 대한 병적인 관심 때문에. 나 자신에 대한 관심은 자아를 살찌우는 먹이다. 자아가 비대해질수록 세상과 소통이 어려워진다. 사람들과 대화를 할 때마다, 혼자 생각에 잠길 때마다 돌아본다. "나는 이런 사람"이라는 사실을 되새기고 있는지. "나는 이런 사람"이라는 말을 자주 한다면 당신은 이미 유리멘탈이거나, 앞으로 유리멘탈이 될 가능성이 높다. 굳이 말을 하지 않아도 혼자 생각할 때도 "나는 이런 사람"이라는 생각이 중독적으로 반복된다면 당신은 이미 유리멘탈이거나 앞으로 유리멘탈이 될 예정이다.

정신 건강의 이진법을 되새긴다.

1) 나 자신에 과몰입하면 자아가 비대해진다.
멘탈이 병든다.

2) 나 자신에 무관심하면 자아가 날씬해진다.
멘탈이 건강해진다.

인생은 아이러니의 연속이며 인간의 정신 건강도 그렇다. 나 자신에 관심이 깊을수록 나는 하찮아지고 껍데기만 남는다. 나 자신에게 관심을 멀리할수록, 무심할수록 나는 더 빛나고 단단해진다.

강철멘탈은 나를 사랑하는 사람이 아니다. 나 자신에 관심이 없는 사람이다. "젊은이여 야망을 가져라Boys Be Ambitious"만큼 많은 사람을 자살로 몰고 간 조언이 "너 자신을 사랑하라Love yourself"는 조언이었다. 너 자신을 사랑할수록 얻게 되는 건 유리멘탈의 세상이다. 세상과 소통이 끊겨 버린, 나만의 세상에 갇혀 사는 인생이다. 사람을 정신의 병과 자살로부터 구원하는 것은 반대 조언이다. "너 자신을 지우라Lose yourself" 나 자신을 버리는 것이다. 나를 잊고 사는 것이다. 나는 존재하지 않는다고 여기는 것이다.

하지만 말이 추상적이다. "몰두하고 매진하라"는 말로 바꾼다. 김혜자의 사례를 기억한다. 살기 위해 연기에 몰두한 결과 내가 사라지고 연옥 같던 마음에 평화를 찾았다. 연기 말고는 아무것도 할 줄 모르는 바보 천치가 되어 해야 할 일에 매진한 결과 나에 대한 집착에서 벗어날 수 있었다. 김혜자가 누구보다 단단한 강철멘탈이 된 건 나에 대한 관심을 죽이고 눈앞의 축구공에 몰두한 결과였다.

5. 관계에 의존하지 않음

강철멘탈 vs. 유리멘탈을 진단하는 마지막 구분법은 대인 관계다. 강철멘탈일수록 대인 관계가 좋을 것이라 생각한다. 친구가 많은, 사람들과 두루 널리 잘 지내는 사람이 정신이 건강할 것이라고 생각한다. 착각도 아니고 편견도 아니다. 사회 관계가 끈끈하고 대인 관계가 원만할수록 정신 건강은 강화된다. 반대로, 사회 관계가 느슨할수록, 대인 관계가 좋지 않을수록, 정신 건강은 약화된다. 정신이 건강해지기 위한 가장 뻔한 방법은 더 많은 사람들과 더 자주, 더 친밀하게 어울리는 것이다. 인간은 사회적 동물이며, 사회 관계를 통해 생존을 보장받고 마음의 안식을 찾는다. 굳이 설명할 필요 없는, 너무 당연하고 뻔한 이야기라 여기서 설명하지 않은 것뿐이다.

고립될수록 정신이 약해진다고 했다. 자의식 과잉일수록, 내게 과몰입 할수록 인간 관계가 어려워지고 사람들로부터 배척당하는 것이다. 이것이 정신이 약화되는 (병드는) 가장 흔한 공식이다. 우리는 이 공식을 역으로 설정해 본다. 정신이 건강할수록, 강철멘탈일수록, 인간 관계가 절실하지 않은 것이다. 굳이 없어도 건강하고 행복하니까 의존하지 않는 것이다. 반대로 정신이 건강하지 못할수록, 유리멘탈일수록, 인간 관계가 필요해지는 것이다. 인간 관계가 없으면 너무 쉽게 불행하고 고통스러워지니까 의존하는 것이다.

중요한 건 집착하지 않는 것이다. 지금 아무리 이상형을 만났더라도, 아무리 관계가 꿈처럼 달콤해도, 절대로 바라는 마음에 집착하지 않는다는 것. 바라는 마음을 충족해주지 못하거나, 바라는 마음이 고삐 풀려 날뛸 때마다, 멀리하고, 끊어버리고, 다른 데 관심 돌리는 것. 자신의 바라는 마음을 남에게 기대하지 않을 것. 자신의 바라는 마음은 다른 사람이 채워줄 수도, 받아줄 수도, 이해할 수도 없단 사실을 알 것이다. 자신의 바라는 마음은 오직 자신의 것이며, 자기 자신이 스스로 해결할 문제라는 사실을 알고 있을 것이다.

"할 수 없지 뭐. 그냥 살지 뭐." 이런 사고 패턴이 사람 목숨을 살린다. 집착하지 않는 마음이 사회 관계를 유지하고 사회적 지위를 높여준다. 바라는 게 있으면 남한테 매달리지 않고 식섭 찾거나 만들어 먹는다. 절대로 남에게서 자신이 원하는 걸 기대하지도 요구하지도 않는다. 그러면 관계에 대한 기대가 사라진다. "쟤가 나 싫어해도 상관없어." 이런 마음을 갖게 된다. 내가 관계에 끌려다니는 게 아니라 사람들이 내게 끌려

오게 된다.

관계에 의존하지 않는 마음은 생존이다. 나의 존재를 비참하지 않게 해주는 천사의 보호막, 인간 목숨을 나락으로 가지 않게 막아주는 강철의 가드레일이다. 대인 관계는 분명 인간의 정신 건강에 필수 요소다. 하지만,

1) 의존할수록 정신은 병든다. 애초에 정신이 병들었기에 인간 관계에 병적으로 의존하고, 그럴수록 대인 관계에 어려움을 겪는다. 좌절을 이기지 못하고 최악의 선택을 하게 된다.

2) 반대로, 애초에 정신이 건강하기에 인간 관계에 의연하다. 관계에 의연할수록 대인 관계가 쉬워지고 따르는 사람들이 생긴다. 인간 관계가 넓고 깊어진다. 정신이 단단해진다.

강철멘탈은 대인 관계가 좋은 사람이 아니다. 인간 관계에 미련이 없는 사람이다. 대인 관계는 정신 건강의 가장 중요하면서 가장 어려운 난제다. 많은 자살자들이 가족과 친구들과 친밀한 관계를 유지하고 있었다. 대인 관계가 좋고 나쁘고는 정신 건강을 가늠하는 기준이 되기 어렵다. 관계에 얼마나 의존하느냐. 이것이 훨씬 더 정확한, 결정적인 기준이 된다.

그래서 결국 다시 자기 자신으로 돌아온다. 대인 관계도 자의식의 또 다른 영역이다. 자아가 너무 강할수록, 나에 대한 관심이 지나칠수록, 대인 관계에 곤란을 겪는다. 대인 관계에 기대와 집착을 버리려면 자아가 먼저 사라져야 한다. 내가 존재하지 않아야 사람들과 쉽게 관계를 맺는다. 내가 너무 강하면 사람들과 관계가 어려워진다. 너무 강한 자아, 너무 비대한 자아는 인간 관계에 스컹크 냄새 역할을 한다. 다가가고 싶어도, 관계를 맺고 싶어도, 너무 강한 냄새 때문에 관계 진전이 불가능해진다. 스컹크 냄새를 감추고 살아도, 그래서 원만한 관계를 유지하고 살아도, 그래도 여전히 너무 비대한 자아는 멘탈을 짓누른다. 더 이상 숨을 쉴 수 없을 때까지.

강철멘탈의 본질은 어떤 멘탈을 타고났는지가 아니다. 어떤 멘탈을 갖고 태어났든, 어떤 환경에서 자랐든, 중요한 건 나 자신을 버리는 것이다. 숨통을 짓누르는 비대한 자아를 굶기는 것이다. 정신의 고통에서 벗어나기 위해, 관계의 집착에서 해방되기 위해, 자의식의 저주를 끊기 위해, 나를 버리기 위해, 눈앞의 축구공에 몰두하는 것이다. 목표를 향해 달리는 것이다. 나의 행동과 나의 선택이 나의 정신게에 조금씩 건강한 가지와 뿌리를 뻗게 하는 것이다.

『강철멘탈 되는 법』은 2020년 4월부터 12월까지 이드페이퍼 월간이드에 연재된 내용입니다. 실용적 목적의 생존팁을 연재하고 있었는데 문득 보다 본질적인 이야기를 쓰고 싶다는 생각이 들었습니다. 직장 사회를 이해하고 세상을 이해하는 것도 중요하지만, 사실은 내가 우선 아닌가. 내가 건강하지 못하면, 내가 힘들고 괴로우면 이게 다 무슨 소용인가 하는 생각에 '강철멘탈 되는 법'을 연재하게 됐습니다.

눈에 보이는 과학은 지금껏 많은 진전을 이뤘지만 눈에 보이지 않는 과학은 그렇지 않았습니다. 인간 정신에 대한 과학의 역사가 백 년이 넘었지만 아직도 우리는 정신 건강이 무엇인지, 제대로 알지 못합니다. '강철멘탈 되는 법'은 인간의 정신 건강에 관한 합리적인 이야기라고 생각합니다.

쓸수록 하고 싶은 이야기가 더 많아져 재밌었습니다. 지침서를 표방하고 있지만, 과학을 동경해서 쓰게 된 이야기 같습니다. 목표 달성, 보상 따윈 존재하지 않는, 그저 궁금증을 하나씩 해결하는 데 행복감을 느끼는 행위. 뉴튼이 말했듯, 바

닷가에서 조개 껍데기를 줍는 아이의 환희. 꿈이나 보상 같은 게 없어도 스스로 만족하고 스스로 행복할 수 있는 것. 과학의 가장 중요한 특징은 어디에도 완결은 없다는 점입니다.

그러니 완결은 없습니다. 지금 이 책에 쓰지 못한, 더 써야 할 이야기는 산더미처럼 많고, 앞으로 다른 기회를 통해 이야기될 것입니다. 눈앞의 축구공과 함께, 새로운 발견은 계속될 것입니다.

지은이 이드페이퍼

'월간이드'를 비롯해 인간, 사회, 문학, 예술 인문학 콘텐츠를 전자책으로 발행해 왔으며, 아마추어 작가들의 출판 커뮤니티 플랫폼을 운영 중이다. (https://idpaper.co.kr/) 출간작으로는 강철멘탈 되는 법, 남편감 구별법(『남자 구분법』, 『남자 대처법』), 매력강좌, 거짓말 구분법, 남자 심리의 이해, 패턴 분석법, 남편감 샘플분석 등이 있다.

강철멘탈 되는 법

초판 1쇄 2024년 11월 28일
　　3쇄 2025년 2월 19일

지은이 이드페이퍼

편집 강가비, 임한결, 최민성, 황승윤
영업 이윤형, 진혁수, 하예라
펴낸이 차보현
펴낸곳 데이원
출판등록 2017년 8월 31일 제2021-000322호

강철멘탈 되는 법 © 이드페이퍼, 2024
ISBN 979-11-7335-003-0 03320